從辛亥到抗戰

黃旭初回憶錄

黃旭初——原著
蔡登山——主編

黃旭初次子黃武良攝於桂林木龍湖故居。

目次

壹、記當年中法戰役的幾名驍將

中法戰爭，時在滿清光緒間，法人欲吞併安南，中國以安南素來為我藩屬，乃令雲南及廣西的軍隊入越進擊法軍，勝利原屬於我。法軍在越志不得逞，又以海軍侵攻台灣，騷擾福州及寧波，敗我艦隊，清廷即與法媾和，竟將安南拱手讓法人，造成歷史上一樁大笑話。宣統二年春何遂、耿毅、冷遹調查中越邊防到龍州，寓總兵陸榮廷家中，相與談馮子材抗擊法軍故事，陸也深感憤慨地說：「我真不懂，為什麼打了勝仗，還要把安南割讓給法國？」

現在記述幾位參加中法戰爭的桂籍將領和一位反對中法議和的廷臣。資料摘自民國廿四年南寧廣西印刷廠發行的《廣西一覽》殘本。

一、岑毓英苦戰卅六晝夜

岑毓英，字彥卿，號匡國，廣西西林人。附生。咸豐初年，以在籍辦團出力，保舉縣丞。六年，帶義勇入雲南。其時，雲南回亂，全省糜爛，毓英於十餘年間，大小數百戰，由知縣遞升至巡撫，舉叛回數十萬一一平定，收復雲南全省，兼及黔地，滇黔人士對其非常敬戴。嗣後歷任貴州、福建巡撫，升雲貴總督。光緒九年，中法戰起，自請赴前敵；十年，奉命節制鎮南關外各軍，嘗以偏師破宣光，與法軍肉搏於霪雨泥淖中，苦戰至三十六晝夜；十一年，復創地營法，大破法方援軍，進搗山西、河內各省；越南民眾聞風響應，共舉義旗以迎。十五年，在任卒，謚襄勤。滇、黔兩省各在省城建專祠奉祀。

二、周德潤反對中法議和

周德潤，字生霖，廣西桂林人。同治元年進士，改庶吉士，授編修。光緒五年，官國子監司業，出使俄國大臣崇厚違旨定約，德潤上疏請另遣使臣並申明法紀，德宗韙其議，遣使更約如所議行。夷年，任內閣學士兼禮部侍郎銜，法人侵越，三上章力主戰，有云：「法與中國勢不兩立，有不可和者五、宜用兵者七。」又云：「中國所以禦外夷，斷未有介乎戰不戰之間而可以中立者也。」又云：「有琉球之覆轍，始有今日越南之事，有越南之覆轍，將為異日高麗之隱憂。」嗣以法人要挾和議，又具疏力爭，有云：「國體有傷，即一介亦不可予，何論累萬盈千！」旋以法使議款事機緊迫，復單銜具疏力抗，縷陳八要，有云：「計法人入寇，多不過三千人，重賞之下，必有勇夫，今下一令曰：焚一兵輪者賞萬金，擒一首領者賞千金，斬一法兵者賞十金；出賞資三十萬金，法兵無遺種矣。」和議將成，隱憂方大，又臚列八事上陳。十一年，以禮部侍郎往雲南會同岑毓英、張嵩凱等辦理中越勘界事宜，至則執志乘與法使力爭，更正久沒入越之地三十餘里，險要之地四十里，爭復大賭河外苗塘子一帶之地數百里。後署刑工兩部侍郎。

三、唐景崧請纓大破法軍

唐景崧，字薇卿、廣西灌陽人。弱冠領解，同治四年成進士，改庶吉士，部銓主事，鬱鬱郎署二十年。法越事起，請纓出關，招到劉永福；繼而與永福為犄角，大破法軍於宣光。撰請纓日記具詳其事。累官至台灣布政使，署巡撫。中日戰後，台灣割與日本，台民推為總統，宣告獨立，與日軍力戰。後以格於中日和約，解職。歸隱桂林，辦體用學堂，開廣西新學之始。曾為桂林戲台題聯云：

眼前燈火笙歌，直到收場猶絢燦；
背後湖光山色，偶然退步亦清涼。

蓋亦自抒其胸臆也。

四、蘇元春鎮邊關十九年

蘇元春，字子熙，廣西蒙山人。同治二年，以武童投效楚軍，屢立戰功於廣西、廣東，復靖黔苗之亂。光緒十年，署廣西提督，中法戰爭已起，陸岸縣、船頭血、紙作社各役，迭破法軍；威坡之役，戰至六晝夜。旋督辦廣西軍務，克復諒山，改督廣西邊務。光緒二十七年，調補湖北提督，旋乃督廣西。築沿邊砲台百三十餘座，鑿險徑，闢市場，復謀自鎮南關外達龍州，創築鐵路百餘里。民眾歡騰，邊防鞏固。前後鎮邊十九年，輕財好士，曾以資散游勇，法人德之，嗣虧累入獄，法總統電清廷營救，元春聞之，曰：「法吾仇也，死則死耳，藉仇以乞生，是重辱也。」亟遣人謝絕。後戍新疆，卒於迪化，貧無以殮，新疆布政使為之治喪。

五、陳嘉破法軍收地千里

陳嘉，字慶餘，廣西荔浦人。初，從蘇元春征黔苗，累功至副將；平六垌，擢總兵。曾以戰眇一目，人呼為「單眼陳」。中法戰爭，率鎮南軍出關，戰有功，授貴州義安鎮總兵。旋法軍大舉犯堅老，鏖戰數晝夜，被重創，仆地，左右掖之去，既覺，揮刀叱退，乃奮擊，勝之。逾歲，與法軍爭東嶺三壘，肉搏而登，七上七下，被創者四，氣不少沮，遂奪還；以次復文淵、諒山，收地千里，人稱為對外用兵未有之奇捷。後進窺谷松，力疾赴前敵，創發，卒於軍。謚勇烈。

六、馬盛治居邊軍紀最嚴

馬盛治，字仲平，廣西蒙山人。初，隨席寶田治黔苗，累功官至總兵。中法事急，率師出關；時，宣光、太原、牧馬潰勇索餉譁變，輕騎往撫，汰弱留強，軍紀因以肅整。翌年，與諸軍收復鎮南關，克文淵、諒山、長慶各地，名益著。尋除柳慶總兵，仍統邊軍，佐蘇元春築砲台，設市場。後迭剿會黨，晉升提督。光緒二十八年，移署左江鎮，剿會黨被創卒，謚武烈。盛治先後居邊十七年，蘇元春倚如左右手，元春尚寬而盛治濟以嚴，邊境賴以寧謐。

七、劉永福榮任中越提督

劉永福，始名建業，又名義，字淵亭。原籍博白，出生欽州，寓居上思，老隱欽州。年十五，為灘師。咸豐七年，年二十一。時新寧州吳元清用太平天國年號，據鎮安、歸順等處，永福投之。元清死，依其子吳阿忠，受「左翼先鋒前敵關防」象牙大印。阿忠敗，永福率餘眾入越南，立「黑旗軍」。闢土地，事墾殖。法侵越，仗義助越抗戰，迭以土槍破洋船，先後斬法大將安業及李威侶，威名大震，安南授為三宣提督，尋封男爵，兼督辦三圻宣光軍務大臣。光緒九年七月，法再進侵，清廷亦以記名提督用，委之收復失地；屢出奇敗敵，嘗血戰至七晝夜，斃敵將士至萬餘，法人以是求和議。約成，清廷迫離越，歷充南澳、碣石等鎮總兵。中日戰起，幫辦台灣軍務；尋繼唐景崧力抗日軍。嗣餉械俱絕，清廷重催退讓，始返國。辛亥革命，為廣東全省民團總長，翊贊共和。生平專為民族鬥爭，未嘗自私；在越時，有勸以王越者，在台灣，台民嘗舉為總統，皆峻拒。民國四年，居於家，聞日本迫訂二十一條件，猶電請政府征討抗拒。民國六年一月卒。

永福對法經過，卒後其孫世漢等發布哀啟（見台灣商務印書館人人文庫《劉永福傳》附錄二）中有簡要紀述，節錄如下：

……越邊苗擾亂，越王命將出征，迭遭挫折，先王父奉越命剿之，苗總督盤文義授首，越邊遂平，奉旨嘉獎。時越匪黃崇英聚眾萬餘，雄據保勝，越軍迭征不克，越王命先王父痛剿，凡有攻戰，輒為先登，崇英敗亡，保勝安謐，越王嘉之，擢升保衛使。法越失和，法大將安業親統大軍攻破河內，總督阮之芳死之，事機危急，特命先王父率兵破敵。乃慨然曰，「越南清之藩屬，即中國之屏蔽也，越亡，中國必危，法人野心，豈止欲鯨吞南交一隅。我雖越將，實中國人也，當誓死保之，以衛中國。」於是慷慨出師，一戰而斬安業，頭懸諸太白，奉朝旨升授三宣副提督。數年後，法京會議起大兵攻越北圻等省，法廷諸酋素憚黑旗軍威，惟七畫大將李威侶完全負責，遂表決舉李為征越大元帥。越聞警報，即授先王父破法全權。法軍水陸並進，聲勢浩大。先王父奉命出師，密授諸將機宜，俟法兵至則迎頭撲擊，敵軍大敗，李威侶死於亂軍之中。越王聞捷，謂先王父能先機克敵，深謀制勝，真越擎天柱也。先王父班師，奉特旨補授三宣提督，並賞一等義良男爵，督辦三圻宣光軍務，凱旋保勝，分軍屯田，法人不敢到防線一視。法政府聞李敗亡，大起恐慌，遂與越議和罷兵。先王父奉停戰之命，固守山西。俄而為法要求，法願送銀幣百萬與先王父，惟以保勝地方為交換品，偽云俾法得代越防邊為詞。越王明知法狡，惟畏其強，迫得依允，特派員面商先王父，將讓與保勝緣由說明。先王父答云：「保勝地方，莫非王土，王既讓與，吾安敢違，亦惟王命是聽，預備退讓。惟須俟法人先入疆界將銀幣繳清，充為國家軍餉，然後師他駐。」言畢，專員辭出，返京復命，越王據情轉法。詎法知事難實行，此問題遂無形取消。數月後，法政府又起兵數萬攻越。越為清廷屬國，理難坐視，清特派滇督岑宮保毓英督師援越，協同先王父相機撻伐。隨奉清廷旨，劉本中國人，即可收為我用，著以提督記名簡放，並賞戴花翎，統率所部，出奇制勝，將法人侵佔越地迅圖恢復各等因。先王父以越提督兼受清提督上賞，愈加感激。適法兵大舉圖攻三圻，先王父率兵迎敵，屢出奇計，以少勝多，迭斃法酋無算，是役也，法國數以萬計，然生還者寥若晨星。法政府聞耗，自知不敵，遂與越議和。先王父奉清越兩國停戰命令，為之廢食，恨不乘勢盡殲法兵，為黃種吐氣。惟議和條件，嚴限七日退兵，迫遵朝旨。隨奉清廷命，劉軍著即由勝保退紮思欽，該軍到防後，人數餉數，著張督酌定具奉等因。粵督張公迭經函知先王父，並致赴越專使唐主政電云：本日奉旨，法約定一月內退出澎湖，如劉軍不退出保勝，澎湖亦須遲退等語；蓋法以澎湖為脅制，劉一日不離越，中國之海防一日不能結局，幸毋延緩；即請薇卿恭錄此旨，並速派弁兼程飛遞劉提督等因。唐照轉行。且滇閩粵各大疆吏屢將朝旨祕密照會，催促離越，急如星火；粵督張公並特派委員孫鴻勳、陳文埒到越迎迓。先王父只得遵照，挑戰精兵三千隨同入關，先到邕城，數月抵粵，軍駐燕塘。未幾補授南澳鎮總兵，命下後，復調署碣石鎮。旋入京，蒙召見三次，溫諭有加。……

貳、記辛亥革命時的廣西北伐軍

清末時期，屬於同明盟會系統的廣西革命分子，早已散伏在廣西的學界及新軍中。辛亥年九月十七日廣西為了響應武昌起義，宣布獨立。當時桂林、南寧的新軍和革命黨人都熱烈主張出師援鄂北伐。青年們亦自動組織學生軍，志願與新軍偕行。所謂援鄂，是武昌起義後，因清軍反攻，漢口岌岌可危，要先救漢口失陷之急，所謂北伐是要澈底摧毀北京專制的巢穴。現據各種可靠資料，將當年桂軍行動作一概要記述，以實《春秋》。

一、趙恒愓率北伐軍援鄂

辛亥武昌起義後，廣西響應，宣布獨立，廣西都督沈秉堃在宣布獨立的演說中，提出了八項建議，其第七項為：「急派得力軍隊直趨漢口，聯合鄂軍進窺中原。」廣西軍政府成立後，即明令廣西北伐軍出發。這北伐軍是由廣西陸軍混成協（旅）和廣西學生軍北伐敢死隊組成的，由協統（旅長）趙恆惕指揮。

廣西陸軍混成協是在宣統三年初由學兵營擴充編成的，那時成立了步兵一標（團）；騎兵營營長劉建藩；砲兵營營長鄧鼎封；輜重營營長楊子明；加上工兵營、機關槍隊，總共兩千多人。最初的協統是胡景伊，胡並兼任標統（團長），後來才換了趙恆惕。

廣西學生軍北伐敢死隊是由當時的廣西陸軍小學所發動組成。因陸軍小學自廣西獨立後已無形中陷於停頓狀態，學生中有主張請軍政府繼續辦理的，有主張全體組織學生軍隨混成協北伐的，結果，意見不一，各行其是。願意留校的，後來加招新生，改為廣西陸軍速成學校。願意北伐的，即組織學生軍北伐敢死隊。他們分頭到桂林中學、初級師範、法政學堂、農林學堂和其他學堂活動；報名參加敢死隊的非常踴躍，竟有好幾百人。但因經費和槍械所限，僅組織了一隊，共一百二十六人，分為九班，每班十四人，以學長梁史為敢死隊隊長。組成後，僅在陸軍小學集中訓練一星期，即行出發。

北伐軍（即混成協）出發前一日，廣西都督沈秉堃、副都督王芝祥以及省議院全體議員和省城重要官員特設筵為北伐軍軍官餞行。各機關、學堂、商會和士紳又舉行歡送北伐軍大會，場面熱烈，共由冷遹代表北伐軍即席講話。

混成協的參謀耿毅，原是同盟會廣西支部長，因軍中幹部多屬同盟會員，該軍於出發前，經眾會員推舉耿毅為監軍，但耿氏只承認在內部有此名義，對外卻稱為參謀長。

北伐軍於是年九月杪、十月初即陸續出發援鄂。因桂林到全州一帶，人煙稀少，存糧無多，不能供應大批軍隊，只得分批陸續前進，每次以一連為限，行動極遲。趙恆惕協統於十月初八日到全州，即得武昌黎元洪都督通電，謂漢陽失陷，危急乞援。趙覆電云：「陽電敬悉。馬隊及步隊一營，已於江口由全開拔，餘亦陸續前進。本部今日抵全，擬蒸日出發，迅赴前敵。惟彈藥隊自桂由河道輸運，較軍隊為遲滯。沈都督於明日抵全，並聞。」

趙氏於十八日到長沙，先見湖南都督譚延闓，因彼時武昌情況已混亂不明，決定派耿毅先去探視。翌日譚延闓派「更新」號輪船送耿毅到岳州，耿上岸訪晤岳州鎮守使唐蟒探問武昌消息，唐也不詳。

二、關門閉戶武昌如死城

耿毅既不得要領，惟有乘輪繼續前進，駛抵武昌附近之鮎魚套時，駐守漢陽之清軍，隔著長江向武昌頻頻發槍，矗立漢陽江邊的龜山之巔，清軍並發射大砲數響，隆隆震耳。武昌江邊的革命軍亦時向清軍還擊，惟彼此遙隔一道長江，盲目射擊，情同兒戲。耿毅即在鮎魚套捨船登陸，由「更新輪」之船長領耿氏進入武昌城，行了幾條街道，關門閉戶，寂無聲息。抵達湖北都督府時，官長只得杜錫鈞一人留在府內，餘僅兵士數人而已。耿毅道明來意，並問黎都督何在？願同商大計。杜錫鈞說都督不久即歸，請耿氏先到武昌大東門外的洪山，和戰事總司令洪兆麟商洽。耿毅行出都督府時，大門前突有一軍官高喊稱：「這是廣西軍司令官前來援鄂，大軍即到，大家不要怕北軍了。」一時都督府左近街巷中，湧出多人，拍手歡迎，使耿氏為之愕然！

耿毅再趕到城外洪山總部時，部內亦只寥寥數人。耿氏向一軍官問訊，該軍官說：「已請都督速歸，明早當可面商大計。」當晚耿氏下榻於武昌城內鹽道街民政部招待所（舊鹽道衙門）。

翌日，耿毅再往都督府，晤見了黎元洪都督，正在商談間，黎氏的副參謀長程守箴進來道：「李烈鈞已由黃州來省，不如等他到後再詳商作戰計劃。」黎耿兩氏皆表同意。傍晚時分李烈鈞趕到，亦下榻於民政部招待所。耿李相見時，李大笑說：「我們又見面了，前在香港分手時曾說五年後再見，想不到大局轉變這樣快。」兩人即在招待所共進晚餐，飯後連夜同往都督府見黎元洪，共商大計。黎說：「我已擬就一個草案，不知可否？請杜錫鈞為第一軍軍長，防衛漢口；協和（李烈鈞字）任第二軍軍長，由黃州經三叉埠向京漢鐵路前進；鶴生（耿毅字）任第三軍軍長，由金口（按：金口距武昌六十華里）渡江，向蔡甸方向前進，截擊漢陽北軍後路。」

耿毅說：「桂軍司令為趙恆惕，當然以他任軍長為相宜。」

黎說：「這是你們內部的問題，你既然客氣，由你們自行商量吧。」

規劃既定，耿處即準備離開武昌回長沙，正在此際，耿忽接奉廣西副都督王芝祥來電云：「南京大元帥府成立，電請各省派大員到南京共商大計，請即赴南京會商一切。」耿氏接電後，因須尅日趕赴南京，無法返湘，乃將在武昌與黎元洪、李烈鈞會商情形，電告長沙譚延闓都督與趙恆惕協統，並派副官孫方疇回湘面述一切，請速進兵。一面即收拾行裝往南京。

趙恆惕接耿毅電告之前，於十月廿三日曾電詢黎元洪都督云：「廣西代表參謀耿毅已到否？」黎氏即覆電云：「耿參謀已到鄂接洽一切。現戰機勃發，望速蒞止。」趙又覆黎電云：「敬電敬悉。桂軍本部及先發諸隊雖已抵湘，砲、工、輜及彈藥隊、馬匹隊漾日始由衡陸續出發，計月杪方能到齊。一俟諸隊盡行抵湘，定即迅速出發，不致稍延，有負鈞望。」

三、譚延闓組成湘桂聯軍

在趙恆惕率北伐軍入湘，耿毅赴武昌會商之際，廣西人事，突有變動，沈秉堃於十月初一日已辭去廣西都督職，以副都督王芝祥攝行都督事，沈氏辭職後，亦離桂赴湘，其留別桂省父老書說是「回里養痾。（按：沈氏為湘人。）」，似無其他意圖。但沈氏到長沙後，譚延闓或為挽回湘軍當時在漢陽戰敗潰歸的體面，特派湘軍梅馨一標（團），聯合桂軍趙旅援鄂，湘桂兩軍聯合作戰，必須有人統一指揮，而沈秉堃以湖南人曾為桂都督，出任統帥，條件最為適合，遂於十一月初一日電致武昌黎元洪都督云：「湘桂聯軍馬步各一隊已於今日出發，按日啟行，由金口上陸，勢取遠攻，自不能至武昌與鄂軍會合。沈都督由桂率師來湘，天下仰望，敝處擬舉沈都督為湘桂聯軍總司令官，俾前途各軍有所遵守。如尊意認可，即擬聯名電桂及各省。盼覆。」

黎氏立即覆電贊同，並通電各省都督，無異議者。沈秉方乃於八日接關防，組織聯軍司令部。另由湘省撥兵五百，但僅得步槍百皮，又電黎元洪請撥槍四百枝並派輪船來接。黎氏只撥「士乃打」步槍一百廿八枝，並派出「快利號」輪到長沙接運。沈氏率部於十一月十五日離長沙，十八日到金口，駐舊參將署。

再說耿毅到南京後，因獲知中山先生抵滬日期尚未確定，遂決定乘輪返回漢口，繼續料理桂軍援鄂事宜。耿氏抵漢口之翌日，往晤黎元洪都督，黎說：「湘桂聯軍今明日即到金口，並在金口對岸上陸，直趨漢陽附近之蔡甸（按：蔡甸距漢陽城僅三十餘華里）以搗北軍後路，責任重大，勿輕視敵軍。」

耿氏聞訊，立即由武昌步行六十里至金口，與趙恆惕、冷遹、劉建藩等（冷、劉兩人皆桂軍高級軍官）晤面，交談各處情況。

四、毛成渡村清軍鬧笑話

趙恆惕所部和湘軍梅馨一團之眾十一月初四日由長沙出發，初六日到金口對岸，上陸後，在大小軍山一帶住了幾天，用戰備行軍向蔡甸前進，經過各村莊，無不表示歡迎，鄂省人民並將北軍（北軍即清軍，當時主將為段祺瑞）情況告知。蔡甸為漢陽西邊重鎮，竟無北軍蹤影，頗可驚異。趙恆惕乃與耿毅等商定，由耿毅與劉建藩二人於夜間前往偵察漢陽方面之敵情，並請蔡甸商會派心地忠厚、路途熟悉的兩人做嚮導。耿、劉連夜出發，行至美娘山附近小村中，隨嚮導往其親戚家，中小作休息，受到熱誠招待，據村中人說，黎元洪都督已與袁世凱講和（按：袁世凱是時為清廷總理大臣），北軍都撤退至孝感縣境，漢陽已經沒有軍隊。

趙恆惕、耿毅和一班幹部此時獲知黎元洪與袁講和以保祿位之訊，均表氣憤，一致主張：「他們講他們的和，我們非打倒滿清和北方軍閥不可。」乃將部隊向新溝、東山等地逐步推進。距東山八里的毛成渡村時，據報該村駐有清兵數千，趙旅準備向其攻擊。

東山和毛成渡村中間有一小河，水深不能徒涉，須用船渡。耿毅乃率同姜公弼、張翔兩位副官，借穿農民衣服，潛行偵察沿途形勢，有無渡河點。行至毛成渡上游，被一個曾當過兵的漁翁看破行徑，彼此坦白相談，漁翁竟自願相助，並向耿毅說：我在湖裡有一隻船，上游另有兩隻，在此就可做個活橋，你就帶兵來吧。」

耿說：「白天不便，半夜再來，請你準備好三隻船。如果因此而消滅清兵，定有重賞。」

漁翁說：「我不必受賞，你們能趕走清兵，我們能過太平日子，就感激萬分了。」

當夜十二時，軍隊即向毛成渡出發。距河近了，即將兵力分配攻擊部署完妥。以步兵一團、機關槍一隊作前鋒，渡河後伏地不動，到天將明時再前進，走近毛成渡村時即喊殺聲，河邊上的步、砲、機槍各部亦一齊射擊。奇怪的是，天雖亮了，敵人仍毫無動靜。不久，軍隊喊殺連聲，敵軍依然寂靜。正疑慮間，前鋒的報告來到說：「敵軍半夜裡已向孝感逃走了，我軍現在毛成渡村內待命。」耿毅聞報，趕急渡河到村內詢問，據毛村裡一個老百姓說：「清軍的旅長姓于（與魚諧音），此地叫毛（與貓諧音），貓能吃魚，這地方對他不利，他聽見革命軍已到附近鄰村，不如先走為妙，丟下了許多糧食、子彈並病馬三匹，倉猝退去了。」原來如此，真是可笑。

軍隊進駐毛成渡村後，趙、耿、冷、劉幾位商議，應再前進，不宜停止。遂令劉建藩等率騎兵搜索前進，其餘各隊陸續出發。又令輜重隊長楊子明將敵遺下軍用品歸入輜重行列，糧食散給該村居民，以補清軍騷擾的損失，並給架橋漁人銀洋十元。騎兵一直追到孝感，仍無敵踪。聞火車站上的人說：「段祺瑞聞三叉埠軍隊（李烈鈞部）和這方面軍隊進展極，遂令全軍退往廣水了。」

五、南京遊行黃克強訴苦

趙恆惕率部進駐孝感後，革命軍與北軍形成膠著狀態，當時在南京的黃克強（陸軍部總長）特電致湘桂兩省當局擬將該軍改編，徵求同意，電云：「長沙譚都督（延闓）、桂林陸都督（榮廷、其時已由陸氏繼任）鑒：湘桂聯軍總司令，刻由沈秉堃先生提議取銷。茲擬就袁華選、趙恆惕、程子楷、陳裕時四君原有之軍隊編為一師，直隸於中央政府（南京）。諸君志同道合，必能聯為一氣，練成勁旅。如荷贊同，祈速電復為盼。黃興叩。蒸。」譚、陸接電後，皆不反對，黃克強意已決，遂將趙恆惕部調去南京。

趙部由孝感乘火車到漢口，再乘船沿長江東下，直抵南京下關。黃克強總長派徐少秋在碼頭相候，徐氏告耿毅說：「軍隊入城，不可隨便，須按馬、步、機槍、砲、工、輜行列入鳳儀門，由三牌樓、鼓樓、遊府西街到夫子廟，然後轉花牌樓總統府到陸軍部，黃總長尚須檢閱後方可到指定地點駐紮。」

耿毅問：「何故？」

徐氏答：「此中祕密，暫不必講，今晚黃總長請晚餐，到時會詳細告知。」

軍隊上岸後，劉建藩率騎兵先生，陶柏青率步、機、砲、工循序開動，耿氏隨趙恆惕在最後。軍行甚整，沿途人山人海，都說此軍人強馬壯，裝械整齊，為近來所未有。行了半日才到達南京陸軍部後門，全部人馬又排列在小營，由黃克強總長親自檢閱、訓話，大意謂：「民族革命係吾輩責任，現在雖成立共和政府，仍要加意保護，有破壞者，當以鐵血保護」云云。是晚，黃克強請趙恆惕、耿毅、劉建藩等晚餐，僅陸軍次長蔣作賓、軍需司長曾克樓兩人作陪客。席間黃克強說：「吾人革命原以掃除清廷庸劣政治和舊軍閥官僚分子為職志，初起時，各省軍隊和一般人士，都很奮勇激烈。及聞議和之訊，我輩同人尚有直搗黃龍之心，但附和革命分子，意志動搖，若非盤據地方，就是擁兵自固，只求眼前名利，不計將來禍患，甚至以軍隊名義要求非和不可，並且暗中與袁通氣。加以黎宋卿（元洪字）本非革命者，而堅主和議，我若過於強制，他即單獨與袁議和。大勢如此，我何能獨持異議。孫大總統初回國，尚不知此中內容，責我過於軟弱，我只好忍受。近日南京軍隊尚有不穩消息，今曰所以要令貴軍在街上遊行，即寓鎮撫人心之意也。」言下歎息不止！

黃氏又說：「貴軍與陳元伯（裕時字）所部，都是桂軍，已決定編為第八師，明日可和元伯商量，趕快成立，尚有多事相煩。」

六、三批援軍先後調南京

敘過廣西第一批北伐軍的經過情形後，再敘第二批：按第二批北伐軍的主力邕龍兩標（即兩團）當時是由巡防營改為新軍的，以程子楷、陳裕時兩營人為基幹。這兩標的成立，比趙恆惕的混成旅還要早得多。因分駐在南寧、龍州兩地，故稱為邕標、龍標。龍觀光與陳炳焜曾分任標統。辛亥九月十九日南寧獨立時宣布五條大綱，其第五條為「部隊北伐」。但在在當夜，龍觀光對邕標訓話說：「今天的獨立，不過是敷衍時會，各宜遵守清朝軍令，以一事權，否則當以軍法從事。」官兵聞之大為憤怒，竟將龍觀光趕出營門。龍氏乃向其親家陸榮廷哭訴。陸即於廿二日圍繳全標武器。廿四日兵備道李開侁和標統陳裕時由龍州到南寧，以陸榮廷悍然解散新軍之舉違背時代，不僅不見容於環境，且陸氏的副都督一職也因之不能自存。遂向陸剖析利害。陸氏終於佈告召還員兵，發還武器。但陸氏一直是不喜歡新軍的，適武昌黎元洪來電求援，及即派陳裕時統率邕龍兩標北伐。陳率眾由南寧乘船到廣州再轉海輪往上海。黎元洪於十一月廿一日曾電詢南京陸軍部謂：「前陳裕時君率廣西軍一標由海道援鄂，如到滬，乞飭速來。」

黃克強電覆謂：「尚未到滬，本部當派輪往接。」大約第二批北伐軍到滬時已在十二月上旬，陳裕時率部即入南京，並未赴鄂。因此黃克強遂有將兩批來援之桂軍，合編為第八師，直隸南京中央政府之決意。

廣西的第三批北伐軍，則是由副都督王芝祥以援鄂軍司令名義統率桂林巡防營六個大隊，約三千人出發。王氏於十二月初四日率部啟行，十二月十八日到長沙，廿日王氏發出通電云：「南京孫大總統、陸軍部黃總長、武昌黎副總統、桂林陸都督鈞鑒：祥於五號抵長沙。當此倉卒出師，所部將士，均曾經戰陣，強幹耐勞，惟編制訓練，多未完備。擬即進駐孝感，改編成協，補授戰法，以期連合各軍協力進攻，早定中原。一切作戰方略，總乞隨時命令為禱。桂副都督王芝祥叩。」

王氏這一請求，未被採納。旋又託譚延闓都督轉電黎元洪，謂桂軍兵船八十餘艘，亟待開發，請飭湘鄂各輪趕速上駛，以便拖帶。黎氏飭軍務部派小輪四隻赴湘。王氏曾電黎致謝，謂已飭各兵船陸續開發，沿途候輪拖帶。未幾陸軍部又調該部赴南京，王氏離漢口時，邀耿毅由孝感來晤，耿告王謂趙恆惕部也奉調往南京矣。

七、王藩台出任第三軍長

陸軍部既將廣西這兩部新軍編為第八師，即以陳裕時為第十五旅旅長；以趙恆惕為第十六旅旅長，其餘騎、砲、工、輜各隊也由趙部編成。師長一職，陳之驥適由北京來到南京，他也是同盟會員，在日本時和陳裕時頗親近，在廣西又曾任幹部學堂監督，裕時遂舉他擔任師長，大家均表贊成。

至於王芝祥，他在清廷任廣西藩台時，因王孝鎮招請革命黨多人到桂訓練新軍，後為撫台張鳴岐知悉，要嚴辦革命黨，幸經王芝祥苦勸，遂盡令黨人離去廣西，不另治罪，因此一般革命黨皆感其德意，所以王氏此次帶兵到了南京，一般軍官都在黃克強總長之前推許他，黃氏遂任他為第三軍軍長。他自認本人已是官僚，不能不用一同盟會員做參謀長，才合時勢，遂竭力挽耿毅擔任，陳裕時也從旁力勸，耿氏遂就參謀長職。王氏帶來的巡防營六大隊亦改編為第三軍直屬的第五獨立旅。第八師也隸屬第三軍。

廣西學生軍北伐敢死隊隨趙恆惕部同到南京，初駐小營（即陸軍小學舊址）。後遷到鼓樓南小桃園的端方公館。黃紹竑當時便是敢死隊的副班長，端方公館原是滿清顯宦的安樂窩，忽然變作敢死隊的駐所，真是革命軍人最得意的報酬了。民國成立，學生軍解散，多數轉送入南京入伍生隊，以為升入軍官學校的準備。

八、贛軍譁變黃克強掛冠

袁世凱繼孫中山任大總統後，以唐紹儀為內閣總理。唐氏認為南京兵多，非有大員鎮撫不可，遂請黃興出任南京留守。黃初不允，經唐氏再四力勸，黃氏則提出交換條件：一要唐氏加入同盟會；二要以王芝祥為直隸都督，才肯就任。唐氏慨然加入同盟會，並謂以王督直，在總理權限內，待到北京後與總統商定發表。袁世凱無法控制，竟派人挑撥在南京的江西軍隊因無餉譁變。變起之曰，黃興適赴上海未返，總參謀李書城電話請王芝祥軍長派兵速剿。王與耿參謀長商議，耿因新軍第十六旅都派在各領事館、軍裝局、軍械局及交通要點守衛，實難調動往剿平變兵；而舊軍六大隊因紀律欠佳，若派其剿辦，恐會乘機搶劫；於是先抽師部、旅部的衛隊步兵兩連（各留一班守衛）和機槍兩連，在南京城內鼓樓附近據守要口，使變兵不能南竄，然後再派舊軍剿辦。結果變兵尚未收拾清楚，剿變兵的已經滿載而歸，有携兩三枝槍的，有背包裹的，並有使被押的亂兵代背的。耿氏命令他們將此等槍枝包裹留下，皆不聽。請王軍長親臨，也無法制止，各兵直向小營而去，王氏歎氣不止。黃興因種種困難，又電唐紹儀總理轉袁懇辭留守職，並催唐氏早日發表王芝祥為直隸都督。袁即准黃辭職，並請王氏北來面商。黃興此時決將各省軍隊悉令各回本省，不願回者發給川資遣散。王芝祥的第三軍第八師，人數充足，裝備完全，留歸中央；第五獨立旅則給以川資遣散回里。這就是廣西援鄂北伐軍的結局。

除了上述三批外，援鄂的桂軍尚有黎天才部。黎部是於辛亥春間龍濟光調任廣東提督時由廣西帶往廣東的。當時岑春煊受清廷命，赴四川安撫鐵路風潮，他電兩廣總督張鳴岐要兵做衛隊，張令龍濟光照派，龍即派黎天才率領五百人前往，嗣因岑春煊中止四川之行，黎天才部亦暫駐吳淞候命。迨武昌起義，淞滬獨立，黎部附義，李烈鈞編黎部為吳淞光復軍第一協。旋派往參加進攻南京，在烏龍山、幕府山、獅子山、天保城各役，作戰非常勇猛，戰績輝煌，極為時人所稱譽。黎部又奉派援鄂，十一月初五日兩營由南京乘輪出發，餘尚待船續運，切到黃州集中，歸李烈鈞指揮。當時人對黎部，或稱粵軍，或稱桂軍，其實都是。

參、參加辛亥革命柳州獨立的回憶

（編者按：黃旭初先生主廣西省政垂二十年，人皆知之矣；而黃氏在少年時代參加革命與投筆從戎之往事，知之者尚不多。本文所記述者，為有關辛亥柳州獨立之一段珍貴史實，黃氏當年親與其役，顛末備詳，茲應本刊之請，特撰是篇，交付發表，實為不可多得之革命史料。特誌數語，敬向讀者介。）

柳州的位置，正在廣西省的中心。這個偏僻的地方，自唐朝的古文大家柳宗元被調到此地做刺史後，便藉著他而知名於世。清代置柳州府，在其末期，此地也為革命黨人所注意，在當地布置有祕密組織，從事活動。辛亥之役，柳州起義雖稍後於桂林，究為革命史上應書的一件事。但近來關於辛亥革命的紀述，此事似乎都無人提及。筆者當年曾躬與其役，備悉始末，今特敘其經過，以告世人。

一、平均地權你懂我不懂．服喪儀式笑聲雜哀聲

滿清光緒末季到宣統年間，我和我的父親都在梧州蠶業學堂肄業，父親在別科，我在預科。那個時期，革命的思想已經滲透了一般青年的腦中。學校當局對革命的書報的查禁，並不十分認真，桂林發行的《南風報》，鼓吹新思想，最為同學們所愛讀。日本東京發行的《民報》，也祕密地傳進來。同盟會那四句誓約：「驅除韃虜，恢復中華，建立民國，平均地權。」差不多校中同學都知道。不過大家對於這四句，實在只注重在前兩句，誰都指望推倒滿清政府驅逐滿洲皇帝，能夠愈快愈好；至於後兩句，多是不求甚解，尤其甚麼叫平均地權，更摸不著頭腦了。我記得當西太后和光緒皇帝死去的時候，校裡接到通令，要集合全體員生舉行服喪的儀式，秩序單中有「舉哀」一項，有些站在後列的同學，竟以笑聲混做哀聲，他們並不是態度太過兒戲，而是把痛恨滿清的心情，藉此難逢的機會來發洩一下罷了。在梧州城東門外有一間私立的「國民學堂」，大家都看做革命黨的機關。

在蠶業學校的同學中，我和同班的恭城莫遺賢最為相得，彼此都肯用功，每逢考試，榜上第一名不是他便是我。蠶校校址在梧州城上游三十里的長洲頭，每逢假期，同學也偶然到梧州去消遣。莫兄（現在台灣，為國大代表）先參了同盟會的，有一次在梧州的遊艇上，他特意介紹我加入，因為祕密，並未舉行何項儀式。我問他是何人介紹的？他說：「是平樂周毅夫。」那時莫兄剛二十歲，我才十九歲。

二、庭訓親承江口會盟友・柳州獨立學堂設機關

宣統三年（辛亥）八月十九日，革命在武昌爆發了，各省陸續響應。莫兄邀我和梧州冰井師範各友遊賞、吟詩誌感（莫兄在去年還向我說過，他至今還記得我當時的詩，首句是「龍虎紛拏揚子江」，歲月如流，屈指已是五十年前事了）。過了幾天，因周毅夫同志由香港運子彈入廣西，被梧州海關檢出，各同志都接到通知：「須離梧暫避。」莫兄正在忽忙地收拾行李，準備去柳州做革命活動的時候，碰巧我去看他，談悉情形，我表示願和他同去，約定第二天在大湟江口會合。我即刻由梧州趕回長洲校裡，報告父親，他不但許可我去，給我旅費，還說：「這個時候，年輕人應該獻身革命。」給了我許多鼓勵的話。我辭別了父親，由梧州搭拖渡到大湟江口。是和莫兄結伴，由江口徒步經東鄉到武宣縣城，轉僱小艇溯柳河而上，經象州抵三門江，這天大約九月十八或十九晚。三門江距柳州城二十五里，有蠶校畢業同學傅鳴岡兄（湖南祁陽人）在此築室養蠶，我們到訪，承他殷勤招待。第二天，與莫兄和李虞廷（湖南人，黃忠浩的女婿）到柳州參加會議。當時水師統領胡代銘、劉月卿等，都熱心參加獨立運動，於是即日宣布「柳州獨立」，在柳州中學堂設「柳州革命國民團總機關」，推王冠三（桂林師範生）為首領，鄧先訪為參謀長，柯鸞臣為副官長。王、鄧、柯三位都是柳州人。此外還有錢秀齋（現在香港）許多位同志參加。莫兄和我，都被派為秘書，同住在柳州中學堂內。

三、事機不密知府留餘情・革命告成黨人無事做

廣西是九月十七日在桂林宣布獨立的，推沈秉堃（原任巡撫）為都督，王芝祥（原任布政使）、陸榮廷為副都督。但過了四天，又改推陸榮廷為都督。獨立後曾通電全省，中有句云：「地方官有不願參加獨立者，准其離去。」於是原任右江鎮李國治、柳州府知府楊道霖、馬平縣知縣向

宣等，都安然離去。柳州獨立，並無流血、恐怖、混亂等項情事發生。地方人士對於楊知府並且具有好感，因為革命黨人曾在柳州開設華熙客棧，做革命活動的祕密機關，一天，忽然被大隊官兵圍棧搜捕，主持客棧的同志陳某，知不能脫，遂自殺。而楊知府竟把搜得的黨人名冊和文件，一概燒去，並沒追究一人。盧燾便是因此得脫，走到龍州依陳炳焜，再由李春暉介紹他去雲南，入蔡松坡主辦的雲南講武堂肄業的。

柳州革命國民團總機關成立後，上既無所秉承，下亦無所統屬，既無破壞，更無建設；彷彿是宣布獨立後革命便告成功，無所事事了。這其間，我只記得莫兄曾做過兩任事：一、當湘人黃忠浩任右江鎮時，他的兒子黃岱任湘軍管帶，在距離三門江東北數里高嶺塘荒野，設有湘軍屯墾區，從事墾殖，這屯墾區也是革命黨祕密機關之一。忠浩早經卸任回湘，黃岱也在革命前回去了，屯墾區只遺下些留守部隊。柳州獨立後，這些留守部隊，有回湘依附黃岱的企圖，莫兄於是和這部隊的留柳參謀黎文伯設法，引隊來柳，繳械遣散。二、不久之後，副都督陸榮廷派雷鯤池到柳視察，也是由莫兄陪他到各處訪問。

四、撐旗遊街看華僑勇士・徒步晉省入陸軍速成

當時同盟會份子在柳州的，以劉古香的名聲為較大。他曾中滿清最末一科的舉人，後入廣東將弁學堂，畢業後當過體操教員。是年三月二十九日革命黨大舉進攻廣州總督衙門時，廣西隊本來是劉古香做領隊的，但臨時劉沒來到，這一役，廣西同志死難的共十四人。柳州獨立時，劉在香港，大家在等待他回來。而國民團總機關在劉將回到前便已辦理結束，我和莫遺賢兄便由柳州中學堂搬出來，住在馬王街王冠三的公寓。劉古香是在十一月二十幾回到的，跟著便成立柳州軍政分府，我們都沒有再任職務。莫兄因奔他祖父的喪，和荔浦莫禮賓兄一同取道寨沙、四排、荔浦、平樂回恭城原籍，後來去了南京。

劉古香帶來一隊「華僑炸彈隊」，共數十人，久不久又撐旗列隊在街上遊行引人看看。至於開大會、演說、貼標語、喊口號各種做法，那時期的革命黨人還不懂得，也還沒有「宣傳」這個名詞。軍政分府曾做過的事，我還在柳時所見到的，只是招撫綠林編成部隊，沈鴻英便是那時候招撫出來的。王冠三當模範營管帶，劉古香的族姪劉震寰，也隸屬在王的部下。官兵都沒有軍服，唯一的標識是黑包頭，官長用黑縐紗、士兵用黑布纏裹於頭上。紀律很壞。王冠三後來被陳炳焜所捕殺。劉古香後來當統

領，仍駐柳州，二次革命兵變時，他既不參加，又不走避，亦為都督陸榮廷所殺。

我在柳州閒散，很覺無聊。到了民國元年二月，沈秉堃、王芝祥都先後統兵援鄂，離開廣西。陸榮廷都督由龍州率兵到桂林，總攬軍民兩政，將原日的廣西陸軍小學停辦，改辦廣西陸軍速成學堂（後來才將所有學堂一律改稱學校），除收納沒有去參加學生軍北伐的陸小學生外，並招考一部分新生。我得此消息，於是和柳州當地一班青年，並炸彈隊中一些潮梅學生，去桂林投考。由柳州經三門江、高嶺塘、雒容、鹿寨、黃冕、永福、蘇橋各地，徒步走了五天才到桂林。考試榜發，有了名字，於是入校再過學生的生活。

這次參加中華民國催生的大革命，就這樣平淡地結束！

肆、中山先生與日友秋山一段交情

這篇掌故是由一本名著摘譯而來。情節是否完全無誤，還祈讀者留意鑑別。

孫中山先生從事革命，在日本活動的期間頗長，對清時期的「中國同盟會」和對袁時期的「中華革命黨」，其本部都是設東京。日本有識之士如民黨領袖犬養毅、在野志士頭山滿、秋山定輔、中野德次郎、鈴木五郎、安川敬一郎等等，都對孫先生非常欽服，成為革命的同道。至於當權人物支持孫先生的，只有桂太郎首相和山縣有朋、井上馨兩位元老。關於革命用款，日本政府未曾有過援助，都是熱心的民間人借給的。

所謂名著，是日本文學家村松梢風《原敬血鬥史》。中有若干篇幅關涉著日本朝野與中國革命事實，我在十餘年前讀到時，曾摘譯要點用「高洞」筆名發表於香港的《聯合評論》週刊，現經重新整理，分段標題，並加附註，輯為此篇，以實《春秋》。

——庚戌立冬，記於九龍。

一、秋山與桂太郎作三夕談

在六十年前日本對中國問題，在野志士秋山定輔主張支援中國革命；而當時的首相桂太郎則站在政府立場，向來政策的對象是清朝，所以彼此見解對立，無法調和。明治末年桂太郎第二次任首相，秋山定輔特於某日和桂太郎約定在東京三田小山的桂太郎公館會見，商討中國問題。秋山以此行意義重大，慮途中出事受阻，特於前一天便移住於三田附近的旅館，從旅館到桂公館只徒步幾分鐘便可抵達。約定的時間是下午六點，秋山到來一秒鐘也不差。他們談了一個通宵，直到翌晨七點鐘。告辭時，桂太郎說：「好，現在休息一下，今晚還要繼續談。」

秋山也覺得話還沒說完，便道：「今晚休息，明晚再談，怎麼樣？」

桂答：「好，明晚由六點起。」

隔一晚，彼此又談個通宵。「因為還有將來的問題，再要談一晚！」

繼續討論了三晚。

最初那晚談的是眼前的中國問題，彼此完全對勁。不用說，當時清朝還儼然存在。以孫文為中心的革命思想，正在澎湃高漲，可是還沒顯現為現實。不論日本政府抑或各國，都有其一貫的傳統政策。要幫助尚未成形的孫文一派去推倒清朝，使其完成革命，然後共同來解決東亞及亞洲各民族問題。似乎這些都是很遠很遠的事情。

就某種意味說，這是書生之論，是紙上談兵。事實上，當時日本的政治家對孫文革命論這類東西，誰也不愛聽。然而這位日本的國老、當時的總理大臣、獨一無二的實力者的桂太郎，對孫文革命論卻越談越有興趣，認為中國應該要革命，誓要具體的援助孫文。

經過三晚深談的結果，桂太郎變成了秋山唯一的理解者。從桂太郎這方面說，他認為頗有聰明而又是十年宿敵的一介遊士秋山，對於自己晚年的思想和抱負，竟成為唯一的獻策人。

三田桂公館和麴町秋山家裡，裝起電話號碼簿上沒有刊載的專用電話來了。桂太郎的出國旅行，一切也都照秋山的預定表做去，但因明治天皇崩逝，以致未能完全實現。

二、以大冶鐵礦押借三百萬

以明治四十四年（一九一一）為界線，日本的對華政策，來了個一百八十度的大轉換。

援助中國革命黨的國策，是總理大臣桂太郎的主張，在獲得山縣有朋、井上馨兩元老的諒解之下而進展的。

中山先生漸漸將革命戰爭發動起來，第一必要的是錢，卻不是像以前那樣的小錢，而是推翻滿清、建立革命政府的巨大軍費。某日，中山先生為這事和秋山促膝而談。

秋山說：「這回是要借一筆大錢，和從前不同，無中生有是辦不到的，你有甚麼抵押品沒有？因為不是政府的錢，是民間的錢。」

孫答：「說抵押品，眼前可以拿得出的卻沒有。」

秋山說：「現在不立刻拿出也可以，取了天下後，那就多得很。」

孫想了一會，說：「有了，若以我們中國人看見便懂的，只有上海招商局了，那的確有四五十條輪船。」

秋山說：「這是很體面的抵押品哩。」

孫說：「但招商局是上海盛宣懷的事業，全部是盛的財產。」

秋山說：「不是個人的財產吧？恐怕連招商局的股東也弄不清楚究竟值多少錢？再想想別的吧。」

孫想了很久，說：「想到了好東西！埋藏在地下的礦山，行不行？」

秋山說：「好啊！是哪處的礦山？」

孫答：「大冶的鐵礦山。據說，那裡埋藏有無盡的鐵。如果拿來做抵押品，因為是地下的東西，誰也不會出來阻撓的。」

秋山說：「就定規這個吧。」

這個現在雖不是孫文之物，可是也不是誰人之物。

秋山把這個空空洞洞的大抵押品扛往三井。三井開了個大評定會，認為大冶的鐵礦雖然是大富源，但那是孫逸仙取得天下以後的事。然而三井終於應允由中山先生出名以大冶鐵礦山作抵押，貸給了三百萬元。不消說，因為有桂太郎首相的招呼和山縣、井上的諒解而成功的。現金由三井物產上海支店長藤瀨政次郎經手支付。

於是乎宣統三年（一九一一）秋，第一次革命爆發，清朝覆滅，第二年中華民國興起，孫中山先生被選為臨時大總統。

大冶鐵礦變成了三井三百萬元借款的抵押品，即所謂漢冶萍是也。後來中華民國從橫濱正金銀行借得八百萬元，而清還了三井的三百萬元借款。[1]

三、西園寺內閣不歡迎孫氏

中山先生把大總統讓給袁世凱，大正二年（中華民國二年）一月要訪問日本。這回不像從前做亡命客，是中華民國的前大總統，包租了郵船春日丸，率帶大批同志隨員正式來訪問的，報紙上滿載著孫逸仙來日的新聞。日本社會上無論相識或不相識，對這位偉大的革命家都感興趣，尤其是日本在野的一向同情中國革命的那些人，盼望孫氏來日非常殷切，準備了盛大的歡迎。

此時是西園寺第二次內閣時代，桂太郎時任內太臣。在日本民間，孫逸仙的名聲非常之大，但日本政府卻十分冷淡，對革命很討厭，不管是鄰國或那一國的革命都屬忌諱，萬一革命火花飛到日本，那還了得！光是革

1　三井借款給中山先生一事，《國父年譜初稿》（中國國民黨黨史史料編纂委員會、國史館史料編纂委員會合編，民國四十七年十月十日出版）及《中華民國大事記》（高蔭祖編，民國四十六年十月十日世界社出版）均未載。後來由中華民國政府借正金銀行款以還三井，兩書亦未載。

命文字，看了也會打抖，何況是號稱革命家，更是畏如蛇蠍。孫中山是中國革命唯一的指導者，推倒清朝的首領，認為是與日本國體完全不能相容的人物。

西園寺內閣閣議決定：孫文若來訪，不用說，不做公式的歡迎，由總理起，內務、外務、陸軍、海軍大臣，誰也不會見。

桂太郎因為是內大臣，不用出席閣議，但閣議的決定他已立刻知道，他躭心了。政府的空氣既然如此，孫文如特意來訪，倒變成失禮，當局人一個也不會見，來也沒有什麼效果。在桂太郎自身而言，孫來，政府的人誰也不見，如果自己一個人會見，也覺不妥當。事實弄成這樣，真是麻煩！在這種情形之下，孫氏此來，不獨完全無意味，倒反有害。桂太郎一直有個願望，那是日本對中國的新國策，要由他自己的手上來確立，從來有這樣的大抱負。決定以由革命成立的新中國政府為對象的國家大方針，這件工作，確信總該由自己做到。然而他是內大臣，偏巧沒有擔任實際的政務，孫此時來，將會大失所望。還有更大的問題，日華的將來也有被破壞之憂，桂的躭心為此。他趕緊把秋山請來，將上面的情形說明，商量怎樣謀補救之策？

四、秋山來華苦勸中山先生

孫氏訪日，業已決定在數天之前，似乎沒有改變了。

桂太郎對自己國家和友邦的前途，心都碎了，遂請秋山出主意，秋山此時亦下定決心，要好好處理這個難題。

秋山趕到上海會見中山先生，把日本的情形詳細地說明，將桂的衷情傳達，請求中止訪日。

「這才麻煩！一切已經準備好，就要動身了，因為已正式發表，現在不能中止。這是我們的決議，破壞決議，秩序就會亂，無論如何，中止是辦不到的。」孫氏變起臉說。

因為中國方面新政府隨員名單也已發表，什麼都準備完妥了，行李也搬上了春日丸，孫氏這樣說，不是無理。

但秋山用種種的話要求其中止。卒至中山先生發怒說：「好呀！如果誰也不會見，這樣的偉人們，沒有勉強會見的必要。可是日本旅館的老太太和一班舊友照顧我太多了，這次想要去致謝一聲；還要看看富士山，事情仍是不少。」

秋山聽罷，急著表示說：「是嗎？我懂了。老兄說的話也有道理。可是我秋山不是將你孫先生視作詩人名士來交往的，也不是為你想看看富士山、想致謝旅館老太太這樣的人和你交往的。你是四、五億民族的運命，東洋的運命，在某種意義上，老兄倒是唯一的指導者、救濟者，是推行這種大事業的人，而我則自負為其朋友，今天我是為這個打算而來的。現在清朝倒了。你是中華民國的退職大總統，到了世界人士都景仰的地步，日本應當把老兄當作上賓接待的日子好容易來了，可是，今天日本的客廳還沒有布置好，你去了連一杯茶也不能敬奉，為這個緣故，才請求你稍微等待的。」秋山的聲音，越說調子越高。他接著說：「所謂不能等待，是甚麼事？而且不是我個人的意思，當今在日本名符其實第一人物桂太郎公爵很關心這件事，他和我商量後，我才不遠千里趕著來的。但是你說怎麼也要依期，既是這麼著，變成血也沒有了，志也沒有了。你以為中國革命成就了嗎？外面的人是說革命完成了，老兄當然沒有這樣想。清朝倒了便算革命成功，那是大錯，實在的革命是從此以後還更要努力。這樣的事，老兄比我更加清楚。然而，唉呀！決議、旅館老太太、富士山等等，我不是為聽那樣的話而來的！」

五、終於託病延期赴日訪問

秋山不知不覺，語氣變得很激昂，簡直大放狂言。若在平常人，過去的交情是交情，現在這麼的地位，是會生氣的，到底是孫氏，一些也不拘泥，把前言取消了。他和顏霽色，注視著秋山說：「老沒見面了，好容易才見著，不是要使你不舒服，說的是實在的困難，但是聽了你的話，也覺得有理，前頭的話作為取消。可是，怎麼辦呢？這邊一切都進行了，日本的朋友全已一一通知，現在忽然間中止，叫我如何向海內外人士交待呢？」

秋山說：「那也沒有甚麼，說是病好了，除說因病延期，沒有別的方法。」

孫氏說：「說得對！因病。」

中山先生笑起來了。立刻用孫文名義電告日本方面的宮崎滔天：因病，延期訪日，並煩致意有關方面。

中國方面，退船啦，搬回行李啦，也瞎忙了一頓。

等到桂太郎再度組閣，便立即邀請孫氏訪問日本。孫照前次一模一樣作準備，包租了春日丸，率領大批隨員登船來日，日政府以國賓招待，朝野都給孫氏盛大的歡迎。

桂太郎和孫氏總共會見了三次，彼此意見完全一致，中日提携的實際方案，在這裡全部決定了。桂太郎已經不是昔日的桂，孫的訪日大告成功。[2]

中山先生離日返國的時候，在春日丸船上招待國內外的新聞記者，發表一場大演說，披瀝誠意和自信，力說中日提携的必要。「這，實在是東洋及世界和平的關鍵！」並下了這樣的結論。

日本對中國的國策，桂太郎死後，突然又被翻覆過來，到大隈內閣、寺內內閣，更變成反革命的，向侵略主義一邊倒，與其說是中國的不幸，毋寧是命中註定的日本的不幸！

六、秋山想到了久原房之助

袁世凱當國後，中山先生又亡命日本繼續革命。但日方自桂太郎死後，除了所謂日本浪人之外，再也沒有中國革命的同情者了。大正四年九月一日，井上馨也病逝了。當時的孫氏，主要的援助，除求諸日本外，也沒有別的辦法可想。

在此時間，有位雖是民間人，卻是唯一幫助中山先生的人，便是久原房之助。

是時中山先生任陳其美做統帥，起兵討伐袁世凱，照例軍費的籌措極感困難。因別無籌款商量的朋友，只得又去找秋山定輔。

秋山儘管被孫氏催促，但革命軍費不是等閒人所能負擔的，除向財閥商借外，沒別的法子。三井在漢冶萍借款已經清結，再去商借料想不行。岩崎、住友、安田，財閥雖有幾個，都不會願意拿出錢來。那時在秋山腦裡盤算的，便是久原房之助其人。

無奈秋山和久原莫說一面，連半面之交也沒有。可是，雖說同是實業家，久原的做法和別的實業家不同，他很豪放，算盤以外，看起來好像懷抱著甚麼理想，而近年很快地發達得大起來了。所以久原或者願借錢也未可料。

有一位和秋山同鄉在備中倉敷出生叫做加藤達平的人。加藤初出門到東京當時，曾在秋山家裡當過書僮，後在赤門工學部卒業，現入久原礦業公司當技師。秋山想起加藤，立刻打個電報到神戶給他。他也不知是為何事，趕快便跑來。

---

[2] 孫訪日事，《國父年譜初稿》載：民國二年二月十三日抵東京。但秋山來上海勸孫改期一節，未見載。

秋山見到加藤，由世界大勢，論到東亞的將來，又說日本援助中國革命，使建設新中國，再和這新中國提携，非這樣做則無論東亞的和平，日本的發展，均不可能。然而日本政府所行的，完全和這個理想背道而馳，將來必然招來可怕的結果。這個當兒沒有法子，只能以民間的力量援助孫文，使他完成革命。為日本的將來，這是必要的。秋山最後道：「想由你將這件事轉達久原君，求他貸給孫文至少一百萬或二百萬，越多越好。事情急迫，無奈我和久原君面也不曾會過，因此，請你來特意奉託。」

加藤也是一個有能耐的人，便說：「好！那我就趕緊去。」說完，便馬上向白金的久原公館而去。

剛好這天久原的母親去世，辦理喪事，忙亂不堪。加藤先進靈前燒香行禮後，對主人久原道：「想有些話和你說。」遂約往別室去，加藤便把秋山的話照說一遍。久原即刻答道：「啊！若是這樣的話，我要會秋山君一面了，明天吧。」

第二天，久原竟到麴町秋山寓所來訪，秋山和他暢談後，久原表示：「知道了，既是這樣，該會一會孫文。」

七、久原借款與陳其美遇刺

次日，中山先生和久原在秋山家裡見了面，兩人談了半日，結果，久原答應目下先籌七十萬元，並說：「一兩天內把錢調動好。明天我請兩位吃午飯，務祈到白金敝舍賞光。」

再過一天，孫氏和秋山依時到久原寓所。吃完了飯，久原離席去，一會兒，久原自己抱一綑，書僮也抱一綑，共有三十柄刀劍拿出來。久原道：「我要送兩位每人一柄，你們喜歡哪一柄，請就在其中自己挑選罷！」

秋山因自己在刀劍上沒甚興趣，只謝謝久原的好意，沒有領受。中山先生對日本刀也不內行，不會鑑定。久原說：「既然如此，待我揀一柄好的送給孫先生罷！」

第二天，久久原將黃金製成很名貴的刀一柄和現金八十萬元送到孫處。孫給久原的借款契約是七十萬元，為甚麼緣故有八十萬？（譯註三）[3]

---

[3] 陳中孚同志亦曾談及，民五秋山言於久原房之助，久原助以巨款，前後用去兩三百萬元。按《國父年譜初稿》亦未載此事。

中山先生將這八十萬元趕急匯給上海陳其美。久原隨後又交給巨款好幾次，但最初一次是七十萬元（實際是八十萬元）。久原借款，後來國民政府改為國債。

陳其美已經發動了軍事行動，軍費待支急如燃眉。但那一筆款到後不上一星期，陳其美即被袁世凱的刺客用手槍擊中頭部，當場殞命。[4]

陳其美原也偕中山先生一同亡命日本的，為要討袁才返國。陳氏是個革命實行家。中山先生常稱讚他為站在生死關頭不失常度的人物，此次遇難，中山先生的哀痛自不尋常。

討袁軍事因袁世凱病死而結束，但革命尚未成功的口號還要喊下去。

[4] 《中華民國大事記》載，民國五年五月十八日，「陳其美在上海被袁探刺死於日僑山田寓所，蔣中正載其尸以歸，並為之經紀喪葬。」《國父年譜初稿》亦詳載此事。

伍、記民初桂省軍事學府風光

民初年間，廣西都督陸榮廷出身綠林，氣味與舊軍較為相投。但他任統領時曾被派往日本觀操，見過新軍的好處，且新軍已成時代潮流，不能違逆，故在民初廣西曾兩次開辦軍官訓練的機構。首先是民元有廣西陸軍速成學校的設立。到了民二又開辦廣西將校講習所，是為給與舊軍軍官以補習教育而設的。

現特分述這兩軍事教育機構的概略及其若干逸聞趣事，當為讀者所樂聞。

一、廣西陸軍速成學校

甲、緣起與組織

廣西陸軍速成學校（初沿清習稱學堂，後悉改稱學校），是就廣西陸軍小學堂原有校舍和一部分設備並其大部分學生改組而成的。當辛亥革命廣西獨立時，陸軍小學即無形中陷於停頓狀態，學生中有全體組織學生軍參加北伐和請軍政府繼續辦理的兩種不同主張，結果各行其是。參加學生軍的約三、四十人，與各學堂的學生組成北伐敢死隊，隨廣西陸軍混成協出發援鄂。主張續辦的，得廣西軍政府允許，改為廣西陸軍速成學堂，遂由小學跳過中學而到軍官階段了。

陸軍速成學校的組織，設總辦、監督、總教練各一人，教官、副官、軍需、軍醫、隊長、學長、助教等若干人。總辦陳炳焜，他原是蘇元春宮保幕下的差官，在陸榮廷下山就撫時，陸即與陳結為兄弟；辛亥革命時，陳任新軍龍州標統帶；廣西軍政府成立，陸以陳為軍政司司長，並兼軍校總辦。陳體格魁偉，性情豪爽，談笑風生，多飲不醉。監督林秉彝，為軍政府參謀長林紹斐長子，廣西講武堂出身。總辦因軍政府公務鞅掌，甚少到校，故校務悉由監督裁決。總教練中村孝文，日本人，日本士官學校畢業，日俄戰爭時曾任大尉連長，立有戰功，陸榮廷聘他為都督府顧問和速成學校總教練兼戰術學教官。他做事認真，絕不馬虎，頗為學生所敬重。他不懂華語，上課時由浙江籍譯員傳譯。他後來娶一廣西女子為妻。

教官有曾植銘、譚儒翰、何瑞麒、甘尚賢、劉朗東、甘偉賢各位。副官龍科材。

學生共三百人，由陸軍小學改編而來的約二百，新招考的約一百。我是新生之一，辛亥重陽節後由梧州到柳州參加革命活動，柳州獨立後不到兩月，南京臨時政府成立，南北進行議和，北伐不成，在柳的華僑炸彈隊也即解散，一群革命青年無所事事正在煩悶，忽得陸軍速成招生消息，於是聯袂前往，步行五天，到桂林報名應考。臨考試前，我感冒初癒，耽心體格檢查會被淘汰，但任檢查的似頗草率，尤其厭看下部，結果，體格和筆試都及格而被錄取。新生中廖奕佐、劉柳溪（這是別號，名字已忘）兩人是炸彈隊員，廣東人，是唯一的非桂籍生。

全體學生分編為三隊，每隊由隊長一、學長一、助教若干任管訓。第一隊隊長由教官何瑞麒兼任；第二隊隊長況仕謙；第三隊隊長謝嶽宗，學長杜植。第一隊半數為砲兵科，餘半數和第二、三兩隊都是步兵科，騎、工、輜等科不設。第三隊全屬新招生，故我被編在第三隊。

全校在辛亥年底已籌備就緒，壬子新正乃式開學。

乙、內務與紀律

桂林文昌門外象鼻山下平地上有片整齊樸素的房舍，東北西三面有燒磚圍牆，南面是大門，門外有一小型廣場和一株大樹，這便是陸軍速成學校。大門以內是學生生活的小天地，入校以後，除了野外演習或放假，不准踏出校門一步。

校內生活與校外絕不相同，完全是軍隊生活集、體生活、秩序極端嚴肅的生活。在學生入校之前，派定了各隊的隊長、學長和助教；劃定了各隊的學生；分配好各隊的宿舍、行李貯藏室、厠所、盥洗所、澡堂、飯堂、課室、自修室、集合地點。到了規定入學那天，學生携帶行李到校，各隊官長和助教各自指揮本隊學生在操場集合，單行立正，按體格最高的在排頭，順次到最矮的在排尾，從對面看，頭上一線整齊，不稍參差，令數報後，雙數的退後一步，成雙行隊形。從這次規定的站隊順序，以後無論何時集合，必須遵守，不准錯亂。順序既排定，才令進入宿舍。每隊一幢宿舍，隊長、學長、助教寢室在樓上，學生寢室分數間在樓下。排頭佔第一寢室第一個床位，依站隊順序逐個床位到排尾為止。各人換過學校發給的內外衣服，即將自己不用的衣服、什物，收拾在自己的行篋內，搬存行李貯藏室中。

各寢室門外為簷階，東端出大操場，西端往盥洗所、澡堂、厠所。室門向南，只北面開窗。室內床位横列，分東西兩排，中間直放一公共槍架，各床頭牆壁處置木櫃以安放衣服什物。各人所有步槍、刺刀、軍帽、衣服、綁腿、皮鞋、被褥、枕頭各物，不特要洗抹清潔，摺疊整齊，安放位置更須按照規定，不准錯亂。平素養成了這種習慣，臨到黑夜中遇警報、或警報中不准點燈要作緊急集合時，一聞號音，便可逐件伸手即得，循順序穿著携帶，不至慌急、忘漏、遲誤。每週檢查內務一次，還要擦槍。

每日上午五時起床至下午九時熄燈就寢，點名、操練、上課、用膳、自修，都是集體同一行動，並且做到迅速、確實，才合戰鬥的要求。

校規有罰立正、記過、禁足、禁閉等項。過有大小，記小過三次作一大過，記大過三次即予開革。禁足係放假時不准外出。禁閉係關閉在校內一小室中。

學生住在這特殊的環境，過著有秩序的生活，輔以極嚴格的紀律，對於強健體格和優良品德的培養自易見效。

丙、學術訓練

關於學術兩科的教授方法和進度，大致與保定軍官學校差不多。

學科方面，將普通科目如國文、史地、理化、數學以至外國文一概免除，完全是軍事學課程，計有軍隊內務、陸軍禮節、步兵操典、野外要務令、射擊教範、地形測量、兵器學、築城學、交通學、戰術學等。各科的教官今已不能完全記憶，只記得教地形測量的為甘偉賢教官，他是中央陸軍測量學堂畢業的；兵器學教官為曾其新，他是保定陸軍速成學堂畢業的。最主要是戰術學，由總教練中村孝文兼任教官，他有過作戰經驗，又循循善誘，最為學生所佩服。他用日語講授，須人傳譯，我遂利用他講日語的時候，將課本中所無、譯語中卻有的要點速記下來。在自修室中，我的戰術筆記常被同學們借閱，並有同學擬將其印刷各取一份，但未成事實。冬科除聽講外，還有實習，如圖上戰術、野外演習、實彈射擊、實地測量、築城學習等，以與課本相證。

術科按照操典逐級遞進，最初三個月是各個教練，以後是班、排、連等教練，最後到一營、一團的戰鬥教練。無論操場上的制式教練或野外演習，都很認真。野外演習常由中村總教練到場指導，並作講評。

此外，馬術、器械操、劈刺術的訓練，也極嚴格。

丁、學校風氣

陸軍速成學校的前身是陸軍小學堂。據由陸小改編的同學閒常談論，一般生活和教育情形，速成學校的管教遠不及陸小的嚴肅，學風也不如陸小的淳樸。在陸小時代，全校上下可說絕無「吃花酒」或狎妓情事。可是速成學校卻常有教官前往桂林的「花區」所在地紫洲妓院宴客和吃花酒。俗語說得對：「上樑不正下樑歪。」於是同學中也有趁假期中在外易服狎遊的。這種現象，固然是由於辦學的人作風不同，也因整個社會風氣的頹廢。當清末厲行新政時，朝廷中一部分大員和各省少數督撫，可能是敷衍門面，緩和輿情，然下級辦新政的人物都是受過新式教育的，的確生氣蓬勃，表現一番新氣象。不意革命後這種欣欣向榮的氣氛反而逐漸消失。以前的所謂新人物，現在已變成舊官僚；以前的新政建設，現在又都變成敷衍公事。加以革命後崛起的人物如陸榮廷等，究竟新知識有限，對於革新的原動力不大，因而造成江河日下的現象。速成學校和陸小學風的迥異，僅是這種普遍存在的頹風中的一環而已。

戊、畢業情形

速成學校訓練期間規定為一年半，到民國二年秋季畢業。但陸小編過來的學生，在正式開學前已開始上課，故所受教育比新招學生為多。

當畢業時，陸軍部特派宋玉峰（是何官職已記不起）由北京來校致訓。那時國民黨為袁世凱使人暗殺宋教仁，正鬧二次革命，傳說宋的主要使命是偵察廣西實情並做拉攏買賣的。

速成學校不再續辦，卻接著在南寧新辦「將校講習所」，速成畢業同學有一部分被派往講習所見習。我們的甘尚賢教官並四個同學朱為鈴、龍振麟、曾志沂和我，由廣西都督府於是年冬送往北京應陸軍大學入學試，全獲取錄；此次廣西送考共十一人，七人入選，除上列五人外，餘二人為陳良佐、馬軍毅。

己、善騎者墜

李宗仁同學為被派往將校講習所見習之一，當速成學校一切設備遷運赴邕移交講習所期間，他們仍住在速成校內。他身體健壯，胆大敏捷，騎術在同學中為第一，能在馬疾馳時據鞍躍下躍上多次而不倦。校內數十匹好馬中有一匹「馬頭」，高大雄壯，一向沒人敢騎。馬頭就是馬群的領袖，我們南方各省少馬，所需大批軍馬多向內外蒙古或西北各省購買，在數百乃至千匹的馬群裡，經常有兩三匹馬頭隨行。馬頭昂藏威猛，力可敵虎，有管理馬群的天賦能力，當草原上萬馬奔騰時，如有少數馬匹落伍離群，馬頭就會飛馳而去，把它們趕回隊裡來。我們校裡這一匹，原是廣西陸軍混成協的，因它不服駕馭，才交到校裡飼養。除專門飼養它的飼養兵外，別人想親近它也親近不得，更莫說騎它了，走近了，它就亂踢亂咬。又力大無比，無人可以制服它。一天，李宗仁為好奇心所驅使，要求管理飼養的班長把那匹馬頭讓他試騎一下。班長和飼養兵都不敢答應，說馬頭是騎不得的！經李氏一再要求，他們也知道李的騎術超群，才答應了，於是在馬欄內慢慢設法把鞍子紮好，由三個飼養兵牽了出來。李隱蔽在大操場邊走廊下大柱子後面，居高臨下，等他們拉馬頭行近大柱旁邊時，縱身躍上馬背，提過韁繩，準備它會跳舞，誰知它若無其事地向前走了數十公尺。李正在有點詫異，馬頭突然把頭和身子向操場一擺一竄，勢如疾風暴雨，那三個牽著它的飼養兵未及叫喊便被摔倒在地，它再縱身一跳，三人便被拖成一團，全都撒了手。這時馬頭便瘋狂地跳躍起來，李用盡了氣力也勒它不住。它最後一躍躍上走廊，當它兩前足踏到走廊邊緣長方石塊上時，這石塊被壓翻了下去，因此它失卻了重心，也隨著倒下。李見情勢危急，連忙把右腿提上馬背，跟它倒下，被摔在一邊。這時馬又躍起，衝向一小門，門狹馬大，用力過猛，竟將新皮馬鞍撞毀脫落，然後逃回馬房去了。旁觀的都捏著一把汗圍攏來看李，見李並未受重傷，只擦破了手背，而地上卻鮮血淋漓，原來馬頭撞掉了一顆牙，還撒在地上。大家不免埋怨李不該冒這大險，但又讚他騎術高、運氣好。因為這馬如不踏翻石塊跌倒，把他摔開，他準會在門上撞死；如果馬跌倒時，他不能沉著應付，或動作稍欠敏捷，他的右腿定被馬身壓斷；如果他兩腳夾著馬身不夠緊，或未把身子貼在馬背上，他定摔在牆根上，弄得腦漿迸裂；真可說是死生間不容髮！他後來回想，也覺得年輕氣盛，視生命如兒戲，殊不應該。

二、廣西將校講習所

甲、專補訓舊軍官

陸榮廷都督因舊軍將校都是出身行伍，有些也同他本人一樣是綠林出身，他們積習極深，平時擾民有餘，而對現代化的軍事學術卻完全是門外漢，於是開辦「將校講習所」，把他們分期調來施以短期的新式軍事教育。以林秉彝為所長，所內的低級軍官則由速成學校畢業生中優秀的選充。

講習所本可利用原來速成學校的現成機構，因廣西省會在民元八月已遷到南寧，故在邕設立，近都督府，便利視察。地址在東門外舊南寧標的標營，有整齊的營房和大操場，規模可觀。民二秋間，將速成學校的器械、裝備、圖籍運交講習所，由桂林僱大號民船十餘艘順桂江下至梧州，再僱小汽輪數隻拖帶，沿大河西上，直達南寧。速成畢業生被派至講習所的也隨船同往。

我在民二冬間北上，民五年末才由陸中畢業回省，對於將校講習所實情所知甚少，以下所述，全部依據李宗仁氏身歷憶談。

李氏說他在講習所報到是民國二年秋冬之交，被派為准尉見習官，實即隊上的助教，月薪毫幣十四元。開學後任少尉隊附，即是排長，月薪三十二元；不久又晉升中尉。這是他生平第一個軍職。

乙、訓練實況

講習所的學生都是舊軍裡的中下級軍官，年齡大的在五十歲以上，官階高的有位至統領的上校乃至少將。有臃腫的大胖子，也有瘦削的矮子。有禮貌周到的君子，也有抽鴉片、逛妓寮的腐敗分子。有的出身於行伍，然不少是由綠林招安而來。

廣西境內多山，匪易藏匿，所以從前有「無處無山，無山無洞，無洞無匪」的諺語。這種匪風的養成，據說是由於清朝道光年間的官吏縱盜養奸所致。洪楊以後，匪氛更惡，官吏怕事，不敢認真剿辦，相反的，卻以高位重賞來招撫匪首。這樣一來，不安本分的野心分子，都視作賊為進身之階，由匪首可一躍而為哨官或管帶，等於尉官、校官的階級，如想從行伍循序升遷，恐畢生也無此希望。這種化匪為官的風氣，在滿清末季盛極一時。遠如官至提督、因攻打太平軍戰死南京城外、清廷賜謚忠武的張國樑，近如廣西都督陸榮廷，都是最顯明的例子。而且此風不止廣西一省，北方也是如此，張作霖、張宗昌均由此途出身是人所熟知的。

李氏說，所內若干從受撫起家的學生，習慣惡劣，不守紀律。他們都保持著原有的官階和薪給，拖家帶眷前來受訓，當然不把我們這些小隊附放在眼裡。故此駕御他們，也像試騎「馬頭」，殊非易易。

但也有愉快的一面。李氏說，我們的第二隊一百三十多人中，有一學生位至少將統領的高景純，我管教他們的態度是公私分明、不卑不亢。在開學後不久，他們也開始對我表示好感和敬畏。我逐漸以新式的軍事知識灌輸給他們，使他們的興趣提高而樂於接受。那大胖子高景純和其他素無訓練的軍官，有時在出操時體力不支，我便叫他們站在一邊看同學操練，而我自己則絲豪不苟且。他們在我以身作則的感化下，也都自願前來練習、操演，一反他們舊軍本來散漫和不振作的現象。後來完全服從新學術的教導，使得全體上下和睦，精神煥發。到了受訓一年期滿畢業時，他們對我都有依依之情，並聯合送我一件名貴紀念品，使我深為感動云。

丙、因噎廢食

將校講習所辦了一期，本擬擴大組織，繼續更番調訓舊軍各級軍官，故省方特派林所長携帶巨款前往上海購置新式裝備。不意他愛好排場，喜歡應酬，十里洋場，乃銷金窟，所携公款，不久散盡，打電回省，謂款不足，要求補匯。於是陸都督左右不滿林氏父子的人，對林所長乘機大肆攻擊其浪費公帑，主張停辦將校講習所。這時候，都督府也確是不願再匯巨款給林所長，遂明令把講習所停辦。所內職員，文的被遣散，武的只有聽候另派工作。李宗仁不耐久候，回桂林當了普通學校體育教員一年多。

陸、我也一談廣西陸軍小學及其他

清末受了八國聯軍攻佔京師的奇恥大辱，當局才講求練新軍，計劃全國成立三十六鎮。建軍的主管機構，在中央是軍諮府；在各省督練公所。督練公所設督辦，由巡撫兼任；下分兵備處、參謀處和訓練處，分掌軍政、軍令和訓練事宜。

廣西是邊防要地，清政府計劃在廣西成立新軍一鎮（師）和一混成協（旅）。督練公所下先成立兵備處，嗣成立參謀處。練新軍先要培養幹部，於是速成的、正規的幹部訓練機構，先後設立，現特記其概略。

一、隨營學堂

隨營學堂是廣西巡撫李經羲於光緒卅一年開辦的。七月以蔡鍔為隨營學堂總理官。光緒卅二年四月第一期畢業。以後似未續辦。

二、陸軍測量學堂

陸軍測量學堂創辦於光緒三十一年，蔡鍔兼任堂長。翌年九月，派雷飆赴日本訪聘留日測量畢業生為教師。光緒三十四年五月，將測量學堂由桂林遷至南寧。六月學生修業期滿結業。七月開辦測量局於龍州，蔡鍔薦陳其蔚為局長。該局對於廣西軍用地圖的繪製工作，頗有成績。

三、陸軍小學堂

陸軍小學堂係清末軍制上一種全國性的設施，規定每省辦一省，為培養軍官的基礎。陸小三年畢業後，升入陸軍中學（全國四所，由中央辦，第三陸軍中學設在武昌，收容川、鄂、湘、滇、黔、桂六省陸小畢業生升學），又兩年，畢業後，再入伍半年，升入保定軍官學堂，開始分科教育，一年半畢業。合計由陸軍小學到軍官學校畢業，需要整整七年的時間。中間幾經選拔和淘汰，最後才造成一個下級軍官，自然健全可用了。

甲、陸小招生及校址

廣西陸軍小學堂創辦於光緒三十二年冬，招考第一期學生。以後每年招考一次。因全部官費，更有津貼，加以將來升學就業都有保障，所以投考的青年非常踴躍，而每期名額期定一百名多些，競爭性極大。李宗仁說，他光緒三十三年投考第二期，報名的千餘人，榜發，正取一百三十名，備取十名，他考得備取第一名，本有機會補上，但因入學那天，由鄉下出來，遲到了一刻，竟補不上。光緒三十四年冬季，第三期招生，他再往應考，報名的多至三千餘人，而取錄名額仍只百餘人，這次考得正取，才得入學。黃紹竑說，宣統二年春，陸小第四期招生，他往應試，尹昌衡任招考官，當時剪去辮子的人尚少，尹在投考的學生中，見到剪去辮子的人都錄取了，他也是這樣被取的。他說，照他當時的程度是考不取的。陸小只辦到第四期，辛亥革命爆發而停止了。

陸小地址最初是暫用桂林南門外大教場的舊營房。光緒三十三年，在桂林文昌門外象鼻山下建築新校，正在興工，到第三期招生時才全部完成。新校結構，大禮堂在正中，坐北朝南。對面相距二百餘公尺處一幢樓房為辦公處。禮堂和辦公處中間一片長方形空地為大操場。操場東西南側各有一層樓房若干幢整齊排列，東側的作課堂、自修室，西側的作膳堂、宿舍、庫房。東側樓房外面是器械操場，西側樓房外邊是廚房、澡堂（日本式公共大池）、厠所、馬廐。東北西三大燒磚砌的圍牆。南面正門外有一小廣場、一株大樹。整個規模相當可觀，是那時廣西省會很體面的建築物。

乙、陸小的兩大目的

陸軍小學有兩個目的：第一是鍛鍊學生的軍人體格精神和生活習慣；第二是培養學生將來在軍事學術上必須具有的自然科學基礎。這兩種目的，由陸軍小學直到陸軍中學都是一貫不變的。

為鍛鍊體格精神，術科的課程都很簡單，每天只有一小時的時間。初期訓練包括徒手與持槍的各個教練，逐漸到班、排、隊的密集教練。此外尚有器械體操和劈刺術等課目。至於規律的生活習慣，卻非常注意養成，起居操課都有極嚴格的規定，動作要確切而敏捷。李宗仁說，例如我們離自修室時，一定要將座位的方凳放進課桌下面，違者受罰。其他如集合點名排隊都必須敏捷，遲到便要站在排尾，如常遲到，便受警告或被處罰。處罰的方式，有立正、禁閉、禁足（假期不許外出）等等。

為培養自然科學基礎，故將普通的課程置於主要的地位，其程度約等於普通的舊制中學。對數理尤特別注重，進入第三年度時，已學到小代數的二次方程了。外國語為選修科，日語、法語、英語、德語、俄語中任擇一種。國文科教員都是舉人、秀才出身，國學造詣很深。學生中也有文人學士，當宣統元年廣西舉行最後一次拔貢考試時，有兩個陸小第一期學生暗中報名投考，為人槍替，竟列優等，可見其文才出眾了。

丙、陸小的衣食津貼

陸小的衣、食和津貼，據李宗仁氏談，制服全是呢料子，還有一套嗶嘰的。冬季有呢大衣。每人每學期發給皮鞋兩對，後來經費稍感困難，然每人每年仍可領到三對。他說當時他們的服飾是十分別緻的，學生多數拖著一條長辮子，卻穿著現代式的陸軍制服和皮鞋。留日返國的教官，以及少數得風氣之先的梧州籍同學，間或有將辮子剪去的。也有少數將後腦剃光或剪短，把前面的頭髮編成辮子，再把辮子盤成一個餅，貼在頭上，然後戴上軍帽的。但當他們在寢室內或操場上脫掉軍帽時，卻倍覺難看。

食的方面，每日三餐，都是八人一桌，每桌四菜一湯。四菜之中，有三葷一素。飯菜都是一律，未為回教學生另外備餐，第一期學生白崇禧因此退學。白氏後來辛亥革命時參加學生軍北伐，經歷入伍生隊、陸軍預備學校而進保定軍官學校，想是在食物方面自有適應環境的方法了。

衣食之外，每人每月更發給津貼以供零用。一年級新生月給補助金八錢銀子，成績優異的可增至一兩，考最優等的可得一兩二錢。二年級生每月例發一兩，成績優秀的可得一兩二錢，最優的可得一兩四錢。三年級生每月例發一兩二錢，成績優的可增至一兩四錢及至一兩八錢。當時桂林物價極低，所以這些零用錢多是有剩餘的。一兩銀子至少可兌換制錢一千四、五百文，而一碗叉燒麵不過制錢十文，物價之廉，由此可以類推云。

丁、陸小的幾次風潮

李氏曾談及陸小的學風，說，滿清末年，廣西在一些新人物的勵精圖治之下，一般都表現朝氣。陸小學學生受了這種風氣影響，尤其顯得年輕有為。陸小的學風是極為嚴肅篤實的，全校上下，可說絕無狎娼、賭博情事。學生日常言談行動，都表現得極有紀律。即使是星期假日在街上行走，也都是挺胸濶步，絕少顧盼嬉笑、舉動失儀的事。甚至學生在校外提挈行李等物，校方也規定不許負荷太多，以免有失青年軍人的儀表。當然也難免偶然有犯規或行為失檢的學生，然究屬例外。學生在這種風氣籠罩之下，學術訓練和德性薰陶的進步，可說是一日千里，非一般文科學堂所能及云。

陸小風氣雖好，也曾鬧過風潮，事在光緒三十四年第一任陸小總辦蔡鍔調職南寧後蔣尊簋繼任時期。蔣有兩事學生對他抗命：一是命令學生在辮子盤在頭頂上，以軍帽蓋上。學生共感不便，於是祕密會議，決定在夜間一齊把辮子剪去。蔣對此卻無可如何，他自己是剪了辮而戴上假辮的。二是蔣用一些弁目出身的浙江人當助教，說話不易懂，態度又粗暴，肚裡字墨無多，學生瞧他們不起。然而他們是管理人員，學生的日常生活由他們來控制，請假也由他們來批示決定，他們因受教育有限，批語上往往別字連篇。有一次，就因學生譏笑他們的批示起了糾紛。作「批」的助教，或許是老羞成怒，而觸犯他的學生也不肯低頭認錯。正在兩造糾纏得難解難分時，一部分旁觀學生一陣喊打，把事情鬧大了，驚動到蔣總辦那裡。蔣氏為維持軍紀風紀，養成學生服從習慣，遂下令將鬧事學生開除。學生當然不服，風潮便擴大了，大家要求總辦收回成命，並懲辦侮辱學生的助教。但是校方不允，雙方堅持甚久。學生又設法把風潮擴大到校外，然一般人士對這風潮極少同情。最後學生還是屈服，肇事的學生終被開除，風潮乃息。蔣氏自經此變，不願再留在陸小，宣統元年奉調為參謀處總辦，陸小總辦職由鈕永建繼任。

此外，陸小學生還被捲入一次事不關己的風潮。當宣統二年秋，陸軍幹部學堂發生驅逐蔡鍔運動，風潮擴大時，陸小學生也全體參加，整隊到撫台衙門請願，集合在撫衙照壁牆前死守不去。撫台派人來溫言撫慰，令即回校，學生不理。最後撫台又派一個文案之類的職員出來威脅眾人說，如果不服從命令，大家都有殺頭的危險。當他提到「殺頭」二字時，學生隊伍人忽有人領導大呼：「不怕。」眾人也跟著亂嚷。蔡氏因此去桂赴滇，風潮遂平。李宗仁氏當日身預其事，上述情景為他口繪。

陸軍小學堂總辦之下設監督一人，其職務等於後來的教育長。初任監督為雷飈，宣統二年，由陸軍幹部學堂監督李書城兼任，其後為董紹箕（浙江人，號吉生，日本士官生）繼任。冷遹曾任提調，即副官。

四、講武堂

講武堂係光緒三十四年在龍州開辦。其學員由邊防舊軍統領龍濟光、陸榮廷所部營長以下員弁中優秀的選充，授以新軍事教育，為改編新軍的準備。兼收本省各陸軍學堂畢業生。分甲乙丙三班。以吳元澤為總辦。宣統元年正月吳已去職，以蔡鍔繼任。八月將講武堂遷至南寧。十二月畢業；一部分至宣統二年五月畢業。丙班學員各歸龍陸兩部原隊，甲乙兩班共九十七名派往各標營見習。其後龍陸兩部各編一部分為新軍，即以講武堂畢業學員為幹部；龍部以龍覲光為標統，駐南寧，稱南寧標；陸部以陳炳焜為標統，駐龍州，稱龍州標。

五、陸軍幹部學堂

陸軍幹部學堂於宣統元年在桂林開辦，一年畢業，辦了兩期，共兩百多人，宣統三年夏間結束。五月，巡撫沈秉堃即以這些幹部學堂畢業生為基幹，編組廣西陸軍混成協，先徵第一步標兩營，長炮工輜各先練一隊，以胡景伊試充協統兼攝第一步標統帶官。

甲、蔡鍔被驅逐離桂赴滇

幹部學堂在宣統二年秋間曾發生一次大風潮，反對蔡鍔。那時蔡氏任兵備處總辦，後又兼參謀處總辦，並兼幹部學堂總辦和學兵營營長，統率所有新軍和訓練新軍的機構，權傾一時。廣西適因經費不足，新軍由原定訓練一鎮一混成協改為只訓練一混成協。這樣，幹部學堂培養的軍官就過剩了。蔡鍔下令用測驗國文來舉行甄別，成績好的留下，壞的淘汰。結果錄取的一百二十人中，湘籍的佔九十多人，被淘汰的幾乎全屬桂籍，遂引起廣西學生的不平。清末時期，湘人旅桂的極多，一般文化水準平均較廣西人為高。這樣本已招廣西人的嫉忌。加以他們人多勢大，又盤據要津，也難免有跋扈情事。再加上我國人特有的鄉土畛域之見，遂更易鬧事。此次幹部學生甄別結果，桂人認為蔡鍔袒護同鄉，有失公允，於是大譁，群起作驅蔡運動。蔡氏原為同盟會員，或許因為時機尚未成熟而不願暴露身分，所以和桂林極活動的同盟會員沒有聯絡。同盟會的祕密組織那時卻已遍佈到幹部學堂、陸軍小學、學兵營和諮議局。據何遂說（見其

〈辛亥革命親歷紀實〉文中）：「看蔡表面的樣子，沒有什麼革命的味道。將黃興介紹信送給他約定時刻地點見面，蔡又不來。我們估計蔡氏曾在長沙時務學堂學習，和梁啟超有師生之誼，可能是立憲派，因此就決定設法對付他。幹部學堂風潮起後，我們乘機揚言蔡鍔袒護同鄉，排擠本地人，並通過同盟會的組織關係，動員幹部學堂、陸軍小學罷課，學兵營罷操。這個反蔡運動很快波及到師範學堂和法政學堂。議長甘德蕃和議員蒙經等也在諮議局彈劾蔡鍔。王芝祥和護理巡撫魏景桐怕亂子鬧大了，示意蔡鍔離桂，所以不久蔡鍔就到雲南去了。」蔡氏十月離桂，風潮乃息。

乙、學生都願做陳涉吳廣

驅蔡風潮過後，幹部學堂又發生一事引起當局注意。宣統二年七月，幹部學堂第二期招生，耿毅和尹昌衡主持招生工作。由於耿毅（他是同盟會廣西兩支部長）的活動，該期所招新生大多是對清朝統治不滿、懷有革命志向的人，所以幹部學堂的革命氣氛是較濃的。據何遂自記：「我當時任參謀處籌略科科長兼幹部學堂教官。有一天上課時，我借口教室太悶熱，命學生隊長帶著全班跑步到郊外操場去。我在操場對學生作了一次演講，大意是說：『自從鴉片戰爭以來，滿清王朝喪權辱國，殘民以媚敵，我們做的是二層奴才。滿洲人講的是寧贈外邦、不予家奴，外國人只要派一隻兵艦來，就能從中國拿一塊地方去。我們要讓滿洲人統治下去，不久就會當了亡國奴，怎麼有臉立於世界，怎麼對得起自己的祖宗？廣西是洪秀全舉義的地方，廣西人是對得起祖宗的。今天有了槍桿子就要誓同生死，志共恢復。孫中山、黃克強不是要處舉行起義嗎？我們就和孫先生一伙的，孫先生的人遍於天下，只要我們中間有人起來振臂一呼，就會天下響應。』我當時情緒激動，問大家：『你們當中有敢做陳涉、吳廣的沒有？』學生們一致高呼：『有！』又問：『有不以為然的嗎？』誰也不做聲。操場中立著一座天橋，高約丈剩，我便三腳兩步爬到天橋上站位，又從上面奮身跳下來，指著天橋對大家說：『敢做陳涉、吳廣的就跳此橋！』在場的七十二個學生經我這番鼓動，全部都跑上天橋，奮身跳下，以表示他們的革命決心。我興奮極了，對他們說：『你們畢業了。你們都是洪秀全！清朝一定要滅亡！』我們鬧得這樣厲害，有些人從天橋上跳下時又摔壞了腿，巡撫沈秉堃也有些覺察了。他問幹部學堂監督趙恆惕：『聽說有人拿你的學堂鬧革命，是真的嗎？』趙連忙說：『沒有這事，何遂這個人有口無心，我敢擔保。』沈秉堃才沒有深究。」這件事當時是傳播在桂林學界中的。

六、學兵營

學兵營專為訓練新軍需用的軍士而設。成立於宣統二年。營址在桂林門外約二十里的李家村。所招收的學兵，都是當時一些頗有知識的青年，是當時醞釀革命地點之一。任營長的，最先是孫孟戟，至宣統二年六月由蔡鍔兼任，蔡離桂後由方聲濤繼任。宣統三年五月混成協成立，所需軍士即由學兵營撥充。

學兵營也幾乎鬧出一件大事。宣統三年年初，香港同盟會總部派一同志到桂林向耿毅等詢問廣西同盟會發展情形，並通知耿等四月初一日將在廣州起義，希望廣西響應。耿等召開了一次會議，經過一番爭論，決定響應廣州起義。有一批同志二月中旬即陸續由桂林去廣州參加。不幸廣東方面因洩露了機密，不得已提前在三月二十九日舉事。這就是轟動一時的黃花崗之役。三月三十日，耿毅他們正緊張地籌劃著起義，電報局送來一封香港發來的電報，電文是：「何敘甫耿鶚生方韻松父已死毋庸來港。」他們一看就知道是廣東事敗。正在難過的時候，巡警道王秉必派人來把耿毅（即鶚生）叫去，追問他電報是打給誰的，三個人中究竟誰的父親死了？

幸得耿毅沉著，說是方韻松（聲濤）的父親死了，電文在「耿鶚生」下面漏了一個「轉」字，因為方聲濤隨學兵營駐郊外李家村，不常入城，他的函電一向都是由我們轉交的。王秉必雖然懷疑，也無可奈何。不久，消息傳來，果然是廣東事敗了。方聲濤聽說弟弟聲洞死了，十分悲慟，狂飲大醉，把隊伍集合起來，要向桂林進發。經劉建藩極力勸阻，才制止了這個冒險行動。當時真是風聲鶴唳，他們的門前布滿了偵探。巡撫沈秉堃提言要砍幾個腦袋下來。革命黨人也暗示，只要上面動手，廣西就要大亂。那個時候，清朝的統治已似風中殘燭，加上親貴當權，排斥漢官，所以一般漢官都自有打算，不肯把事情做得太絕。由於這個緣故，沈秉堃並未深究，只把握有兵權的方聲濤解了職。但革命種子已在學兵營中深深埋下，劉建藩又是騎兵隊隊長，所以這支力量仍然掌握在廣西同盟會手中。這件故事，也是何遂說的。

七、其他

陸軍軍官除由本省訓練外，並由省選送學生一批入保定陸軍速成學堂肄業，得畢業的十二人，尚記得其中五人為曾植銘、陳良佐、黃丕豪、黃以增、劉覺任。

馬曉軍也是廣西選送保定陸軍速成學堂肄業的。嗣由陸軍部選送日本振武學校補習普通科三年，轉入聯隊為入伍生，受訓剛屆期滿，值辛亥武昌起義，即回國參加革命。癸丑二次革命失敗後，復潛往日本，入士官學校第十期步兵科，民國五年畢業回省任職。他是廣西唯一的留日士官生。

柒、沈鴻英反覆無常的一生

偶讀岑春煊的《樂齋漫筆》，在最末段中，有「余嘗與莫督（指莫榮新）遍論諸將曰：沈鴻英、馬濟、林虎皆良將，而不見用」一句。三人都是陸榮廷的部將，惟沈的出身與陸榮廷相同。四十年前，兩廣人士多知其名。林虎的生平，我曾記述在《春秋》發表，茲再記沈鴻英其人其事。

一、受招撫的綠林好漢

沈鴻英起自廣西賀縣的姑婆山，但人皆知其不是賀縣人。五年前我曾以此問賀縣鍾君德邵，他說：「沈鴻英原籍廣東赤溪縣。他伯父來賀縣做佃農多年，他父親隨後也來。鴻英原叫亞英，來賀縣才十多歲，隨父耕作。長大後從事偷竊，更糾集少數同黨在鄰縣搶劫。一次被捕，囚賀縣獄中，他父親求其田主李某保釋。李信佛好生，以亞英雖搶劫而未殺人，且犯案不在本縣，縣知事又是李的同年，遂具保，竟得釋。亞英出獄後，在家耕作很勤謹，人以為他知改過自新了。數月後忽逃去湖南境糾黨劫掠，人數漸多，遂以姑婆山為巢穴。後被官軍剿辦不能立足，乃逃往柳州，辛亥革命，出而受撫，由是飛黃騰達。賀縣人對沈常稱道的有兩事：一、沈恨姑婆山股匪在賀縣本地打劫，設法將全股數百人盡行招出，頭目給以官銜，餘眾每人發給現銀數十元。如有想回家一看的，限以日期回隊。一日，舉行盛大犒宴，當夜即圍捕一網殺絕，賀縣藉以安靜多年。二、沈屢出資在通衢大道建築茶亭多處，行人感其方便。照此說來，這位英雄，確有江湖氣派。

滿清末年，同盟會搞革命，赤手空拳，毫無憑藉，多聯絡綠林以造武力。沈亞英在雒容、修仁、荔浦一帶，並糾合韓彩鳳、李大頸四（天民）兩股，共有槍百餘，人數幾百，同盟會員莫顯成、王冠三、劉震寰都向沈聯絡。辛亥革命在武昌起義後，柳州革命黨人就號召近縣綠林十餘股，沈鴻英也在其內，得千餘人，集中馬廠，稱為民軍，聲言要攻佔柳州。鎮、道、府、縣各官懾服，柳州即於九月十九日宣布獨立。劉古香任柳州軍政分府總長，即派劉鎮寰整編民軍，共為八隊。沈鴻英初為管帶，李天民為幫帶，兩股合編為兩隊。後以這兩隊槍枝多是李天民的，乃升李為管帶，自編一隊。適逢馮五一股陰謀反叛，令沈捕馮正法，將馮部歸沈，與沈部合編為兩隊，升沈為督帶。民國元年三月一日，各處軍政分府一律裁撤，劉古香被改任為廣西陸軍第五統領，劉炳宇、劉震寰為幫統，所有駐柳巡防營、水師、新兵營、民軍編成的部隊，概歸統率。

這是沈鴻英出山的情形，革命造就了他的前途。

二、出賣二劉、躍升統領

沈鴻英的好運又來了，那是民國二年袁世凱暗殺國民黨領袖宋教仁所觸發的二次革命。據劉震寰幫統部模範隊教練覃子權的「二次革命柳州起義親歷記」（見中華書局版《辛亥革命回憶錄》第二冊）所載極詳，現撮要如次：

一九一三年八月初，劉古香接到廣東都督陳炯明的電報，相約起義討袁，並運來很多軍用票和文件等。劉即召開軍事會議，所有管帶、哨官都參加，因意見不一，會議沒有結果。不久長江一帶革命形勢逆轉，劉對起義遂猶豫不決，但他沒對部下說明，只把這事擱起就算了。他的部下還說統領做了官、發了財、怕死不敢起義，對他頗為不滿。劉古香的衛隊長劉麻六、劉震寰的模範隊長除得常等祕密開會，約期起事，原意是想逼劉古香起義討袁，但事前沒有計劃好，沒有對部下講清楚。九月十一日起事那天，天未亮，他們首先在統領衙門門口放槍。槍一響，劉麻六的部隊就蜂湧而起，劉震寰的衛隊劉成甫部也有參加的。自己的衛隊起事，哪裡還有人抵抗？這些人只想發洋財，由統領衙門打到柳州府衙門以至縣衙門，搶軍械庫，放犯人，亂搶東西，搞得滿城風雨。統領衙門秘書長梁潤森、劉古香的妻室和媳婦都被亂槍打死。劉古香無法制止，只得向衙後面逃跑。那班人本無殺害統領之意，只顧搶東西，找尋他不著也就算了。天大亮後，各人見事情鬧大了，不可收拾，遂相約到劉震寰幫統部，請劉出來維持，領導起義討袁。劉見事已至此，不得不出來維持。他派人在衙門後面的字紙爐內找著劉古香，帶回幫統部，可憐劉古香滿面愁容，一言不發，走進劉震寰的臥室休息。大家紛紛議論討袁問題，劉古香全不參加意見。劉震寰招呼他在幫統部住下。

第二天，劉震寰召集地方各界人士開會，大家都同意成立討袁軍，並舉劉震寰為討袁總司令，即日宣布獨立，通電討袁，下令各部隊向南寧進攻。

沈鴻英部駐在柳州東門街一帶，事變後沈即往見劉震寰，表面對劉很服從，實際上很不滿劉對此次舉動不和他商量。沈隨即又進見了劉古香，下跪流淚說：「統領這次受驚，我做部下的沒有盡到保護的責任，真是罪過。」這使劉認為沈對自己忠實，相對長吁短歎起來。九月十二日沈又向劉震寰說：「統領住在這裡，妨害我們辦公，諸多不便，我那裡有地方，由我接統領到那邊去住吧。」劉震寰不知道沈的用意，允其所請，就請劉古香到沈部居住。沈一面又向劉震寰獻議，從速派遣新編的部隊出發，想借此減少劉在城裡的兵力；一面暗中聯絡藍八、陶二等管帶，邀他們祕密開會。他對各管帶說：「這次柳州兵變已經鬧大了，北京大總統已經知道了，有電給陸都督派大兵來柳討伐，日內可到。這事是他劉家鬧出來的，將要連累我們，我們不想法子應付，將來大兵到來，我們插翅難飛，不是白白受害嗎？」這幾個管帶聽了這番話，大家驚惶起來，便任由沈鴻英擺布。沈知道曾超廷督帶對劉震寰很忠實，得大家同意後，才邀曾氏參加。曾來到時，見幾個管帶都在座，知道已中計，正要回頭走，沈極力挽留他，對他說：「這事不用你操心，我已和藍、陶幾位管帶商量好了，由我們去幹，免得你得罪老幫（指劉震寰）。」曾氏知道事已如此，不可挽救，就說：「請讓我做個順水人情，寫封信給老幫叫他即刻離城。」曾的信送去不到半個鐘頭，槍聲已起，四處同時發動，驅逐劉部，但只聞槍聲，不見傷人。劉震寰接到曾的信，知事已不可為，倉卒帶著隨從由西門出城，過河逃回他的家鄉基隆村去了。這是九月十五日的事。由於劉震寰平日和他們相處很好，就是藍八、陶二等也不同意沈傷害劉，故劉得安全離城。

沈鴻英在劉震寰離柳後，即分電報告陸榮廷和陳炳焜，謂劉古香、劉震寰率眾在柳叛變，叛軍已被肅清，生擒劉古香，聽候處理等語。陸接電後，於十月九日到柳州，駐在粵東會館。沈鴻英即將劉古香當作戰俘送陸處理。陸將案情電袁世凱，袁復電將劉古香就地槍決。劉臨刑前，陸設宴款待，席間將袁電令給劉看，劉無語。十月十四日劉古香就義於柳州東門外鷓鴣堆。

沈鴻英以此案邀陸、陳賞識，升為幫統；後又把曾超廷、藍八、陶二、宋五等部改編，歸為己屬，繼又升為統領。曾超廷等不服，幾乎譁變。陸榮廷回南寧時，將曾部帶去，後來開赴龍州邊防。

三、反覆無常、投吳佩孚

民國五年十月，陸榮廷因護國討袁有功，調任廣東督軍，但龍濟光盤據廣州不動，陸氏只得率大批桂軍入粵，才將龍逼走，然後上任。沈鴻英是此次入粵桂軍的一部，從此便在粵擴展，被任為廣東護國軍第三軍總司令兼南韶連鎮守使。民六年十月，潮梅鎮守使莫擎宇叛變獨立，沈被派與林虎的護國第二軍往剿，年杪肅清。繼陸榮廷任廣東督軍的陳炳焜、莫榮新都是桂人，都與護法的軍政府孫中山大元帥暗鬥明爭，而陸榮廷卻以兩廣巡閱使緊握粵桂實權，久為粵人所不滿，粵人治粵呼聲日盛，粵桂戰爭終於九年秋間爆發。粵軍從閩南攻潮梅，士氣極銳，莫榮新急調林虎、沈鴻英兩軍赴東江，才穩定戰線。當時是馬濟的護國第一軍在戰線的中央，守惠州城；林虎軍任右翼，在海陸豐方面迭獲勝仗；沈鴻英軍和李根源的海疆軍任左翼，在老隆、河源也互有；就勝敗整個戰線看，很可樂觀。馬濟兼任廣東督軍署參謀長，以前線無事，時回廣州，一次逕用「馬濟」署名發電給前線各總司令，指揮作戰。馬恃寵擅權，久為桂軍各將領所不滿，沈鴻英得電大怒說：「我不能為馬家打天下。」即把部隊撤往北江。全線崩潰，莫榮新只得放棄廣東，桂軍盡退回桂，沈鴻英部亦退駐平樂、桂林一帶。

兩廣巡閱使陸榮廷既失廣東，將多兵眾，省窮財絀，終接受了北京政府「督辦廣西邊防」的任命，於民十年六月發動攻粵，想恢復舊地盤以解決困難。事前沈鴻英已被粵方陳炯明派人到平樂向他煽動，驅逐陸榮廷，宣布廣西自治，願助以餉械。沈接受陳的條件，答允待時而動且戰。事開始時，粵境高、雷、欽、廉一帶曾被粵軍收編的桂軍倒戈起事，廉江、遂溪也有民軍揭竿而起，沈鴻英認為廣東有隙可乘，所以又掉回頭來聽陸榮廷的命令，六月十三日派兵自賀縣攻入連山、連縣、陽山，北江防軍賴世璜、李明揚等部都向韶關敗退。不意，桂軍中路梧州，因劉震寰通款粵軍，於六月廿六日失陷，陸榮廷急令沈鴻英進攻英德；黃業興速由高州北趨，以鉗形攻勢，威脅廣州，並斷入梧粵軍的後路。但這時候沈鴻英看見形勢不利，粵軍第二軍軍長許崇智又派胡朝俊（曾任沈的參謀長）向其煽動，遂不戰而退。粵軍由北江向西、由信都向北，兩路進迫。退到富川、賀縣的沈軍司令黃日高、沈榮光於七月九日推舉沈鴻英為「救桂軍總司令」，宣布廣西自治，竟與陸榮廷脫離關係。沈既叛，黃業興在右翼不能獨支，也退鬱林。陳炯明乃得由梧州長驅西進，陸榮廷和廣西督軍譚浩明遂於七月十六日在南寧通電下野，經越赴滬。許崇智認為沈鴻英宣布自治是在詐降，仍繼續向沈軍進攻，沈軍七月廿四日退出賀縣、富川而佔桂林。八月廿一日粵、滇、贛各軍會攻桂林，沈軍敗走全州，後竄湘東，湖南省長趙恆惕不敢要他。嗣由吳佩孚收編，令駐平江。

四、盤據廣州、威風一時

民十一年五月，孫中山以陸海軍大元帥名義下令北伐，由韶關進兵江西，吳佩孚調沈鴻英部由湘入贛助戰。

廣西自陸榮廷、譚浩明下野、粵軍入據。到民十一年五月，陳炯明在粵叛背孫中山，將在桂粵軍撤退，陸譚殘部乘機復起，稱自治軍，各自割據，不能統一。自治軍第二路總司令李宗仁所部駐在鬱林，黃紹竑部也編入第二路，駐在容縣。陸榮廷又受北京政府任為「廣西邊防督辦」，由安南入駐龍州，是年九月十二曰通電就職，十二月回駐他的家鄉武鳴。北伐軍因陳炯明背叛被迫自贛撤退。沈鴻英遂於十月六日在贛通電回師廣西，十一月一日沈率部到桂林，將滇軍朱培德部趕走。是月九日北京政府任沈鴻英為桂林鎮守使，沈遂佔有桂林、平樂一帶。

沈鴻英當時的實力，比省內其他任何部分都大過數倍，又見陸榮廷的聲威，已領導不起各自治軍，遂懷囊括廣西全省的雄心，故派說客四出，企圖收編各自治軍。

首先引起沈氏注意的，便是李宗仁所部的二千多人槍和七縣地盤，他使其子沈榮光偕一代表劉某到鬱林向李遊說。沈榮光曾肄業南寧將校所，李宗仁適在所當助教，是自己教過的學生。這次他啣父命而來想收編李氏做他父親部下的師長。李因沈鴻英曾當土匪，所部風紀蕩然，上下全憑綠林豪傑式的義氣相維繫，實不足以言軍旅，所以李自始便有輕視鴻英之心；加以鴻英反覆無常，早為兩粵人士所不齒，李如何肯聽他收編？因此當沈榮光提及乃父之意時，李氏便認真教訓他一頓說：「如果你們再不長進，仍舊胡作胡為，將來說不定我還有收編你們的一日呢。」說得沈榮光垂頭喪氣而去。

民十一年冬間，孫中山先生由港派員入桂運動各部東下討伐陳炯明，十二月滇軍楊希閔、朱培德；桂軍劉震寰、沈鴻英等部，由梧州、賀縣分進合擊，民十二年一月十六日竟將陳炯明逐出廣州。討陳各軍實力，以沈部為最強，陳炯明既失敗通電下野，沈軍盤據廣州，威風一時。是年一月廿四日下午沈鴻英在海珠江防司令部藉開治安及軍事會議發難，企圖盡殺在粵軍政要員，變起，只魏邦平被擒，胡漢民、鄒魯、劉震寰逃免。二月廿一日孫中山由滬到粵設大元帥府；廿三日大元帥重定各軍防地，令桂軍總司令沈鴻英部移駐肇慶及西江北岸，所遺北江一帶的防地，由滇軍總司令楊希閔派隊接守。三月二十日北政府任命沈鴻英督理廣東軍務善後事宜，沈對於是否接受此一任命不作表示。

五、收編李黃、俱告落空

沈鴻英收編李宗仁既已碰壁，轉而向李部黃紹竑活動。黃有一堂兄紹嵩在沈鴻英總司令部當秘書，沈以紹嵩為媒介，畀紹竑以第八旅旅長名義，囑其速率所部去廣州。二月間黃赴鬱林謁李宗仁祕密談商，說：我們久困在此，終非辦法，應乘兩粵政局動盪，圖謀發展，方為上策。遂將沈如何向他活動，他也有赴粵之意，詳悉說出，望李有所箴規。李聽罷，以黃是個不受羈縻的幹才，挽留不易，不如成全他的向外發展志向，將來或能收到表裡為用之功。卻先指出幾點要黃紹竑注意：首先，兩廣如此動亂，隨時都有機會讓我們發展，只看我們的出處和主張是否正確，實力是否充沛。我們並非想終老此鄉，只是養精蓄銳，待機大舉。我軍幹部，除中級以上官佐為正式軍校出身者外，下級多係行伍出身，現在急需訓練一批青年幹部，將本軍練成一支有紀律的勁旅，時機一到，才能攻無不克。其次，依我觀察，沈鴻英現在廣州如此囂張，四處樹敵，最後必然失敗無疑。若不揣度時勢，貿然以五、六百枝槍的小部隊去依附他，何能發生作用？一旦沈軍崩潰，則覆巢之下，豈有完卵？沈氏為人，機警狡詐，反覆無常，依附他以求發展，不特如探虎穴，凶多吉少；且與同流合污，勢將終身洗刷不淨。別人給予名義，尚可考慮接受，唯沈鴻英給的，決不可輕易承當。

黃紹竑聽了李宗仁的分析，表示志在借個名義東下以圖發展，並非真誠向沈附驥；至於出處和危險，是無須十分重視的。李說：「冒險犯難固是青年革命軍人的本色；向外進取的原則，我更絕對的贊成。惟自中山回粵再度組府後，對沈的驕橫跋扈，嚴加制裁，相信不久必爆發戰事。此時只可與沈氏及其左右虛與委蛇，一俟戰爭緊張，沈軍不支的時候，即率所部潛入蒼梧境內，乘虛襲取梧州，斷其歸路，而與大元帥府所轄的粵軍相呼應，藉以溝通粵桂的革命勢力。然區區一團人，恐不能完成這一偉大的革命使命，待時機來臨，我必派遣一支有力部隊，與你一致行動。」黃聽了深以為然，衷心感激李為他的策劃和忠告。而李也頗以黃能坦白相告為慰。黃回容縣，便按照李氏所說，放棄去廣東的計劃，等待機會。

到了是年三月廿八日，沈鴻英表示遵大元帥令，移防西江，設司令部於肇慶。四月一日沈即令所部向三水、肇慶移動。十日沈軍以移防為名，集中新街、韶關，連開軍事祕密會議。十六日沈便在新街就北京政府所委督理廣東軍務職，通電請中山離粵，戰禍遂啟。沈軍雖得北軍方本仁開入北江助戰，仍節節敗退，到了六月，在西江方面的便紛紛潰向梧州。

六、李黃合力、清除腐舊

當粵中戰事發動時，黃紹竑即報告李宗仁，謂正率部向蒼梧前進，請派隊支援。李即派李石愚司令率俞作柏、林暢茂、劉志忠等三營前往。黃紹竑將部隊祕密集中在梧州上游數十里的新地墟，而親到梧州向沈軍參謀長鄧瑞徵請領餉彈，順便探明粵中戰況。恰巧久在廣州療養傷足的白崇禧和另一保定軍校同學陳雄此時也祕密回到梧州，他們已替黃紹竑向孫大元帥請得「廣西討賊軍總指揮」的委狀攜回廣西。黃和白、陳在他堂兄紹常家中會晤，才知道沈軍敗況，知襲取梧州機會已到，但恐兵力仍薄，黃紹竑既騙得餉彈，對鄧瑞徵說回去即宣布就第八旅旅長職，率隊來梧。於是陳雄仍返廣州向粵方聯繫。黃、白回到新地墟，俞作柏獻議請黃紹竑派李石愚偕白崇禧同往鬱林請求李宗仁加兵。李石愚行到岑溪，接俞作柏派專人追送一信，謂李宗仁左右需得力人為助，回到鬱林後可不再來，前方三營俞作柏可代指揮云。白崇禧與李石愚等携黃紹竑親筆信交李宗仁，並說明情況。李再派伍廷颺一營前往增加。過了兩天，林暢茂、劉志忠兩營長忽然率部回鬱林向李宗仁報告說，李石愚司令偕白崇禧行後，俞作柏營長竟對三營宣布，謂李石愚回去不再來了，三營都歸他指揮，林、劉疑俞與黃紹竑勾結叛李，遂乘夜率部間道回來。這是林、劉不知是李、黃事前祕密商定的舉動，而有此誤會。黃請李增加兩營，不料反而因此少了一營。但進行仍極順利，先將沈軍駐戎墟的黃炳勳旅繳械，即向梧州前進，七月十八日進入梧州城。另方面，追擊沈軍的廣東海軍和陸軍亦同時到達。鄧瑞徵向信都、賀縣逃去。黃紹竑於是佔領梧州，揭出廣西討賊軍旗幟。

沈鴻英由粵敗歸，雖失去了梧州，仍據有桂林、平樂一帶。陸榮廷自是望沈軍仍為己用，但沈囊括全省的雄心未死。

黃紹竑表面上已和李宗仁脫離，骨子裡仍舊一致。民十二年十一月，李黃兩部聯合進攻盤據貴縣、桂平、平南的陸雲高；十三年三月，李派鍾祖培率部由桂平趕赴都城助黃解決陳天太部。經過了兩次合作結果美滿，對清除腐舊、刷新廣西更具信心。但陸榮廷、沈鴻英兩舊首領，每人實力都大過李黃兩部的總和，故只能採取各個擊破的策略。十三年六月，陸在桂林被沈圍攻，相持不下，李、黃合兵乘虛襲取省會南寧，改組省級軍政機構，旋即分兵略定左右兩江、柳州、慶遠。陸以地盤全失，入湘後九月廿一日再度下野。陸既去，只剩沈軍了。

七、沈氏父子、全軍盡墨

沈鴻英於民十三年十二月一日在柳州就「建國桂軍總司令」職，十四年一月中旬通電以總司令名義出巡，這是暴風將起的徵候。當時的情勢是：沈鴻英即使不先動，李宗仁、黃紹竑也要動手了。因為是時唐繼堯圖入粵繼承孫大元帥的職位，已分兵三路入桂，假道東下，早已師行在途。沈與唐勾結，故李、黃必須先解決沈部，才能全力應付唐軍。沈軍祕密集結兵力在賀縣、蒙山、柳州三處，而主力在柳州方面，企圖由柳下佔桂平，截斷大河，順流可擊梧州，西上到邕可與唐繼堯軍會合。當時李、黃聯軍作戰計劃，則以賀縣、平樂、柳州三處為第一期作戰目標，分三路進攻：右路由梧州、信都向賀縣；中路由平南、蒙山、荔浦向平樂；左路由桂平、武宣向柳州。各路進展都很順利，左路由李宗仁、白崇禧親自指揮，前進尤為神速，民十四年一月廿八夜李白由桂平出發，二月二日在武宣二塘一舉擊潰沈軍鄧瑞徵、鄧右文兩師，殘部向桂林逃去。李即分兵一部略柳州，主力則跟蹤兩鄧直追，經象縣、四排、七排、矮嶺、羅錦、黃冕、永福、蘇橋、六塘到良豐。沈軍旅長莫顯成在此頑強抵抗，激戰陣亡，全部殲滅。二月十七曰圍桂林城，兩鄧廿三夜北逃，白崇禧率隊追至湘邊而還。留兵守桂林後，李回潯，白回柳，準備應付唐軍。不料，沈鴻英、榮光父子，自三月二十日在賀縣的桂嶺被李黃聯軍的右中兩路合擊大敗後，逃伏湘邊，整理殘部，乘李、白回師禦唐，各處守備薄弱之際，又潛師入恭城，榮光即南襲平樂，鴻英北襲桂林，均告得手；同時鄧右文亦由湘黔邊界率其殘眾分兩路向桂林。沈軍一時數路，捲土重來，聲勢不小。白崇禧趕急由柳州回師救桂林。中路夏威收復平樂，榮光也逃入桂林，夏威率部尾追而來，沈氏父子不敢固守，棄城逃依鄧右文去了。白崇禧抵達桂林偵察後，對鄧右文部作出周密的攻擊部署，四月廿三日先破沈健飛、邱發吉一路於丁嶺坳；廿四日再誘楊子德、沈錫剛一路由險峻的金竹坳出兩江平原而伏擊之，大獲全勝；白氏派隊向龍勝、古化窮追，殘敵竄往黔邊。沈鴻英、榮光父子從此不復現身於政海。

事過一年，港粵間發生一有趣新聞。說西江有一客輪下駛，剛過三水、直航香港時際，船上人叢中忽有一彪形大漢站起來，把胸脯一拍，大聲說道：「老子就是沈鴻英，誰人不知，那個不曉。哼！不怕你李宗仁、黃紹竑如何兇狠，畫影圖形捕捉老子，老子還是跑了！哈哈！」這或是好事者為之以博一笑，我在省內不曾聞有通令捕沈的事。

民十八年武漢事變後，李宗仁寓居香港，沈鴻英曾有意拜會，但李為避免時人誤會，婉辭謝卻，所以李、沈終未晤面。

沈在九龍新界置有田產。建宅在元朗，榜曰「將軍第」。抗戰時日軍佔領香港前，沈在港病逝。有子八人，多不同母。長子榮光先其父歿。

捌、民國以來廣西行政首長逐個談

辛亥革命時期，都督統轄軍民兩政，各省皆然。民國初成，沿襲未改。到元年冬，局面已定，乃開始軍民分治，設民政長與都督平行，兩職均由中央任命。其後，民政長的名稱三變：初改為巡按使；再改為省長；國民政府採委員制，稱省政府主席。

民國以來，由中央以至地方幾乎都是武人掌握政權，在形式上各省雖已軍民分治，但行政長官很多不能自由運用國家制度，每須迎合甚至遵奉軍事長官的意志行事，惟遷就程度的深淺，因人的關係有不同而已。

自民國成立起至三十八年變赤止，廣西省行政長官的出身，約略文武各半。現記其姓名、籍貫和任職時期如左：

一、沈秉堃

字幼嵐，湖南人。清末任廣西巡撫，辛亥革命，廣西於九月十七曰響應，諮議局舉沈氏為廣西都督、王芝祥和陸榮廷為副都督，宣布獨立。沈氏很懂桂人心理，他在就都督職演說時，即聲明廣西地方應由廣西人主持，他只能在組織開始時權代，仍望舉人及早接替。十月初一日他即通電辭職，將都督職務交王副都督攝行，自率廣西陸軍混成協援鄂北伐，十月初九日抵全州。

二、王芝祥

字鐵珊，河北（舊直隸）省人。清末任廣西布政使，廣西獨立時被舉為副都督。沈都督率師援鄂後，王氏攝行都督事。南寧獨立後，革命黨人推陸榮廷為廣西大都督，並電促王離桂，王不自安，急欲求去，陸電懇其稍待面晤，民元一月廿二曰陸由邕經梧到桂，王即率巡防六大隊北上，經湘鄂到南京。

三、陸榮廷

字幹卿，武鳴（舊武緣）縣人。清末任廣西提督，駐南寧。辛亥獨立時初被推為副都督，沈秉堃、王芝祥先後離桂後，乃繼任廣西都督；民國元年七月十二日臨時總統袁世凱正式任命他為廣西都督。二年三月陸氏組織民政公署，兼民政長，實際上政務卻責成民政署秘書林紹斐負責處理。

四、張鳴岐

字堅白，山東省人。二年十月廿四日袁總統任為廣西民政長，三年六月改稱巡按使，四年七月三日調任廣東而卸職。黃紹竑在《五十回憶》中寫道：「張氏在清宣統時曾任廣西巡撫，對地方銳意興革，已稍具規模。此次重來，都督陸榮廷與其有部屬舊誼關係，不致過分干涉其職權，但權力財力已不能如巡撫的運用自如，然猶能維持現狀，不致過越常軌。即以縣知事的任用而論，對於資格與政績，均尚相當注意，並確定署理期間為一年，期滿按成績的優劣再定實授與否，仍循前清的舊例。」這是張氏在桂行政工作的實行。

五、田承斌

字文甫，河北省人。四年七月，當張鳴岐調去而王祖同未到以前，田氏以財政廳護理廣西巡按使，九月交卸。

六、王祖同

字肖庭，河南省人。四年七月十三日袁總統任為廣西巡按使，九月到職。時袁將稱帝，實以王監視陸榮廷；陸於五年三月十五日響應滇黔護國討袁，宣布廣西獨立後，王請求出境，陸贈以程儀二萬元，派兵護送其離桂。

七、陳炳焜

字舜卿，柳江（舊馬平）縣人。王祖同離桂後，民政由都督陸榮廷兼攝。五年六月六日袁世凱死，黎元洪繼任大總統；七月六日黎通令改各省督理軍務長官為督軍，民政長官為省長；同日任命各省督軍省長，以陸榮廷為廣東督軍，陳炳焜為廣西督軍；七月十九日又任命陳炳焜兼署廣西省長，僅三個月即將兼職交卸。這是陳氏第一次任廣西省長。

陳氏於六年四月調任督粵，在職數月，措施探為粵人所厭惡，其時護法戰爭已起，群請兩廣巡閱使陸榮廷將其調動，陳遂下台回籍。七年六月陸以陳為廣西省長，到八年五月卸職，這是陳氏第二次任省長。

八、劉承恩

字浩春，湖北省人。五年十月八日黎元港總統任為廣西省長，六年七月廿五日調職。

九、李靜誠

字潔齋，武鳴縣人。原任廣西督軍署參謀長，劉承恩離桂後，陸榮廷及調其為廣西省長，那時兩廣已在宣布自主期間。譚浩明率聯軍驅逐北軍收復長沙後，陸榮廷願與北方謀和，北方為測驗陸氏對取消自主有無誠意，馮國璋代總統六年十二月廿一日任命李靜誠為廣西省長；命令發表後，廣西並不反對，李且向北京保薦張德潤為政務廳長。這是李第一次任省長，於七年五月交卸。

八年六月陸榮廷復任李氏為廣西省長，民十第二次粵桂戰爭，桂軍失敗，七月十六日陸榮廷、譚浩明宣布下野，李也同時去職。

黃紹竑在《五十回憶》評論云：「李靜誠氏為省長，那時中央權力及國家制度已不是省長所能憑藉和運用，而但憑陸譚兩氏個人的意志為從違。最重要的縣知事任用，其署理期間雖仍為一年，但極少由署理而得實授的。因他們都把縣知事一缺作人事上應酬的工具，知事的任期愈短，更動愈快，則應酬的機會也愈多。我在當時聽到一般當過縣知事的人談論，多認為這是上官給他們生活的調劑，而不是做事的機會。的確，在一年的時間裡，一縣長官是不能有什麼成績做出來的。」

十、馬君武

字厚山，桂林縣人。民十粵軍據桂後，由改造廣西同志會推薦，孫中山總統於八月十一日任命他為廣西省長。當時全省各志不是客軍便是散軍，招撫又遭失敗，地方秩序紛亂，改造無從著手。到十一年五月，所有滇、黔、贛、粵各部客軍完全離桂了，散軍稱自治軍卻乘機蜂湧而起，馬省長以局勢動搖，離邕赴梧擬設行署。船經貴縣，俞作柏企圖挾省長以控制全省，強馬駐貴，被其堅拒，俞乘夜圍其座船盡　財物及衛隊武器，馬妾亦中彈死，馬氏東下到粵，五月廿二日電請辭省長職。

十一、蒙仁潛

字若陶，武鳴縣人。他當省長的經過，據李宗仁氏所述，很為別致，情形是：「十一年六月初，在南寧的各自治軍首領劉日福、陸福祥、蒙仁潛、陸雲高頗覺有重設省署與統一軍令的必要，他們聯名電約我去南寧商討。我和四人都是初次見面，劉日福最老實，毫無心計；陸福祥豪爽痛快，人極誠樸；蒙仁潛和陸雲高極狡猾而有野心，這次開會實由兩人擺佈。所謂開會，是在舊督軍署會客室中談談，既無主席，也無紀錄。不耐煩了有人坐到桌子上，餓了叫勤務兵買幾碗米粉來大嚼，實在不成體統。最後他們搬出兩顆用黃緞包裹的大印：一是廣西省長的印，一是財政廳長的印。蒙仁潛發言道，現在廣西無主，理應有一位綜理政務的省長和管理稅收的財政廳長，並一位統率全省自治軍的總司令。我們正在討論省長人選時，蒙仁潛忽然站起來把省長大印搶了過去，說：『我是秀才出身，省長應該由我來做。』跟著陸雲高也忙站起來把財政廳長的印抱了過去，說：『財政廳長由我來當罷。』蒙氏問我：『德鄰先生有什麼意見嗎？』我說：『凡是各位的決定，我一概無成見。』他們再問陸福祥，陸說：『我管他娘什麼省長、什麼廳長，老子沒有了餉，只知道向財政廳長要餉啊！』劉日福倒沒說什麼不平的話。陸福祥說劉的防地好，有黑貨經過，軍餉不成問題。他們又主張聯名拍一電給在黔桂邊境的林俊廷，推戴他為全省自治軍總司令，因林氏曾任鎮守使，地位較高。……蒙仁潛雖然做了省長，仍舊號令不出郭門。」

十一年九月陸榮廷由越南回龍州就北京政府委的廣西邊防督辦後，將其親信的韓彩鳳、陸福祥等部改稱邊防軍。十二年二月十三日，邊防軍將領以武力脅迫蒙仁潛去省長職。十四日蒙通電卸職，將省長印信交自治軍總司令林俊廷。

十二、林俊廷

字莆田，廣東省人。十二年三月廿一日北京政府派其暫行兼代廣西省長，六月廿二日卸職。十四年二月滇軍入據南寧，林俊廷受唐繼堯委為粵桂邊防軍務督辦，四月二日入南寧在城中自為省長；七月七日滇軍敗退回滇，林俊廷也逃往欽州去了。

十三、張其鍠

字子武，桂林縣人。北京，政府任其為廣西省長，十二年六月廿二日到職。十三年六月廿五日李宗仁、黃紹竑的定桂討賊聯軍討陸入邕，張省長和李宗仁是小同鄉，他見到李，便說：「你們來了也好。」即等候移交，七月十一日離南寧回北京。李去送行，張說他希望沿途無事，李擔保他平安通過。張道：「張省長不是半途被劫，幾乎喪命？」李說：「馬省長是匹夫懷璧，他遇危險是因為他帶了一營衛隊的緣故，你現在出境，只一僕一擔，不會有人注意你的。」張才放心，取道龍州、安南而去。

十四、張一氣

以字行，平樂縣人。李宗仁和黃紹竑聯軍佔領省會後，主張軍民分治，遂與各團體公推廣西省議會議長張一氣為省長。張氏接電由港回邕，以李黃把自己打得的江山拱手讓他，大感驚訝，嗣見他們意極誠懇，擔保從省級到縣級的人事，絕不推薦，張才允就。但張氏仍一籌莫展，因他所委的縣長多是他省議會的同事和教育界的朋友，這些人在縣長任內，有時因個人瀆職，須撤職查辦；有時因地方士紳與其為難，致政令無法推行，須調省另候任用；不意他們往往不聽調度，有已撤職的抗不交待，並指摘張氏不念過去同事之誼，此種情形，一月之內竟有數起，使得張氏捉襟見肘。到十四年二月滇軍入據南寧，張氏便杳然離去，廣西遂陷於無政府狀態，而有上述林俊廷在危城中自做省長的事。

四月間，唐繼堯曾以副元帥名義任劉震寰為廣西省長，劉擬由北江率師回桂，被廣州孫大元帥（時已在北京逝世）的大本營令滇軍朱培德部予以截阻。

十五、黃紹竑

字季寬，容縣人。十四年自春到秋省內戰爭不息，成無政府情狀。到了沈鴻英部消滅，滇軍敗走，全省復歸統一，李宗仁和大家要黃紹竑主持省政；黃氏自定為「廣西民政長」，暫負責任，於九月十五日宣布就職。十五年春兩廣統一後，國民政府任命廣西省政府委員一批，組織省政府，以黃紹竑為省政府省務會議主席，六月一日就職。十八年發生武漢事變，五月四月國民政府令免黃職。俞作柏率李明瑞、楊騰輝部隊回廣西，黃氏為避免省內力量相火併，令師長梁朝璣、呂煥炎與對方妥協。那時中央己任俞作柏為廣西省政府主席，黃留民政廳長粟威辦理交代，遂離省經越赴港。這是六月時事。

黃氏離職不到半年，省內又生變化，梁朝璣等派人到港迎李、白、黃三位領袖回省，黃紹竑於十一月回去復任廣西省政府主席。十九年夏西參加北方的擴大會議，出師湘鄂敗歸，黃即表示厭棄內戰，八月馬（廿一）日發布通電自行解除軍政一切職務。

黃氏主政最顯著的成就為創立廣西大學，發展公路交通，開始市政建設，努力振興農林，辦理傜民教育各項。他後來發表幾點感想：一是以一省地方和一千多萬人民的生命財產來做一個武人的試驗場，真是太危險太不經濟了，今後個人須珍惜其用重大代價所獲得的驗驗，而配合國家的需要。二是此次廣西在革命初期，舊的人物雖已剷除，但社會上一般舊的觀念掃除未曾澈底，新的觀念培養未曾成熟，脆弱的革命銳氣，一經舊思想的衝擊，又漸漸衰退，新的創造在一時期雖有若干進展，也只是曇花一現，無由發揮盡致。三是廣西本來為經濟貧瘠、文化落後的省份，要以自己的財力、人力來完成革命的建設，自非易事。但不可心存失望而自餒，應在創造財產、培養人才方面特別注意。初期可以借用外才以完成初步建設。不能夜郎自大固步自封，要接納人家的長處以補救自身的不足。他認為廣西還要十年以上的艱苦工夫，才可以奠定堅固的基礎。

十六、俞作柏

字健侯，北流縣人。他在十六年清黨時期離開廣西，十八年春中央利用他解決武漢事變，得任為廣西省政府主席，七月到任。不久，他受共黨利用，公開反對中央，十月二日國民政府明令將其免職，以呂煥炎繼任。

十七、呂煥炎

字光奎，陸川縣人。中央因他率師反對俞作柏搞共產，任為省政府主席以示酬庸。但以人望不孚，各部隊派人赴香港歡迎黃紹竑回任，呂遂於十八年十一月卸職。

十八、黃旭初

以字行，容縣人。十九年夏，廣西省會被滇軍圍困，省境大部陷敵，省主席黃紹竑又於八月廿一日通電自行解職，省政府已不存在，地方政務由第一方面軍總司令部政務處處理。二十年三月十五日撤銷政務處，改設政治委員會，直接對外發號施令，我受命為主任委員。四月粵桂言歸於好，廣西全境恢復完整，而寧粵對立，六月九日廣州的國民政府任我為廣西省政府委員兼主席，七月一日就職，中斷了數月的省政府才告恢復。廿五年五月十二日西南屏障要人胡漢民忽然病逝，陳濟棠發動兩廣抗日，幾乎演成戰禍，陳以內變先敗，桂得和平解決，中央對桂軍政人員重加任命，仍以我為省政府主席。我在職太久，無補時艱，三十八年十一月十七日電呈行政院請辭本兼各職，廿三日獲准，明令以李品仙繼任。當時戰況危急，李以軍事忙迫，無暇來接。十二月二日崑崙關已告警，省政府乃由南寧疏散往龍州，到龍州淪陷而星散。

我也如黃季寬氏以武人而學為政，初非我所期求，也是李白兩位要我承乏的。我的才具遠遜季寬，我負責後的建設，許多還是在他遺留的基礎上進行。我在職計十九年，只最初六年為平時，省內固無兵災，也不向外闖禍，地方幸告太平，軍隊大量裁減，得以全副精神力量從事有計劃的建設，說不上什麼成就，只全省人民都感覺可以安居樂業了。中間九年正當抗戰禦侮，一切是軍事第一，悉力以赴；曾受日寇兩次侵入盤據蹂躪，凡所建設，破壞無餘。後期五年，抗戰殘破的善後救濟工作未完，共禍已接踵而至，已往努力，概葬洪流了。

玖、馬君武博士長桂十月

一、馬受同志推孫任其長桂

馬君武氏任廣西省長，是民國十年第二次粵桂戰爭、桂軍失敗、陸譚下野、桂局瓦解後，八月十一日由孫中山大總統明令發表的。以洋博士主持軍事時期的省政，似是民國以來的創舉。

馬博士原籍廣西臨桂縣。少時家甚貧而能苦學，曾留學日本和德國，通曉數國文字，翻譯西洋名著多種介紹於國人。他很早就追隨中山先生從事革命運動，為中國革命同盟會籌備人之一。民國元年任南京臨時政府實業部次長，後為國會議員。中山先生九年十二月一日恢復軍政府，以馬氏為秘書廳長；十年五月五日中山先生就任非常大總統，撤銷軍政府，設立總統府，又以馬氏為總統府秘書長。這是馬氏任省長以前的經歷。

孫大總統物色廣西省長人選時，曾徵詢「改造廣西同志會」的意見。改造廣西同志會在廣州成立才幾個月，但早已肇端於上海。當中山先生居滬時，桂籍同志鄧家彥、王乃昌、雷在漢、梁烈亞、周公謀等追隨左右，屢次談及關於廣西的問題，以為非推翻軍閥政治，重新改造，前途難有好景。孫先生以為然，要他們經常研討如何改造的方案。他們逐成立一小組織，擬取名改造廣西同盟會，孫先生覺得易和老同盟會相混，他們乃改同盟為同志。莫榮新督粵時，馬君武同志任廣東兵工廠的無煙藥廠廠長，因購辦材料到上海來，訪候孫先生和鄧同志等，各同志勸馬不應再為軍閥效力，應趕快回到革命陣營中來，馬於是也參加改造廣西同志會的小組織。到了孫先生回粵重張旗鼓，這班流浪同志的風雲際會來了，乃將這小組織擴大而且公開，參加的頗為踴躍；先在廣州的西濠酒店開會討論籌備正式成立事宜，得廣東省長陳炯明的支持，逐在廣州「廣西同鄉會」召開成立大會，竟因小故發生打架；又因「廣西同鄉會」的舊牌子被毀去了，只懸掛「改造廣西同志會」的新牌子，有憤其以少數同志而抹煞多數同鄉而退會的，如蒙民偉同志等。當時鄧家彥對廣西省長一職頗感興趣，以為若能實現，則自己在外，而馬君武為總統府秘書長、在內，有內外相維的妙用。但這點為陳炯明所嫉忌；或說，鄧曾指責陳炯明引用共產黨陳獨秀，故炯明不喜歡鄧。一說，鄧曾反對胡漢民長粵，故此次胡也反對鄧長桂。鄧既通不過，馬君武遂為大家所推薦，而且馬的資格也高於鄧，孫大總統即採納而明令發表。這是馬氏受命的經過。

「馬君武」的名聲為省內人士所熟聞，以一個文人來擔當這破亂的局面，雖覺意外，但對馬氏本人絕無反感。

二、組織頗簡單用人無親私

廣西省長公署的組織頗為簡單，內分政務廳和軍付處，附屬一衛隊營；外轄財政廳，如此而已。政務廳主管財政和軍政以外的一切政務，內分內務、教育、實業數科。軍政處主管警備部隊和剿撫事務，內分總務、軍務、經理三科，後又增設交通科。財政廳自然是主管全省賦稅徵收和各機關經費的支出的；那時未行會計、審計制度，由省長公署起，各機關都採包辦制，故廳務並不繁雜。

在人事方面，擔任省署幾個要職的都不是和馬省長素有關係的人：政務廳長楊愿公，軍政處馬林伯桀、副處長譚儒翰，財政廳長呂一夔。楊為梧州國民學堂學生，林為梧州中西學堂學生，胡漢民在清末時任該兩校教習，故楊、林都是胡氏的弟子。林後來又在廣東虎門陸軍速成學堂卒業，在陳炯明部任職，與陳關係很好。呂曾任廣東潮循道尹，也和陳炯明有交誼。楊、呂都是改造廣西同志會的同志。譚為清末廣西講武堂卒業生，或是甘偉賢推薦給馬省長的，甘和馬是廣東無煙藥廠同事，甘和譚是廣西陸軍速成學校同事。

省長公署中級人員現能記憶的只有幾位：政務廳教育科長雷沛鴻，軍政處總務科長黃旭初，軍務科長許宗武，經理科長朱良祺，交通科長雷飈，衛隊營長盧象榮。

改造廣西同志會的同志隨同馬省長回省的不少，除楊愿公和呂一夔當了廳長外，王乃昌為撫河招撫使，鄧鼎封為第十警備司令，梁烈亞為邕寧縣知事，莫魯為南寧警察廳長。等待分配工作的常不離馬省長左右，有如監察，以免他人捷路先得。省長原是同志，從來彼此平等相處，現在雖然有了職務的分別和服務的規矩，而他們卻似全無拘束，當著省長面前怒罵爭吵攘臂揎拳，也毫不以為怪。所謂「改造廣西」，只是未得政權以前用來號召同志的口號，給一般人民以一種希望，到上了臺，才會領略到其中的酸鹹苦辣滋味。

馬省長雖在最高政府任過大官，卻無半點官場習氣，依然書生本色，稍微帶點名士風。當他和人下棋正在對一難著作苦思時，如送公文稿來等他核改，他會不加細閱而罵狗屁不通擲之於地的。當時白崇禧在田南道警備司令馬曉軍部為營長，還未露頭角，曾電陳施政意見，馬省長看了罵道：「不通。這是個什麼人？」左右答說，白是保定軍官學校學生，他的意見也有道理的。馬氏聽了又點點頭，沒有話說。他的性情就是這樣率真。

三、桂軍流散多受編僅三部

馬省長到任後的情形是，省內各處不是客軍便是散軍，無一塊安靜土。桂軍在戰敗後，沈鴻英部逃往湖南，林虎部由黃業興率入欽廉，其餘悉流散省內，出來受編的只劉震寰、馬曉軍、李宗仁三部，特分述其經過：

先說劉震寰部情形：劉震寰民國二年隨劉古香在柳州二次革命失敗，即流亡海外，後由覃起向陳炳焜疏通才得回省，旋招撫綠林數百名，得委為幫統兼帶一隊。民國十年陳炳焜為梧州護軍使，夏間桂軍將發動攻粵時，陳派劉震寰率部駐梧州北方的木雙，對粵警備。護軍使署兩參謀張任民、張壯生、廣西陸軍第一師砲兵排長嚴兆豐和劉震寰四人密謀倒陸政權，向粵方通款，戰火既燃，劉即引導粵軍由木雙進入拊梧州的側面，陳炳焜逼著放棄梧州率衛隊兩營向撫河北走。六月二十六日粵軍入梧，以劉震寰為桂軍第一師師長。劉率部尾追陳炳焜直到桂林，陳逃入湘赴天津，桂林鎮守使兼混成旅長李祥祿也敗逃，劉遂收編陳的衛隊和李的韋冠英團，更由桂林向柳州沿途收集散兵，此時劉部約二千餘人。粵方似欲利用劉以號召散軍，後來任其為桂軍總司令，嚴兆豐繼任第一師長，韋冠英為旅長。

次說馬曉軍部概況：馬曉軍為廣西唯一的日本陸軍士官學生，民五畢業回省任廣西督軍署參謀，以省內陸軍學生很多而舊軍長官不願任用，因向陳炳焜督軍建議：設廣西陸軍模範營以事容納，陳採其議，模範營遂於民六夏五月成立，即以馬曉軍為營長。營附馬軍毅和第一、二、三、四連連長朱為鈐、曾志沂、黃旭初、龍振麟均陸軍大學第四期生；連附二十四人，除一人為廣西講武堂生外，其餘白崇禧、夏威、黃紹竑、徐啟明、梁朝璣、陳雄等十一人為保定軍校生，張守義（即張淦）、廖光等十二人為廣西陸軍速成校生。招生學兵五百人，中多高小和中學生。訓練管理頗合理想。是年九月奉調入湘參加護法戰爭。民八回省，剿辦左江土匪著績，升馬氏為廣西陸軍第一師（師長陸裕光）第一旅（旅長賁克昭）第二團團長，黃旭初為團附，並將原模範營編入該團為第三營，駐柳州馬場。九年一月全團調駐肇慶，九月底調駐廣州，十月中旬在粵桂軍因戰敗而兵都離粵回桂，全團先到戎墟，後移桂平。當局懷疑這團新軍人員與粵軍勾結，十年二月調駐百色，使與粵邊隔絕。六月桂軍攻粵，當戰事吃緊時，原來第二團的兩營被抽調去作戰，而把一個馬團長和原來的模範營留在百色，並派蒙仁潛的舊軍同駐一地，形同監視。到了陸譚失敗宣布下野，馬曉軍乃率部易幟，由馬省長任其為田南道各屬警備司令。有幾個小部隊來依附他，他遂將原日的部隊和的警隊陳秉文部、唐紹慧旅陳濟桓部合編為三營，以黃紹竑、白崇禧、夏威分任第一、二、三營營長；廣西陸軍第一師工兵營營長振祥與營附韋雲淞奉令率部赴龍州集中，他們以陸譚無前途，乃改道到百色投入馬部，馬以韋雲淞為工兵營營長；陳雄為機關槍連連長。嗣又收編許炳章一營，合計有五營多兵力。

再說李宗仁部情況：李部為林虎軍。林虎軍民國五年五月在肇慶成立護國軍第六軍討袁時，李宗仁入隊為排長。袁死後，驅龍濟光戰事發生，第六軍在粵漢鐵路高塘站附近作戰，李負傷，升為連長。陸榮廷督粵後，改該軍為廣東護國軍第二軍。護法戰起，調林軍一部入湘歸馬濟指揮，安仁綠田墟之戰，大敗張懷芝軍，李宗仁又受傷，升為營長。民九冬初，在粵桂盡撤回桂，李宗仁營任後衛，在蓮塘峽、祿步墟迭破攔路強敵，掩護大軍安全通過。各軍到桂後改編，林部改稱粵桂第一邊防軍，李營駐防興業縣的城隍墟。民十陸榮廷發動攻粵前在邕召集各將領會議，林知無勝算，以陸意堅決，反對沒用，遂請陸派他出去聯絡湘省相助，部隊交黃業興代為指揮。攻粵時林軍任右路，由鬱林進佔化縣、高州。石鼓墟戰後，李宗仁升為幫統。中路梧州因劉震寰先變而崩潰，左路沈鴻英繼變，黃業興只得揮軍退歸。退到鬱林，李宗仁被升為統領，轄兩營。黃率軍再向横縣退卻，仍以李部任後衛。軍參謀長梁史曾在廣西陸軍小學任學長，與李為師生，可以盡言，途中晚間休息時，李往問梁將往何處去？梁說，陸譚已下野，赴邕無前途，黃司令原籍欽州，官兵又多欽廉人，他可能退往欽防以待粵軍收編。李表示所部多桂人倘不願隨往欽廉，將如何？梁說，那只好你自已酌裁了。到城隍墟，李令所部停止，召集各官長會議，一致同意開入六萬大山裡暫避，李囑各官長向士兵說明絕非入山為匪，才下令部隊開進山區。直屬司令部砲兵一連、機關槍一連都願一同入山。黃見李部久未跟來，因問梁參謀長，梁說，或因該部多廣西人而不想去欽廉。黃派一參謀來勸，李以實情相告，黃得回報，並未派兵來迫。李部在山中搭棚帳或茅寮一宿過後，翌晨發覺俞作柏營有兩連官兵已乘夜潛逃，這兩連多欽廉人，既不願留，李也不派兵去追。過了幾天，忽有部隊開入山來，派人去問，知是也來躲避的友軍，四連官兵，槍械齊全，由營長陸超率領。陸部原屬莫榮新系下，上年莫在粵敗走、該部退不及，被粵軍收編，此次開來粵桂邊境作戰，又叛離粵軍，以至於此，陸久聞李名，故願來合夥，李遂予以收容。再過兩天，又發現一部隊入山，情形和陸部相似，由一位姓徐的營長率領約兩連人願來歸編，後來徐見李無適當名位安插他，便獨自離去了，李將那兩連撥給俞作柏節制。入山已過一週，糧餉漸感拮据，好在離山不遠的城隍圩是李的駐防舊地，士紳和他相處很好，其中且有富戶，李派員分頭拜訪請求接濟，紳商即組織起來替他籌劃，軍糧遂有著落。李到此時才知粵軍已佔南寧，馬君武為省長，廣西部隊除少數受編外，大部分散伏各縣以游擊對粵軍，故粵軍尚在源源入桂，經過城隍圩往南寧的絡繹不絕。粵軍聞李在山中，先有陳炯明之弟炯光、後有司令鍾景常派人向李接洽收編，李向對方提出兩個條件：一、不任受何單位部隊的收編，我要直屬於粵軍總部，成獨立單位；二、我要一職兼兩省的頭銜，不願直屬於任何一省。他的用意在防止被亂行調動而被繳械的危險。誰知陳炯明對這條件完全接受，李部遂受編為「粵桂邊防軍第三路」，任李宗仁為該軍司令，命令開往横縣點驗。李率隊下山經柴墟、百合墟各一宿而到横縣對岸的樂民圩，陳炯明所派點驗小組來到，說陳總司令正在横縣，令李部不得渡河，就地停止，點驗完畢，即劇開回北流駐防。點驗結果：計步槍一千零四支，德造水機關槍六挺，粵造旱機關槍四挺，德造七生的五管退山砲四門，官兵約二千人。編制是：第三路司令轄兩支隊，每支隊轄兩營，每營轄四連，每連步槍九十支，另直屬砲兵一連。第一支隊司令為李石愚，第二支隊司令為何武。點完編妥，粵桂聯軍總司令部才發給二十天伙食費，士兵每人每月銀二角，官長加倍。粵軍因最近在武鳴受到慘敗，陳炯明恐李在横不利於已故令速行。李即率部開到北流駐防整訓。

劉震寰、馬曉軍、李宗仁三部受編人數合計不過六七千人，其餘大部分成為散軍了。

四、招撫遭反噬被繳械屠殺

當時省內情勢，梧、貴、邕、龍沿江地帶為粵軍所控制，桂林為滇、黔、贛、粵各軍所據有，柳州也駐有滇軍，故散軍只能流竄於無客軍的地方。至散軍的生活方式，是有稅即收稅，無稅即勒搶，兵匪不分，秩序紛亂達於極點。這時候要「改造」是談不到的，所以雷飈在南寧《嶺表日報》發表論文和白崇禧上馬省長的電報，都同樣建議必須設法編這些散軍，才能恢復地方秩序。故收撫安輯，成為省政當務之急，已為一致的主張。

在廣西省長公署軍政處未成立前，陳炯明（孫大總統於八月十一日任其為廣西善後督辦）曾委桂軍宿將韋榮昌為廣西善後督辦，黃培桂為會辦，想藉兩人的舊關係以號召各處散軍出來受編；同時又組織「編遣委員會」以辦理編遣事宜，委員五人，粵三桂二，粵委之一為羅紹雄，桂委為曾植銘、張震歐；散軍如出受編，即收繳出武器，遣散其官兵，以澈底消滅陸榮廷的力量。但此消息為散軍所知，誰也不願繳械遣散，故編遣並無成就。

省長公署的收撫工作，雖努力進行，卻困難多端，未如理想，後列幾件是其主要的事實。

第一件是調解粵軍勒繳李宗仁部山砲事。李部受編駐防北流，陳炯明派一上校參謀、一中校參議住在司令部中，名為聯絡，實係監軍。總司令部欠餉不發，陳炯明反下令李將山砲四門交出，理由是第三路原為步兵，不必有砲。命令一到，住部兩聯絡官就時時來催。李覆文婉拒，謂鬱林各屬盜匪如毛，且鄉村隨處皆有碉樓，一遇樓被匪據，官軍無砲絕難攻堅，為清剿土匪，此四門砲不能交出。陳將此事暫擱，但又電召李去南寧報告。李不能違命，到邕晉見，陳並未垂詢軍中情形，總不正眼看人，交談未得要領而出。李沒辦法，乃求助於馬省長，馬氏令呂廠長偕軍政處總務科主任雷飈向陳疏解。原來去冬桂軍由粵撤退，林虎行抵肇慶時，陳炯明曾派人說他脫離桂系，歸還革命陣營。林以受陸氏愛護，以至今日，義不可背，如果將來不在其位，再報厚意；並說，我兩日即離開肇慶，請歸告陳總司令派隊來接防。雷飈原為林的參謀，對陳林間過去的關係，以及陳對林的異常愛重，都知之甚悉，他當即對陳詳述林因反對此次戰爭，不願參加，故避往省外，現在他所剩下僅僅這個小部隊，倘蒙予以愛護，林氏知道，對總司令必定十分感佩。陳炯明聽了雷飈的話，慨然應允，此事才告結束，不再向李強迫。

第二件是馬曉軍和鄧鼎封收編百色散軍失敗。當粵軍一路從南寧、思恩、一路從龍州、靖西進攻時，散軍劉日福、陸雲桂、馬玉成各部不能立足而竄聚百色附近共五六千人，他們初到時，和已經易幟的馬曉軍部彼此同為桂人，尚覺相安。馬省長特派鄧鼎封和馬曉軍前往招撫，行抵果化，聞譚浩澄（浩明之弟）在平馬，馬知譚痛恨附粵分子，不敢再進，讓鄧先行。鄧到平馬晤譚，在談話中譚流露對招撫者必殺，鄧遂不敢表露身分和任務，急急下船往百色。散軍首領劉日福資歷實力都較高，為各部所擁戴，鄧正苦對劉無處入手，偶然在街上遇著寧明小同鄉謝子懷、羅傳聲，問訊之下，才知謝、羅竟是劉日福的親信幕僚（劉微時曾在寧明種田，得兩人照顧，後來劉從軍騰達，不忘舊德，特援引謝為秘書長，羅為顧問），一時喜出望外，乃訂期約兩人暢談。相敘之日，鄧對謝、羅說：「你們所反對的是陳炯明，現在我是為馬省長來編部隊，陳炯明是反孫中山的，而馬省長是孫這邊的，要打陳炯明，便該先進入馬省長的旗下。」謝、羅聽了鄧氏的話認為有理，回去向劉日福說，劉也接納了，答應受編。馬曉軍接得鄧鼎封的好消息才來百色，並令所部黃紹竑營入城，又派步哨登城警戒，不料這麼一來竟引起劉日福各部的疑懼，雙方互戰，結果馬部失敗，多被繳械，田南道警備司令部也被攻入，印信被搶去，馬氏避入天主堂向鄧求援。鄧出為調解，作為是彼此誤會，由劉日福將繳得槍械交鄧解邕請馬省長處置。同時劉又派副官長李奇將田南道警備司令的印信燃放炮竹送還馬曉軍，事乃和平了結。收編工作本已成功，但事出意外，因劉震寰部和粵軍熊略部由武鳴方面攻擊散軍陸福祥、林俊廷部隊，追向右江，大軍直指百色，令得劉日福等部不得不走避，不敢受編，終歸失敗。

第三件是赴龍收編人員慘遭屠殺。龍州毗連安南一帶地方，通常叫做邊關。邊關是陸榮廷的發祥地，他在南寧宣布下野時，指定他的嫡系親信部隊才准許退來這方面，如果此地的散軍都能編出，對別處的影響將會很大，收拾自易為力了，大家對此點都十分重視。更難得的是，有一批和那些散軍首領很為稔熟、同是邊關的人而又很有學識的軍官，非常熱心為此事奔走努力。這批軍官共十二人，其中有軍政處副處長譚儒翰和甘尚賢、甘偉賢、黃彤階、羅傳英等。馬省長特派在桂軍中很有資望的黃培桂為安撫使，率領他們到龍州去進行。陸、譚已於九月間粵軍攻抵龍州時避入安南轉往上海，黃氏只有向譚浩清（也是浩明之弟）等接洽。浩清等並無受撫誠意，接洽只是為了別有企圖。譚儒翰原任陸裕光師的團長，隨譚督在鬱林敗退到貴縣時，浩清也在貴縣，他恨儒翰不守鬱林，竟乘夜在警戒線上暗中槍擊欲置之於死，但僅傷及儒翰之手，而儒翰卻不知是浩清幹的，如今儒翰來向浩清接洽收編，真是自己送上門來。加之甘偉賢素來說話率直，此次到龍，有時言談涉及舊時幾位主帥，在浩清他們聽來，都認為是惡意詆毀。他們對於站在敵人方面來接洽招撫的都視為叛逆，罪該萬死，必除之而後甘心，但在表面上卻絲毫不露聲色。散軍將領中的李紹英知道了這個陰謀，既憐這一群好友即要遭殃尚懵然不覺，又怕浩清那個人兇狠毒辣，不敢私自洩漏以惹禍上身，心軟氣餒，暗自徒喚奈何而已。浩清他們布置完成準備下手那天，把那位安撫使黃培桂留在龍州休息，請那十二位招撫員一齊同往下凍地方點驗部隊，招待他們住在一棟大宅中，到了半夜，團長譚占榮（雲南人）率兵圍攻，除了羅傳英因臨時生病未及同來下凍而倖免外，其餘十一人竟被一網打盡，慘極！馬省長的收撫政策，從此更難有施展。

五、到桂籌北伐察知貧病源

馬省長在任期間有一大事為孫大總統取道桂林北伐，因粵、滇、黔、贛各軍都現成集中桂林、出動便捷，但不要廣西出兵助餉。目標是打倒直系直閥，策略是擒賊先擒王，故先聯絡皖奉兩系以共同倒直。但陳炯明以為我方兵力太少，勝算難期，不同意北伐，而附和聯省自治的主張。孫為說服陳使意見一致，八月十日先派胡漢民、居正、九月中旬再派蔣中正由粵到邕與陳商討，都無結果。十一月初旬孫大總統由廣州赴桂林督師，到梧州時兩次電陳來商而陳不來，乃親往南寧面商，懇切告陳道：「吾北伐而勝，勢固不能回兩廣，北伐而敗，更無顏回兩廣，兩廣請兄主持，但勿阻吾北伐，並請切實接濟餉械。」並令陳即回粵籌備餉糈，偕陳到梧後，陳回廣州，而自溯灕江上桂林。船行廿二天，十二月四日到桂，各團體和各軍舉行盛大歡迎，他先派王乃昌來桂布置，以皇城內獨秀峰下舊桂王府為行轅。組織大本營，以李烈鈞為參謀長，胡漢民為文官長，鄧家彥、王乃昌兩同志為參議。整理部隊，除粵軍第二軍許崇智部和福軍李福林部外，並委朱培德為滇軍總司令，彭程萬為贛軍總司令，谷正倫為黔軍總司令，準備翌春發動。十一年二月廿三日許崇智部進入湘南，而湖南趙恒惕受陳炯明誘惑，阻止北伐軍入境。北伐軍在桂數月，陳炯明從未接濟一粟一彈；三月廿一日作為孫陳中間連鎖的粵軍參謀長兼第一師師長鄧鏗又在廣州被刺而死，廣東方面供應餉械的希望已絕。廿六日大本營緊急會議，決定改道北伐、下令各軍回師返粵，四月十二日主力到達梧州，陸續東下經三水轉往韶關。孫大總統四月十六月到梧，二十日到肇，廿二日到廣州，籌劃再由韶關北伐。但陳炯明也下令在桂粵軍放棄廣西，全部回粵。葉舉、熊略、翁式亮、陳炯光、楊坤如、陳章甫。邱耀西、羅紹雄四月廿一日聯名通電由南寧還師廣州，造成六月對孫叛變，北伐遂歸失敗。

孫因聯絡奉、段倒直，故張作霖代表姜登選、段祺瑞代表徐樹錚、陳樹藩代表焦易培，都曾到桂林晤孫接洽。共產國際代表馬丁（Martin）也赴桂商談。

孫大總統此行，對廣西實情認識深刻。在南寧講廣西善後方針說：「廣西向稱貧瘠，此次溯江西上，見兩岸皆肥沃平原，山上林木蒼蔚，乃知非真貧，實人事未到。」因主張闢利源，借外債以築鐵路、開礦、樹農場、興工廠。溯灘江，灘險費時，交通不便，故在昭平講演；廣西應開闢道路。陽朔到處只見石山，人民極貧，他演講說：這種石灰岩可以製水門汀，應開發岩層中蘊藏的各種礦產，無異遍地黃金。

六、顛覆後再起新軍變民軍

廣西省長公署委出的警備司令不少，如鄧鼎封已是第十位。但多有名無實，鄧鼎封還算好的，有兩營人，是曾植銘在靖西收編以安靖家鄉、自己不想帶兵而讓給他們的。兵力較多的是馬曉軍部，被顛覆後竟能再起，情形如次：

馬曉軍部被劉日福、陸雲桂繳械後，馬得回印信自己退往下游。馬部的工兵營和第二營的一連分駐在百色通貴州大道上，當城中部隊被繳械時，白崇禧、夏威、陳雄都先後脫險奔集工兵營韋雲淞駐所，共率殘部移向黔南坂壩暫避其鋒。劉日福派隊到舊州、西隆追堵，在北樓隔南盤江與坂壩對峙。白崇禧等商定拂曉渡江襲劉部，因當夜士兵聚賭嘈鬧白往捉賭跌傷左腳而罷，更北移駐坡腳以遠離敵人，情形非常狼狽；嗣得黔軍縱隊長劉瑞棠助兵兩連，安籠商會和團務局籌濟糧食，軍心復振；馬司令消息渺然，白不待傷愈即共揮軍南下擊走劉部，直抵潞城，才與黃紹竑會合。黃紹竑在城中被陸雲桂所俘，擬予槍斃，但終能設法逃脫，隨身只兩兵一槍，走到黃蘭鄉下、上下都被劉軍把守，不能前往工兵營；就在附近糾合凌雲、西林紳士岑學三、黃炳喧將民團集合了二三百編為隊伍；事為自治軍所聞，派人四出緝黃，他晝伏夜行，艱苦備嘗，幸未再為所得。劉日福、陸雲桂將馬部繳械後，自稱為廣西自治軍，由各散軍首領公推劉日福為自治軍總司令，並進兵平馬與思恩方面陸福祥、林俊廷等相呼應，為勢頗張。粵軍乃派熊略為總指揮，向平馬、百色進攻；並令馬曉軍司令隨往，指揮所部師百色。馬曉軍令黃紹竑、白崇禧等向凌雲縣附近集中；此時計舊有與新收不過八九百人，乃編為六營，設兩統領。以黃紹竑為第一統領，轄馮春霖、黃炳喧、岑潤博三營；白崇禧為第二統領，轄夏威、陸炎、韋雲淞三營。黃紹竑說：以新軍的典型，一變而為民軍的作風，有點滑稽。馬部由凌雲抵百色，劉日福等已被熊略擊潰，分向邊地逃竄。田南道警備司令省已另委莫昌藩接任，改委馬曉軍為第七警備司令，調駐平馬。時為十一年二月間。白崇禧因足傷，乘船赴邕轉往廣州醫治，途中為自治軍所獲，幾遭不測；其所部並由黃紹竑統率。

馬部駐防平馬不久，粵軍復全部撤回南寧，右江防務交由馬司令和莫司令負責。莫全無其本部隊，新收的時在動盪之中，馬部也很殘缺，故粵軍一退，各處自治軍復紛紛起來，上至百色，下至南寧，道路皆被阻塞，糧餉無著，應付維艱。

七、馬遇變辭職改造願成空

十一年春夏間，廣西境內客軍先後離去。最先是唐繼堯由香港到柳州，將在柳滇軍李友勛、田鍾穀、胡若愚與由桂林召來楊益謙部編為靖國軍第一、二、三、四軍，以李、田、胡、楊四人分任軍長，唐親率回滇驅逐顧品珍，一月廿八日由柳出發，經慶遠、東蘭、凌雲入雲南。馬曉軍部正在凌雲整編，黃紹竑曾派代表與唐軍連絡。其次是孫大總統因改道北伐，將粵、滇、黔、贛各軍於四月中旬由桂林撤經梧州返粵。最後是陳炯明為阻孫北伐，將在桂粵軍於四月下旬全部撤退。此時客軍是走光了，自治軍卻在全省各地起來越多了，廣西整個局面隨之發生變化了。

當時南寧方面僅很劉震寰部駐守，兵力單薄，乃調平馬馬曉軍部和龍州黃明堂部回邕協防。馬省長因自身毫無力量，深感風雨飄搖，到五月初，想隨同葉舉的部隊先往梧州、在梧暫設省長行署。有人告以外間正謠傳著「專打粵軍」的口號（粵軍在桂紀律太壞，此次撤退，不獨散軍紛起截擊，連民眾也到處要和粵軍為難，故有這個口號），勸他不宜隨粵軍同行，待粵軍走完，再打起廣西省長公署的旗號單獨行動較為安全。馬省長聽了認為很對，就採納照行。但沒有錢，走不動，省署包括政務廳、軍政處、衛隊營在內，每月經費不過毫銀一萬元，財政廳也很支絀，馬省長幾經催逼，才支取到五月份的經費，開支之外，所餘已是不多。僱了兩艘電船，挈同眷屬、賓客（顧孟餘、梁昌誥、侯人松、一位贛省留德礦科石先生、張一氣夫人、曾植銘以及譚儒翰和甘偉賢兩家遺族）和衛隊營離邕下駛，不料，船經貴縣，卻遇上了悲慘的變故。

李宗仁部駐防北流，十年十二月十日駐鬱林的粵軍胡漢卿部撤往高州，陳炯明令李接防鬱林。此次粵軍全撤東歸，陳炯明電調李部移防貴縣，而將鬱林交由陳炯光接防，或因鬱林地處粵桂交通要衝，恐李或乘機襲其後，故有此舉。李部俞作柏營先到貴縣，俞為人好權嗜利而不顧道義紀律，他要馬省長勿赴梧州而留駐貴縣，他好挾天子以令諸侯藉以控制省局，否則請將武器財物留下再走。糾纏了兩天，馬省長堅決不允。俞見用軟不行，竟敢用硬。他曾警告曾植銘（號其新）勿回船上；但曾氏以受馬省長付託專為照料譚甘兩家遺族赴港、豈能置之不顧，遂不管俞的警告，仍回船上。俞又設法使省署衛隊盧象榮營長回不了船，暫時留在街上。即於夜裡派隊圍著電船對天空放槍威嚇，喝令船上繳槍。船上衛隊沒有營長指揮，見岸上攻槍，當即開槍還擊，戰鬥由此起來。結果，馬省長的夫人（姓彭，名文蟾）因驚慌而站起來，石先生起來大叫：「強盜來了！」兩人都中彈而死；曾先生傷了左手和右腳，侯先生只破了頭皮，張夫人傷著臀部；此外，士兵也有死傷；武器和財物都被搶光，更不消說。那時陸超一營也已到貴，陸俞兩人為爭奪戰利品又打起來。李宗仁在途中聞報，飛馬趕來（那時未有公路），將俞、陸兩人痛加斥責，但一切都已補救不及。他見了馬省長，異常尷尬只有自承約束部下不嚴，致發生此不幸事件連聲陪不是。並請馬省長到達縣署居住，馬不願意，乃借住天主堂。李又陪著來照料他將如夫人、石先生分別擇地草草安葬，傷者請醫療治。馬省長不願再留在這傷心地，適有郵局專用電輪由南寧下來，因貴縣城有兵，不敢靠近，泊在南岸，李商得船主同意，請馬省長附搭赴梧。馬遭了一場變故，心灰意冷，五月廿二日電請孫大總統准他辭去廣西省長職，結束了這十個月的艱苦政治生活。改造願望，到此成空。

南寧方面，被自治軍陸福祥、陸雲高、蒙仁潛各部來攻，劉震寰部節節敗退，城內秩序非常混亂。馬曉軍部到時，劉部已開始撤退，與黃明堂、李蔭軒部同向欽州，馬部也跟著退走。省長公署瓦解。時為五月廿二日。

劉震寰部繞道欽、廉、高州而到梧州，附近粵軍也留一小部駐梧。七月四日駐梧軍隊推薦政務廳長楊愿公代理廣西省長，在梧暫設行署。此時除梧州外，全省各地已為各路自治軍所割據，是為自治軍時代，另是一番混亂景色。

拾、民國元首先後五次蒞臨廣西記

封建時代，天子巡行各地，謂之「巡狩」或「巡幸」，到了民國時代當然沒有這類名詞了，但國家元首巡行各省各地方叫做「巡視」或「視察」。自民元以來，元首蒞臨廣西共有五次，有為巡視而兼有他事，有專為巡視，有非為巡視，每次不同。最早為孫中山大總統，次為汪精衛主席、林子超主席、蔣介石主席、李德鄰代總統，現將各次情形彙誌於此。

一、孫大總統出師北伐取道桂林

民國十年四月，國會議員在廣州召集非常會議，選舉孫中山先生為非常大總統，五月五日就任。陸榮廷於六月中旬自桂發兵攻粵，孫大總統乃令陳炯明統率各軍討陸，大舉入桂，到了九月即將廣西全省平定。孫氏乘粵、滇、黔、贛各軍都在桂林的機會，決定取道桂林入湘北伐，十一月初間由粵乘艦到梧州。

時陳炯明在南寧，不同意北伐，孫氏由梧往邕面晤，勸陳勿反對北伐。廣西省長馬君武於孫到邕時率同各界人士舉行大會歡迎，孫對各界講「廣西善後方針」，主張借外債以築路、開礦、辦農場、建工廠。

孫氏又由邕折回梧州，改乘帆船溯灕江而上桂林。沿江灘多水急，梧州到昭平二百八十里走了八天，昭平到陽朔一百七十里也走八天，深感交通不便，故在昭平對各界講：「廣西應開闢道路」。陽朔到處只是石山，風景絕佳而人民極貧，故曾指示說：「可用石灰岩製水泥及開發岩層中各種礦產。」

由陽朔再行到柘木墟，已是十二月四日。孫大總統偕許崇智、胡漢民等登陸行，於上午十一時五十五分到桂林城南門外五里的將軍橋。各團體和部隊三萬餘人已鵠立恭候，在將軍橋口以松針紮一歡迎亭，布置壯麗，旗幟燦爛。孫大總統進入時，典禮隊即飭砲隊在郭家山對面鳴放禮砲一百零一響。各團體脫帽舉旗致敬，齊呼「新廣西萬歲！」「中華民國萬歲！」「中華民國大總統萬歲！」隨唱歡迎歌。粵、滇、贛各軍排成四行縱隊行過亭前致敬。下午一時入城，軍隊作前導，各團體排列隨後，由南門大街經鼓樓底越十字街轉後庫街入皇城，以舊桂王府為大總統行轅。晚上在行轅樓上欣賞各界提燈會。後又登獨秀峰俯瞰全城夜景，正放煙火，顧盼甚樂。

在桂林組織大本營，委定粵、滇、贛、黔各軍總司令，準備明春入湘。對各軍軍官講「軍人精神教育」。

十二月十日，電南寧馬省長，令注意地方治安，整飭吏治，肅清土匪，約束士兵勿使擾民。

民十一年二月三日下令北伐，李烈鈞出江西，許崇智出湖南。三月十六日湖南阻北伐軍入境。三月二十六日因陳炯明阻曉北伐，決督師回督粵。四月十二日北伐軍主力返抵梧州。四月十六日孫大總統由桂到梧，二十日到肇慶，廿二日回到廣州。

二、汪主席為統一北伐到梧商談

李宗仁、黃紹竑於民國十四年秋合力底定廣西，冬間又出兵助廣東平定南路，事實上已經歸依國民政府。民十五年一月下旬，李、黃在南寧接到中央派汪兆銘、譚延闓、甘乃光三位中央委員來梧州的消息，他們屈駕降臨，可見中央對於廣西的重視，即聯袂趕到梧州歡迎。

汪兆銘等乘坐江防艦隊的兵艦由廣州西上，當兵艦進入梧州口時，岸上排立著很多的行列和看熱鬧的民眾，數年來梧州因受軍事影響，景況非常慘澹，到此才充滿和諧活躍的革命新空氣。這次歡迎，成為梧州空前未有的盛會。他們三位此來雖然是半公半私的訪問性質，但都是中央特派大員，汪氏又是國民政府的主席，中央政治會議的主席，自然算是國家元首的地位了。

那時李、黃他們對於這種接待元首的儀節，並沒有正式的規定，但卻衷心表示得非常隆重，在宴會席上，軍樂隊奏起以前袁世凱時代「卿雲爛兮，糺縵縵兮，日月光華，旦復旦兮。」的國歌來。汪當時曾對黃紹竑道：「這國歌是舊的。」似是表示不相宜不接受的意思，可是又說不出一個新國歌來。因為當時不但「三民主義，吾黨所宗……」的國歌尚未製定，即在廣州最流行的「打倒列強，打倒列強，除軍閥，除軍閥……」的革命歌，在梧州也還不很通行，只好將舊的來應付了。

汪等此次來梧，表面上並未曾明白表示啣有什麼使命，像是一種訪問巡視的性質。實際上他們此來的主要目的，是想促成廣西對於革命統一的表面化、具體化，其次是商談出師北伐的根本問題。這都是李、黃正在準備著、期待著的幾件大事。汪等在梧州並不舉行什麼正式會議，只是分別的商談。李、黃對於統一和北伐，都表示完全接受中央的意旨。可以說，汪等的目的完全達到了。他們在梧州逗留了兩日，除了商談宴會，大部的時間都用在宣傳式的演講上。那時梧州已有工會、農會、商會、婦女會，還有軍政機關的職員，都開會歡迎他們去演講，他們也無不應邀出席。演講內容無非是三民主義、聯俄容共農工三大政策、國民黨革命歷史、國民革命前途等，很受聽眾歡迎。

汪、譚因職務忙碌，先回廣州。甘乃光和李、黃去南寧，對於廣西黨務多予指導，躭擱相當日子才回去。

三、林主席以努力有成特來視察

民國二十六年三月廿三日國民政府林主席巡視到達廣州。時李宗仁、白崇禧新受改任第五路軍總司令、副總司令，我主桂政，廿五日接桂省府駐粵辦事處主任闞宗驊來電報告：「林主席將於祭黃花崗烈士墓後，四月二日起程來桂。」廿六日我們即聯名電粵歡迎林主席來桂，並即籌備歡迎。

林主席由廣州乘粵漢鐵路火車到衡陽，再轉乘汽車來桂林。四月五日我派民政廳長雷殷由桂赴衡迎駕。七日晨，白副總司令、五路總部政訓處長潘宜之、國民黨廣西省黨部委員韋永成和我由桂林赴湘桂邊境黃沙河迎接。下午一時林主席到黃沙河，扈從非常簡單，隨行的只有國民政府參軍長呂超、科長李X樞。午餐後起行。下午五時半到桂林，文武官員和市鄉民眾郊迎者達五萬餘人，情況熱烈為桂林向所罕見。駐節於舊藩台衙門。當晚舉行隆重的歡迎公宴。

八日早餐後，林主席在行轅接見黨、政、軍高級職員，垂詢地方情形。上午十時，各界在兩門外大教場開盛大的歡迎會，林主席蒞臨講話。他是五院制的元首，國會由各院分負，自已位尊名高，卻不擔實際責任；故接見高級幹部談話時，避免作太具體的指示；對大會講話內容，主要也只是多方予以獎勉。

林主席對各界歡迎大會講詞原文如下：

「各位同志，各界同胞：昨天本席到桂，諸位熱烈遠迎，今天又蒙諸位開此盛大歡迎會，諸位的盛意，本席非常感謝！

「本席沿途所見，覺得非常滿意。廣西近年來得李、白總、副司令及黃主席的努力，政治、經濟各項建設的成績，非常進步，大有一日千里之勢。廣西地廣人稀，人口分布差不多每方里平均只十八人。可是你們歷年來得軍政長官的領導和教訓，由小的力量已經團結成為國家的力量。這是諸位同心協力努力苦幹所得來的成績，本席非常欽仰的。桂林山水的幽秀，已經令人愉快，但看了諸位這種向上的精神，更使得本席愉快不可言狀！

「中外人士都公認廣西為模範省，廣西人民可以為全中國人民的先導。總理北伐的時候，所以由桂林北上的原因，就是因為廣西民眾的革命精神及國家觀念非常濃厚，他們的能力也非常剛毅。諸位現在已經有了組織，又經過了訓練，一定能夠實現總理的遺教，努力禦侮的工作。

「中國現在是個入超的國家，我們的金錢的流出，長此下去，國家唯有一天一天的窮困。但是只有廣西一省已經做到出超的地步，這是一個很好的現象。聽說這幾年來，諸位努力開礦，鎢、錫等礦，每年竟有一千三百萬元出口，金礦有數百萬元的出產；又努力種桐，一年也有一千五百萬元的利益；諸位這種努力所得的成績是值得矜誇的。希望諸位能夠繼續不斷的努力，完成總理在民生主義中人盡其才、地盡其利的遺教。

「現值國難嚴重的時候，諸位對於抗戰的準備已是天天在努力中，諒諸位必定負得起攘外安內先導的任務。積弱的中國，現在遭受敵人無理的侵略，我們只要能夠團結一致，奉行總理的三民主義，就可以救亡圖存。廣西的民眾，在革命的領袖領導之下，可以做民族抗戰的前鋒，大家臥薪嘗胆，誓雪國恥，收復失地，我相信一定是可以達到目的的。總理告訴我們：三民主義就是救國主義。諸位能夠切實奉行，中國必能復興。」

元首處處贊許廣西，聽眾興高采烈，報以熱烈掌聲。

林主席對桂林風景很感興趣，歡迎大會完後，李總司令和我陪他出東門過灕江東岸遊龍隱巖、月牙山。月牙山素以齋菜著名，即在山上午餐。餐後再遊普陀山、棲霞寺而歸。晚間公宴林主席於行轅。

九日早餐後，李總司令和我復陪林主席出遊。先登風洞山，全城景色悉入眼中。順道視察第五路軍總司令部及廣西省政府，因昨早已在行轅接見軍政高級職員垂詢談話，故不再集全體職員致訓。視察完畢，出城乘舟遊還珠洞，順流遊象鼻洞，欣賞水石奇觀。繼捨舟乘車往遊西林公園。園在桂林城南三十里良豐墟附近，中有石山、巖洞、流水、樹林。在園午餐後，下午二時驅車回城。晚餐後，再陪同到樂群社看國防劇社表演回春之曲及桂劇。

林主席以在桂事畢，十日晨離桂赴湘，官民歡送情況，一如歡迎時的熱烈。李總司令和我率各廳處長直送到黃沙河。沿途所經各城鎮均同來時一樣列隊歡迎。上午十時半到黃沙河，湖南省政府凌廳長和國民黨湖南省黨部朱委員已到來迎接，午餐後即起駕向長沙。我們歸途過全縣，順遊湘山寺，月樓和尚贈湘山志各一部。抵桂林已下午四時。

林主席巡視長沙軍政，遊覽南嶽名勝。四月十五日巡視江西省南昌，十七日始返抵南京。

四、蔣主席開南嶽會議往返經桂

民國三十三年一月三十日，軍事委員會委員長侍從室第一組組長陳希曾由渝飛抵桂林告我，謂元首將於二月二日或三日來桂。二月一日又接侍從室主任林蔚文自渝電話，請我將桂林北門外虞山廟房子在次晚修理完妥。二月二日午間，副參謀總長兼軍訓部長白崇禧由湘西視察各軍事學校回抵桂林，我到北火車站接他，順便回到虞山廟察看行宮修理情形。三日下午一時，蔣主席偕夫人及林蔚文主任自渝飛抵桂林，軍事參議院院長李濟深、白崇禧、各高級軍政職員我和均到二塘機場歡迎，駐節虞山廟。四日晨，我到虞山廟訪林主任，他說主席和夫人因今日天氣太冷，昨日擬於今日遊覽興安湘灕分流名勝之議作罷。晚五時，蔣主席夫婦偕侍從人員乘火車赴衡陽轉南嶽。

二月五日，準備赴南嶽參加會議的政治部長張治中、軍政部次長錢大鈞、後方勤務部長俞飛鵬、航空委員會主任周至柔和軍政、軍訓、軍令各部高級職員共二千餘人由重慶飛抵桂林。六日，蔣主席囑白副總參謀長先召集到桂各人在桂集會討論正式會議應討論的問題，是日下午一時在廣西綏靖公署開會，我也參加：七日下午一時繼續會議一次，乃告結束。八日晚，我與白崇禧、李濟深、張發奎等乘火車赴衡陽，出席南嶽第四次軍事會議。九日晨到衡陽，轉乘汽車抵南嶽。

二月十日會議開幕，由蔣主席兼軍事委員會委員長主持。自此，每日上下午會議一次，至十四日下午閉幕。此次會議工作，主要為第六、第九兩戰區常德會戰的報告及講評，蔣委員長的精神講話。決議縮減步兵師及各級指揮單位，增加砲兵及戰車部隊；增加官兵副食費，並以增稅籌此巨款。

蔣主席夫婦二月十五日離南嶽，下午三時到衡陽三塘車站，即登火車，我們同行。十六日上午十時到桂林北站下車，元首夫婦即返虞山廟行轅。十七日下午五時，蔣夫人臨敝宅訪我內子。元首在樂群社晚宴美國空軍及軍政長官，席散後到廣西藝術館觀劇。十八日上午十時，蔣主席在法政街舊法政學堂召集桂林黨政軍中級以上人員訓話十分鐘。完後駕臨龍珠路三十三號敝宅看我，我面陳兩事：

一、柳州水電工程，請飭主管部將來設法完成，將大有助於廣西經濟的發展。

二、為能控制憲政，請將廣西省黨部書記長改以陳壽民充任。

兩事均蒙俞允。下午二時，蔣主席夫婦飛返重慶，我夫婦隨各長官到二塘機場送之登機。

五、李代總統在播遷中三度過桂

民國三十八年四月廿二日江陰要塞司令戴戎光叛變，放敵過江，政府在京人員緊急疏遷赴穗。廿三日晨，李宗仁代總統由南京飛桂林暫駐，考慮今後的做法。五月二日，國民黨中央黨部推李委員文範到桂催李代總統到穗主持國政，閻錫山、居正兩委員同來。李代總統三日約李、閻、居三位詳談其代理三個月一事不能做的原因及今後做法；並作成談話紀錄，交李文範委員帶去答覆中央黨部，同時將此紀錄分送閻錫山、居正、何應欽、張發奎各一份；堅決表示須得蔣總裁對談話紀錄答覆後，才往廣州視事。李、閻、居三位當日下午四時即飛返廣州。五月七日，閻錫山、朱家驊、陳濟棠由廣州來桂林迎李代總統，携有行政院長何應欽錄呈蔣總裁五月六日致何函，內容係蔣總裁答覆李代總統五月三日談話紀錄，表示他決不出山，望大家支持李云。八日上午十時，李代總統偕閻、朱、陳飛赴廣州。這是李氏第一度經桂。

是年十月十三日，廣州勢殆，中樞遷渝，李代總統途經桂林一宿。時我在南寧，李來電話邀即往相晤，因天氣壞，航機受阻，十四日下午一時才到桂林機場。李已等待很久，告我道：「大家應忍耐，中央和地方均有困難。」匆匆談了幾句，李即登機飛赴重慶。這是李第二度經桂。

是年十一月十一日，李代總統由昆明飛抵桂林。桂省府已於十月末遷邕，翌日李派天雄號機來邕接我到桂晤談。十四日李偕我飛邕。十六日李飛海南島與陳濟棠、余漢謀、薛岳商談如何支持危局，當日返邕，胃病即發。十八日李決定出國醫治，二十日上午八時飛往香港。臨行，發表書面談話，述病發須治，軍政事宜由閻錫山院長負責，總統府日常公務由邱昌渭祕書長及劉士毅參軍長分別代行處理。這是李第三度經桂。

拾壹、我記憶中的舊日廣西風貌

廣西位置在中國大陸的南端，地處邊陲，從前交通不便，居民和中原各處很少往還，社會風習自多殊異。但自抗日戰爭起後，長江各省人士避難入桂的甚多，社會受其影響，起了若干變動。近年經過無數次反覆，變化更大，舊時面目，或已全非，惜無機會目睹比較，近承台灣一位鄉親借閱民國廿五年南寧出版的《廣西一覽》，其中一章為社會，圖片很多，瀏覽一過，彷彿重入桃源，挑起無限回憶，因撰是文，刊於《春秋》。

一、當年被視為苗蠻之地

廣西的社會，因環境及歷史的關係，和別省社會的情形不無大同小異之處。就經濟說，廣西僻處邊遠，山荒地瘠，交通困難，生產技術簡陋，人口分布不均，兼受變亂影響，以致農產不豐，工商不振，物質上特感窘迫，經濟狀況較為貧乏。政治方面，因廣西在昔被視為苗蠻之地，叛亂無常，每加征討，則兵禍連年，一經平復，又必厲加壓制，政治窳陋，自屬難免；自清末以入民國，亦復戰爭頻仍，雖於政治制度有所改革，然社會秩序常呈紊亂狀態。教育不振，一般民眾知識低下，固步自封，少與外界接觸，社會思想較為封建，進步遲緩，文化略低。惟廣西民性的強毅團結，足為中華民族命運所繫。因自秦代初入廣西的即為軍隊，其後歷代征蠻，都以隨征將士留戍，軍人性質，悍勇為尚，遺族繁殖，相傳成風；復以地僻人稀，苗漢各異，團結意識，較為強固；自清代末葉，此種民性反應在政治方面的，隨處可證。自民國二十年後，當局力倡窮幹苦幹的精神，克服環境，發輝正軌的偉大社會力量，秩序因以安定，建設漸有進展，社會基礎日趨穩固，社會改革逐步實現，在當時成為中華民國最有朝氣最有希望的一部分，這是廣西社會優點的表現。

二、太古時代的衣食住行

廣西社會的經濟條件既薄，人民的生活自然簡單。農民中產的，年不過三五十元的生活費用，粗食布衣，茅蓍矮屋，安步當車，作息在田園山林間，渾渾噩噩一如太古時代。東南部人多地少，還刻苦耐勞，西北一帶卻地廣人稀，略事勞作已可溫飽，因多怠惰習氣，一遇災禍，便輒轉咨嗟，束手無策，故當時政府以移民政策為當務之急。

一般日常的衣食住行，自然絕無奢侈。衣不過蔽體禦寒，在閉關時代，自種棉、麻，自事紡織，供被、帳、衣、履之需，種薯莨、藍靛以作染料。復以經濟條件，勞作環境，常終年赤腳，嚴各僅著布鞋。兒童多穿舊製，裸露腿股，抵受風霜侵襲，只在新年和喜讌時才見著新衣。窮人常衣不蔽體，更談不到被、帳，夏夜燒草冒煙以驅蚊，冬則燒柴燃炭以取暖，情形雖苦，尚足自給。自從外貨輸入，農民因便而懶，不復紡織，繁盛之區，幾乎不知棉麻的用處，偏僻地方也已用洋紗製衣。食只是充飢，因做體力勞動，多是一日三餐，東北、東南、中部農民，普通日食米飯一餐，粥和雜糧一餐，粥外雜以小麥雜糧。惟農忙僱工則常食米飯兩餐，粥食一、二餐不等。早午兩餐多食薯芋。菜蔬不過青菜、頭菜、木薯、蘿蔔、瓜、豆之類。平日少肉食，年節、宴會、款待親友時才有。

省的西部、西北、西南地帶的生活更簡單，食品多以雜糧為主，竟或有終年食玉蜀黍的，逢年節墟期才食米飯。因省內習慣食米，以食雜糧為苦，如過長江以北，則日常食品多為雜糧，要其終年食米，或竟不慣了。

農民住處，殊為簡陋，普通築牆蓋瓦，或架籬披茅，多是基矮地濕，窗小氣悶，光線不足。以地域論，東南一帶多瓦屋，西北一帶多茅屋。閉塞地方極少建築畜舍，尚有樓上住人樓下住畜的，間有人畜同居一屋的，嗣因政府厲倡衛生，始逐漸改革了。

至於行的方面，用以代步的，水上只有帆船，陸地只有牛車，又因車輪未加改良，為防損路面，禁止牛車在公路行駛，農民的儉樸困苦，可謂非常。鄉村農忙時期，兒童也須幫助勞作，三四歲以上的兒童，體未健，力未足，但對輕微事物，已需貢獻其勞力於生產，兒童也樂於幫助大人。鄉村農戶，每以種植所得，直接運往城市、墟場出賣，較之轉售商販，獲利稍厚。但此種買賣生活，非如商販的常業，只在農產品收穫後臨時售賣，以換取家中生活上的必需品而已。

工人生活，辛勞不下於農民，每日工作多在十二小時以上。工資最高的如機器工人，月入可得四十元；最低的如各縣的飲食業工人，月僅五、六元；普通工資，如菸葉、皮鞋、織蓆、土木等業，均在每月十三、四元以內，但多由店主供給膳宿。公營工業，多是每日工作十小時，最高工資可達百元，這指特別技術工人，若是學徒和普通工人，工資多在十元至二十元左右，女工則多在十元以內。苦力工人，因工作不是固定，月入五、六元至十數元不等，平均工人家庭的收入，常不敷支出。

至於商民，因經濟活動，生活略好，然以商業不景，持籌握算，亦屬節儉異常。行商小販，則與普通農工相等。小販在城市中各行都有，如布疋、飾品、油醬、水果，以及其他日用品等都是其販賣品。物品售價較店鋪稍廉，因小販資本微薄，設備簡單，又無何種開銷，且係求售性質，貨物不能停留，故必價廉而速脫。普通小販，每日獲利三、四角至一元不等，其情況較好的，除個人生活外，尚可供給家用一部分。

公務員蔬食布衣，表現其廉潔生活。婦女絕少艷裝奇服，在政府力倡節約之下，國貨灰布衣服，成為廣西的服裝特色。自民廿年後生活程度雖逐步增高，但城市與鄉村的差別並不大。

人民的業餘生活向屬枯燥，嗣經政府提倡民眾體育，每縣設置公共體育場以供人民的業餘活動，他如國術、游泳、划船等等，尤其雷厲風行，每逢舉行比賽，民眾參加的異常踴躍。

三、民間娛樂以舞獅為最

在鄉村中，除節期外，沒什麼娛樂事項。以後因政府破除迷信，廟會遊行，酬神唱戲隨著減少。而普通節期，除各家增添酒食之外，也少公共娛樂。依照舊時習慣，年節為民間的共樂時期，在廣西無論城鄉，都有舞獅之舉。此外，各紀念日遊藝會，以及江湖遊唱賣藝等，也是民眾藉以娛樂的事。電影院、戲院只邕、梧、桂、柳等大城市才有，且須經過嚴格審查才能表演。至菸、賭、娼，均規定區域，並科重稅，實行寓禁於徵政策。酒樓、茶館，凡較大的縣城多有開設。公共體育館、中山公園，每縣必有其一。西南邊縣尚有一種「歌墟」，乃民間特殊的娛樂方式，要為愛情的集合場，但不普遍。

民間每屆新年，由團體或個人臨時組織，舉行舞獅慶祝。獅係用竹木紙膠製頭，中空，形貌獰惡，彩色斑斑，後綴布製身尾。舞時一人持頭，一人持尾，作昂偃起伏諸般姿態，頭轉尾隨，雜以鼓樂，觀眾燃炮擲獅為戲，炮聲愈密，舞興愈濃。獅隊出發，必以旗燈火把為導，燈上寫著「瑞獅」或「醒獅」名稱。

慈善團體募捐賑災的宣傳，或商家廣告的宣傳，每作遊藝形式，巡行街衢，扮演各種故事，鼓樂喧闐，雖係宣傳作用，但其形式頗足供眾人的娛樂。

端午節的龍舟競渡，民國二十四年曾在南寧城東門外津頭村、埌邊村間的南湖舉行。湖由築堤範水以資灌溉而成的人工湖，以通邕江。近水居民多識水性，對游泳、划船技能嫻熟，政府因勢利導作此提倡，觀眾很感興趣。

四、迷信神佛與養妾蓄婢

儒、釋、道三都為社會普遍信仰。過去各縣城無論大小，都建立有孔廟，以後各處重倡尊孔，春秋丁祭，一仍舊禮。釋、道的信奉，除僧、道尚分別何者為釋、何者為道外，普通人只一律看做神來信奉，故信大士的也拜老君，施道侶的也齋僧尼。惟僧道在廣西境內殊不多見。人民信神似頗虔篤，凡古木岩石之下，几案庭階之旁，以至船頭車尾，無論城市鄉村，常見信香簇簇，紫煙繚繞。自民廿以後，省內廟宇多已改為學校、鄉村公所、及其他公共處所，或因年久失修而成廢墟，祈神拜佛風氣已日漸減少。此外，回教僅客旅者的小組合，天主教、耶穌教信奉的卻不少。耶穌都在一八九六年於廣西境內創宣道會，總機關設在梧州白鶴山，省內大小城鎮中多有其傳道機關。有耶教廣西宣道會華人省聯合，係華人信徒自創的，也設在梧州。

風習的變易，與文化發展有密切關係，普通習俗當然無異於各省。地方雖苦，而養妾蓄婢風氣尚盛。女子習慣勞作，其生產能力不弱於男子。婚喪祭祀，多沿古禮。在政府厲倡節儉、破除迷信之下，虛糜怪誕之風，由改良而漸歸消滅了，近更倡行集團結婚，風氣為之一變。至於買賣人口，女子不落家等陋習，均在取締之中。

廣西婦女的勞動風尚，實為中國女界的特色。鄉村女子出嫁時，母家粧奩有預備水桶的，嫁後第三日，新娘即操井臼，要去擔水，以表示其能力。田園間和家庭內的工作，以及山野樵採、碼頭挑抬、船戶搖櫓划槳各事，全屬女子的能事。以後省內實施自給政策，男女同視為生產分子，並無分別。桂西地帶，地廣人稀，工人難僱，有些工於計算的土財主，竟多蓄妾以為代替，較之僱工更覺利多，不只是子嗣的生產者，兼是財富的生產者了。

五、進展神速的衛生運動

從前閉塞的廣西，常亘百數十里而無醫藥，真有所謂自生自滅的情勢，人民的醫藥知識，誠不足道。民廿以後，凡百設施，漸上軌道，衛生行政，進展頗速。政府一面藉圖畫文字或口頭的宣傳，灌輸人民衛生常識，一面用行政力量，督促人民講求衛生。在各大埠中，已設立省立醫院，舉凡關於清潔、保健、防疫以及衛生的調查統計等事，無不視為建設要政。至於各縣，則醫院或區鄉鎮村街醫務所、屠獸場、菜市、公廁、鼠箱、垃圾箱等的設置，以及防疫注射、施種牛痘、撲滅飛蠅、取締不潔飲食品、禁售危害藥品等等，都經積極籌劃與設施，並舉行各種衛生運動及清潔衛生健康比賽，以示倡導。當時的廣西衛生，較之十數年前，可說是大有進步。

當時各大埠的省立醫院，已具規模，舉梧州省立醫院為例：該院在民國廿一年九月改設於梧州西街，設院長、醫務主任各一人。醫務分內科、外科、皮膚花柳科、產婦科、兒科、眼耳鼻喉科及X光室等。年支經常費六萬五千餘元，臨時費五萬元，另巡迴隊經常費二萬七千餘元。巡迴種痘隊經常出發各縣工作，遠至來賓、上林、隆安各縣。

各大埠尚有慈善團體、教會設立的醫院。如南寧的福生醫院、普濟留醫院、紅十字會，均是慈善性質醫贈診留醫留產的中醫機關。南寧的小樂園醫院、梧州的思達醫院，均是教會所設，對貧民每日或施少時間的低費診療。

關於衛生尚有兩點可稱述的：一是廣西省立醫學院無論本科、專修科、助產班、護士班的學生，均一律免費，由省政府供給膳宿，畢業後在本省服務，不得自由開業，以期將來新醫學能實施於各城市鄉村。二是國民革命軍第四集團軍總司令部的廣西軍醫院，位於南寧南門外凌鐵村，設備完全尤過於廣西省立醫學院的附屬醫院，留醫門診不分軍民，只軍人眷屬半費而已。

六、團體組織與尚武精神

在舊社會中，最有地位的團體首推慈善，如各種善堂、養濟院、育嬰堂、孤兒院等，此類救護機關，全省早已有四十餘所。至若農會、工會、商會、婦女會、救國會等等，均各有其完善的組織。其中以工商團體為多，全省工會已有八十六所，會員二萬餘人；商業團體二百八十餘所，多為縣、鎮商會及各同業公會。他如俱樂部、同樂會、戲劇社、體育會、息訟會、消防會、防空會、風俗改良會、合作社，以及各種學會、研究會、青年團體等，都由黨政機關指導督促，或直接興辦，而依次發展改善。由於民團政策的推進，即窮鄉僻壤，也都從事團體組織，如墾荒、造林、水利、消防、綏靖，舉辦公耕及農民借貸等公益社團的組織，都有相當的進步。

中國社會，向稱一盤散沙，但廣西民性獨富於團結精神，故凡一切集會，民眾都能遵守時刻，踴躍參加，秩序井然。至如其他比賽會、展覽會等等，也都表現出民眾的集會意識。因此，各軍政首長對建設上的報告或宣示，召集民眾聽講時，大家無不樂從；建設的推進，政令的施行，因而俱易敏捷收效。這也可說是廣西社會優點之一。

每屆雙十，省會各界在南寧公共體育場舉行國慶紀念大會，民眾整齊熱烈的情形，觀者讚歎。登台演講的，男女學生均有，興高采烈。

廣西為發揚民族尚武精神，獎勵國術起見，曾在民國二十五年元旦，舉行全省第一屆國術運動大會，由省黨部、省政府、第四集團軍總司令部、各軍師司令部、各民團區指揮部、精武體育會、國術研究社各派代表一人組織籌備委員會，負責籌備一切進行事宜。報名參加的六百七十餘人。節目有拳術（成人對擊、童子對擊、女子對擊、扶南縣八十七歲張老拳師表演）、短棒比賽、女子太極拳團體表演、女子籃球比賽、網球比賽（男子單打、女子單打、男子雙打）、鋼軍隊隊員摔角表演等等。因元旦有黨政軍職員、軍隊、學生、民團在南寧飛機場團拜，行閱兵式及分列式，南寧第一次集團結婚新人七對假座省黨部禮堂舉行的儀式，所以國術運動大會開幕典禮一月二日才於民眾運動場舉行，開始比賽。每日前往參觀的萬餘人，為空前盛舉。至十七日閉幕，並頒獎巡行。

以上所述，皆為抗戰以前的廣西風貌，近年經過無數次反覆，變化更大，舊時面目，或已全非矣。

拾貳、我見過兩部廣西通志

現代研究史地的人士，對於方誌很感興趣，每多方從事搜求。近曾迭遇鄉友向我問及《廣西通志》。此書我見過兩部：一部是前清光緒十五年桂林刊布的《廣西通志輯要》；一部是民國三十八年廣西通志館油印的《廣西通志稿》。現在就將這兩部書作一簡略的報導。

一、先談《廣西通志輯要》

《廣西通志輯要》為梧州府教授鬱林蘇宗經於道光二十五年所編成。其自序有云：「……嘗與僚友尚論古今，曠覽宇宙，思吾粵之山川名勝，宦蹟人物，雖僻在邊徼，而嶺嶠靈奇之所鍾，疆域縈紆之所控，仙靈杳冥之所棲，賢士遊覽之所至，實足甲於海內，因欲詳述焉以開拓千古之心胸。而省志浩繁，難於披覽，惟約為數卷，則携帶方便，稽考不煩，未嘗非好古者所共許焉。因取謝蘊山中丞所修之志，變其體裁，析其條目；合者分之，分者合之；繁者節之，誤者訂之。其見聞所及而可以勸勉後人者，稍增補之。本志僅有府圖，仍依金志而分圖之。門類雖未全備，而書名輯要，等於私史，無關記載。非敢妄亂前人之例，亦聊守一家之言。自甲辰季春，迄乙巳季夏，成書十有三卷，計字四十餘萬。周歲之間，數千里之奇山秀水，千餘年之名宦鄉賢，悉經筆錄。自謂閒官之所勤勉者，既無案牘之勞形，又鮮韄虞之紛擾，庶幾精神之不誤用焉爾。」

二、廣西布政使馬丕瑤序

蘇氏書成，藏之家中四十多年。直到光緒十四年，廣西布政使馬丕瑤乃為其刊布。馬氏並為作〈序〉述其經過云：「粵之有志，自宋李上交撰廣西群國圖志始。粵之有通志，則自明周孟中撰廣西通志始。自是或修或輯，代有傳人。逮我朝繼起修通志者凡四家；曰郝公浴、李公紱、金公鉷、謝公啟昆。郝、李、金志今皆不傳，傳者謝志耳。謝志斷制謹嚴，今總制南皮張公曾登之所著書目。後有作者，瞠乎莫及已。顧卷帙繁重，讀者苦難卒業。丕瑤奉朝命承宣是邦，公餘輒往復披閱，欲輯一簡明本以便參考，而卒卒未暇。今年秋，兒子吉樟郵寄鬱林蘇學博宗經通志輯要一書。學博哲嗣器之農部與丕瑤為同年友，故出是書以公諸世。是書為卷十有三；為圖百三十有一；為目十有五：首分野，次沿革，次疆域、山川、城池，次職官、學校、賦稅，次宦蹟、謫宦、人物、流寓、勝蹟、關隘、祠廟。而兵制、水利、藝文、金石闕焉。去取一本謝志，而體例變之，卷帙約之，簡而能賅，洵稱善本。因呈之中丞歸安沈公裁定；而命賴孝廉鶴年、林孝廉福徵增輯所闕四條散入編中，付之剞劂。……」

三、廣西布政使張聯桂序

此書刊行，由發起到完成，費時經年及許多人力，由廣西布政使張聯桂光緒十五年仲秋月的〈序〉中可以見之，序云：「……雍正十一年，金大中丞奉詔編輯《廣西通志》一百二十八卷。迨嘉慶六年，謝大中丞重加修纂，增為二百八十卷，蒐輯浩博，體例精詳。而鬱林蘇文庵學博以其卷帙繁重，又取原書約為十三卷，名曰《廣西通志輯要》，可謂簡而能賅者也。……今馬玉山中丞以《廣西通志輯要》一書，便於尋覽，宜付剞劂；昭忠錄等書足資考訂，並宜附刊。商於沈仲復中丞，亦謂此書皆不可廢，遂籌款開雕，而屬羊敦太守經理其事。敦叔復於教職佐雜中擇其明聰有學者，邀集數人，取其書再加釐定。敦叔日與討論，應增輯者增之，應改正者改之。原書並無凡例，敦叔復為增纂，閱數月而工告竣焉。……」

四、欲知內容請先閱凡例

全書內容，一覽羊復禮所訂的「凡例」，可得概要，特摘錄如次：

一、謝志有水利、兵制、藝文、金石各目，是書悉為刪減。惟水利有關國計民生，兵制有係安良戢暴，藝文、金石亦前人信今傳後之作，未可闕漏。茲酌舊准新，增輯水利、兵制、金石附載各郡縣內。至藝文則仍謝志之舊，分經、史、子、集、傳記、事記、地記、雜記、志乘、奏疏、詩文，都為一帙，列省總之後。

二、原書為目十有五：首分野，次沿革、疆域、山川、城池、職官、學校、賦稅、宦蹟、謫宦、人物、流寓、勝蹟、關隘、祠廟。今於省總增藝文於謫宦之次；於各郡縣增水利於山川之次，增兵制於學校之次，增金石於勝蹟之次；為目共十有九，雖諸從簡略，亦鮮有漏遺。

三、是書成於道光乙巳，迄今四十餘年，中間時事變遷，郡縣變制，沿革、疆域、學校、賦稅各經政不無因革損益，茲就其檔卷可查者分門彙添於各條之下，均以增輯二字別之，以別繙閱。

四、是書悉仍原志，未嘗有所增續。今增輯各條，如：提督移駐龍州；太平府改隸太歸道；鬱林州改隸左江道；百色理苗同知改為直隸廳；歸順州升為直隸州；又如：柳州添設柳慶鎮總兵；龍州添設太歸道；及改置恩隆、鎮邊各縣；均繫按照，以備徵考。其書法，則百色直隸廳附於思恩府之末，歸順直隸州附於鎮安府之末，均未另分卷帙，悉存原書之舊，不敢為蹄筌之棄，以備參稽而存故實。

五、宦蹟、人物兩門，堪記載者正復不少。第年代屢易，山川綿隔，搜羅綦難，寫付梨棗，為時甚促，未暇採訪。僅於道咸間舉其功績卓著、德言並茂者，採摭遺事，略為補入。第求其事，而傳聞異辭，考諸書而十才一二，實屬掛漏未備，有待續補，閱者諒之。

六、謝志僅繪各府圖列於疆域。志廣西全省地輿圖說，道里頗極詳明，然卷帙又甚繁冗。蘇學博繪圖百三十有一，詳略不同。今繪圖一百三十有二，凡府、縣、土州、土司均各繪一圖，載明八至並山川道里，衙署亦列入圖內，以備省覽。

七、原書為卷十有三。今重加釐正，分省總為二卷，分桂林、柳州、慶遠、思恩、泗城、平樂、梧州、潯州、南寧、太平、鎮安、鬱林十二府州為十三卷，各圖列於各府、州之首。凡例、目錄為一卷，共十有六卷。

八、是書兵制為林午峰廣文福徵所輯，水利、藝文、金石為賴耘芝廣文鶴年所輯，皆仍謝志之舊而刪核之。其稽核檔案，加繫案語，增輯宦蹟、人物各門，皆出自王蒔珊參軍惠琛之手。其續畫各圖，皆熊次瞻二尹軾任之。其校訂則李小軒二尹翊煦與諸子之力，不敢襲前人之美，亦不敢沒諸君之勞，用特附著於篇，以垂諸後。

《廣西通志輯要》已由台灣成文出版社收為「中國方志叢書第七十號」，將其影印合為一冊，於民國五十六年十二月發行。現在香港書店亦可購得。

五、再談《廣西通志》油印稿

廣西通志館的前身為廣西省修志局。自民國二十年後，桂局日趨安定，省政府感覺謝志經過了百多年，有重加修訂的必要，遂於民廿二年設置省修志局，聘馬君武博士為總纂，封祝祁先生為協纂，下設分纂若干人，開始工作。民廿五年廣西省會由南寧遷移桂林，廿六年抗日戰起，其後桂境兩次淪陷，修志工作都受影響，以致遲緩。抗戰期間將省修志局名稱改為通志館，封祝祁先生任館長，梁岵廬先生為副館長，繼續從事纂修。但到大陸將易手時，工作尚未全部完成，成果僅得未經審定稿本一十八冊，殊為憾事。現將通志館送書公函錄後，藉明原委。

六、廣西省通志館公函（志一字第×號）

逕啟者：本館纂修《廣西通志》，現已陸續脫稿。處此經濟極端窘絀之時，加以本地印刷條件未備，一時恐難正式出版。為顧慮萬一意外遺失，將來蒐集材料重行編纂更感困難，特將已成各稿先行油印，分送保存。茲地理編郡縣沿革部分業已印就，謹將印稿一份隨函檢送，即請查收，惠予保存。以後各編印出，當即繼續寄奉。再，該稿匆促之間完成，未經審定，合併敘明。此致

×先生××

附送《廣西通志地理郡縣沿革稿》一冊

館　長封祝祁

副館長梁岵廬

中華民國三十八年六月廿一日

※　※　※

×先生共保存此通志稿一十八本，現列單如左：

地理編

一、郡縣沿革一本，蒙起鵬編。（附郡縣沿革一本，共十三幅，石印。）

二、疆域。三、天度。四、面積。五、國界。（以上四者共一本，均蒙起鵬編。）

六、諸山。共四本，均黃誠沅編。

七、諸川。一本，黃誠沅編。

八、氣象。九、地質。（以上二者共一本，蒙起鵬、葉鳴平編。）

十、物產。一本，吳尊任、莫一庸編。

社會編

氏族。一本，劉介編。

政治編

自治。一本，雷震編。

文化編

明代選舉表。一本，唐穀、湯松年編。

清代選舉表。一本，唐穀編。

藝文——著述彙載。一本，周鼐編。

勝蹟編

勝蹟。一本，周鼐編。

宦蹟編

名宦。一本，梁朝鈞編。又：名宦、謫宦、流寓，一本，梁朝鈞編。

這十八本油印書，我知道在香港有一部，現歸何福榮先生保存。此外，傳聞有一位韋先生也存一部，但確否未悉。

拾參、記蔣先生與黃埔軍校

蔣先生後半生的事業，可說是從他擔任黃埔陸軍軍官學校校長發軔的。本篇特記他由奉命負責籌備、學校成立以至成為校長的經過。所據資料，主要採自民國四十七年十月十日台灣出版的《國父年譜》。

蔣校長北伐前在廣州時期，雖然也兼任其他職務，如長洲要塞司令，各軍軍事訓練委員會委員長，統一訓練處委員，軍事委員委員長，廣州衛戍司令，國民革命軍第一軍軍長，國民政府軍事委員會主席等，除非因指揮部隊作戰或其他事故離開廣州，他總是常住黃埔軍校處理校務的。

蔣校長曾辭職過兩次。第一次是在軍校籌備期間，孫總理雖已委他為校長，但對外只用籌委會委員會的名義，他忽然一天函請孫總理和國民黨中央執行委員會准他辭職，據說是為「環境惡劣，辦事多被掣肘。」呈函中只說「自惟愚陋，不克勝任。」第二次是民國十四年八月六日，謂因黃埔軍校款項無人負責，向中央執行委員會辭去本兼各職。結果，兩次都被慰留。

一、為建黨軍先造幹部

現談蔣中正先生與黃埔陸軍軍官學校校長的問題。應由為什麼要辦黃埔軍校說起。

黃埔軍校，是中國國民黨總理孫中山先生為創造黨軍而辦的。孫先生致力革命前後達四十年，他面對著的反革命勢力，非用武力便沒法推翻。但自己手上並沒有革命軍隊，所能採用的革命方法，只是以革命黨人說服帶兵的軍官參加革命黨去一致行動，或是以革命黨人滲入軍隊裡面運動官兵使他們為革命黨所用。這些官兵雖然表面上擁護他的主張，服從他的命令，而實際上多是利用革命來佔據地盤和圖謀私人的利益。因此，革來革去，只造成了軍閥割據的局面，不但對國家和人民絕無絲毫好處，倒反害苦了人民，違反了革命的本意，令他痛心疾首。他受過了無數的教訓，深深地感覺想要革命事業發展，期待革命真正成功，非從新培養軍事幹部以創造真正的革命武力——建立黨軍不可。

這便是孫中山先生創辦軍校的原因。

二、設校黃埔責蔣經營

孫中山先生對蘇聯革命的成功是很嚮往的，民國十二年八月特派蔣中正率領「孫逸仙博士代表團」赴蘇作數月的考察，軍事教育當然為注意考察事項之一。考察完畢歸報後，十三年一月廿四日孫先生以大元帥名義派蔣中正為陸軍軍官學校籌備委員會委員長，王柏齡、鄧演達、沈應時、林振雄、俞飛鵬、張家瑞、宋榮昌等七人為籌備委員，負責籌備。廿八日又指定廣州下游約四十里、長洲要塞所在的黃埔島，也就是舊廣東陸軍學校和廣東海軍學校的原址為校址。因校設黃埔，人們遂簡稱為黃埔軍校。二月六日設立陸軍軍官學校籌備處於廣州南堤，二月八日籌備委員會開始會議。十日籌備委員會委託各省來粵出席中國國民黨第一次全國代表大會的代表回籍後，祕密介紹革命青年前來應考，因當時各省多屬軍閥勢力範圍，不能公開招生，只得這樣辦理。名額分配，遍及各省；另國民黨先烈家屬二十名；湘、粵、滇、桂、豫五軍各十五名；擬定共為三百二十四名。二月廿一日蔣中正忽然函呈孫總理和國民黨中央執行委員會辭職，即離粵赴滬。孫氏和黨都批復不准蔣辭，只派廖仲愷代理籌備委員會委員長職務，並電催蔣速回粵。三月二十曰孫大元帥派蔣中正為軍校入學試驗委員會委員長，王柏齡、鄧演達、彭素民、錢大鈞、胡樹森、張家瑞、宋榮昌、簡作楨等八人為試驗委員；那時蔣尚在奉化，暫由師長李濟深代理。三月廿四日軍校將各方舉薦的下級幹部人員考試，酌量任用；分隊長和副分隊長卻由廣東省警衛軍講武堂和西江講武堂的畢業生中挑選。蔣中正四月廿一日才由上海偕粵軍總司令許崇智返抵廣州，謁見孫先生請示；廿六日到黃埔入軍校視事。孫於五月三日明令特任蔣中正為陸軍軍官學校校長，兼粵軍總司令部參謀長。五月五日軍校第一期新生三百七十九人入校，編為第一、二、三各隊；七日備取生一百二十人入校，編為第四隊。

這便是黃埔軍校成立經過的概略

三、校有變更長則仍舊

陸軍軍官學校的組織，設總理、校長和黨代表，下分政治、教練、教授、管理、軍需和軍醫各部，另置總教官和教官。最初時期人事的配置略如左列：

總理：孫中山先生自兼。

校長：蔣中正。

黨代表：廖仲愷。

政治部主任：戴傳賢。副主任：張崧年。

教練部主任：李濟深。副主任兼總隊長：鄧演達。

教授部主任：王柏齡。

管理部主任：林振雄。

軍需部主任：周駿彥。副主任：俞飛鵬。

軍醫部主任：宋榮昌。

總教官：何應欽。

教官：梁廣謙、錢大鈞、胡樹森、陳繼承、顧祝同、文素松、沈應時、陸福廷、嚴重、王俊、劉峙。

政治教官：胡漢民、汪兆銘、邵元沖。

中文秘書：張家瑞。

後來組織和人事都時有變動，校名也改過一次，惟校長自始至終都是蔣先生。

軍校第一期學生約五百人，在十四年一月畢業；第二期學生約五百人，十四年四月畢業；第三期學生約一千一千人，十四年九月畢業；這三期都是步科。第四期學生於十五年夏間畢業，計步科一千六百人，砲科一百四十人，工科一百四十人，經理科二百人，政治科四百二十人，合共二千五百人。

十五年一月十二日國民黨軍事委員會議決，將陸軍軍官學校改名為「中央軍事政治學校」。

軍校有兩個分校：潮州分校是十四年十二月成立的；南寧分校卻是十五年五月成立的。兩分校都是當地原有的，只將其改組和換過名稱而已。

這便是黃埔軍校內部的概況。

四、孫以續命期黃埔生

孫中山先生對黃埔軍校是非常注意的，在短短五個月裡，蒞臨軍校四次，兩次專為致訓，兩次只是視察，分記如下：

第一次，十三年六月十六日舉行第一期學生開學禮，他親致訓詞頗長，略云：「今日為本校開學之期，為何創辦此一學校乎？蓋中國革命已歷十有三載，結果只有民國之年號，而無民國之事實。皆因無革命軍繼續革命黨之志願。……僅有革命黨之奮鬥，而無革命軍之奮鬥，革命遂難竟全功。故創校之希望，即為將革命事業重新創造，以軍校學生作基本，成立革命軍也。諸生皆為未來革命之骨幹，挽救中國危亡之大任，其在諸生之肩！」講完後，再由胡漢民先生代讀孫總理的另一訓詞，詞云：「三民主義，吾黨所宗，以建民國，以進大同。咨爾多士，為民前鋒；夙夜匪懈，主義是從。矢勤矢勇，必信必忠，一心一德，貫徹始終。」這訓詞後來稱為校訓。這天的儀式異常隆重，孫先生親捧校印授與蔣校長。

第二次，孫先生於十三年八月卅一日蒞軍校視察。

第三次，孫先生答應馮玉祥、段祺瑞電邀，準備北上，十三年十一月三日特到軍校作告別的訓話，曉諭全體員生以自由平等的真諦。謂革命需要的是團體的自由，而不是個人的自由；必犧牲個人的平等自由，以献身於革命黨，遵守黨內紀律，服從黨內命令，全黨運動，一致進行，然後革命可望成功。並述北京政變的經過和他自己北上的目的。

第四次，孫先生十三年十一月十三日離粵北上，乘永豐軍艦於下午三時到達黃埔，軍校全體官生士兵整列在校門外碼頭迎接，蔣校長登艦親迎上岸。孫先生入校巡視一周，贊勉一番。第一、二兩期學生正在對岸魚珠砲台一帶演習戰術實施，並作築城工作，遂由蔣校長導往校閱，孫先生看後，也很稱許。在校接受餞行宴後，登艦於六時開往香港轉輪赴滬。他從此和黃埔軍校永別了。

孫先生對這些學生的期許是很高很切的。他這次在黃埔答蔣校長有這樣幾句話：「余所提倡之主義，冀能早日實行，今觀黃埔軍校學生，能忍苦耐勞奮鬥如此，必能繼吾之革命事業，必能繼續我之生命，實行我之主義。凡人總有一死，只要死得其所，若兩三年前，余即不能死；今有學生諸君，可完成吾未竟之志，則可以死矣！」由此可以看出來。

看了上面簡單敘述軍校的歷史，可見孫先生給予軍校使命的重大，同時也可見蔣先生和軍校關係的深切了。

拾肆、北伐時誰是最先與北軍作戰者？

近閱張任民兄在《春秋》發表的〈閒話廣西內幕〉一文，其中有云：「時第七軍部隊經己入湘，最先領兵與北軍作戰者，為營長王贊斌，在萱洲河一擊破敵，第七軍大部遂協同唐生智第八軍直取長沙，勢如破竹。」我對王營長在萱洲河破敵經過未甚明悉，轉問張任民兄也未能道其詳，特專函台灣王贊斌兄本人請其詳告，承其答覆，雅意至感。我對第七軍參加北伐的情節，寫過不少，獨對此事不曾涉及。資料難得，免其遺失，特綴此篇刊諸《春秋》。

一、第七軍前鋒藉援唐入湘

民國十五年春，兩廣統一完成，廣西部隊被編為國民革命軍第七軍，三月廿四日軍事委員會任命李宗仁為國民革命軍第七軍軍長，黃紹竑由中央任為第七軍黨代表，這是第七軍誕生的經過。

至於第七軍入湘，起因於湖南省防軍第四師師長兼湘南督辦唐生智欲逼走湖南省長趙恆惕而自取代，恐力量不足，請廣西駐兵湘桂邊界遙為聲援。廣西希望藉此能使唐氏參加革命，立允其請。後來才由此演變為革命軍北伐。

第七軍入湘是分三批前進的：最先是駐黃沙河鍾祖培的第八旅，時在民十五年四月杪；其次是六月中旬由胡宗鐸率領其第七旅及李明瑞的第二旅；最後是七月初旬李宗仁親率夏威的第一旅及第七軍軍部由桂林出發。

第八旅本身也是分三批出動的：最先是尹承綱第十五團五月中旬到衡陽，唐生智即派其赴醴陵協防；其次是鍾旅長親率周祖晃第十六團（缺一營）及旅部於五月廿八日到衡陽，尹承綱團也回衡歸還建制，唐生智即令鍾率部向金蘭寺進援何鍵部；最後是王贊斌率其第十六團第三營當是六月二日到衡陽，唐生智即令其趕赴樟木市進援李品仙部。因李宗仁曾電請唐氏：第七軍入湘部隊，暫尤其指揮；當時戰況危急，故速派往前線增援。

二、援唐的動機使參加革命

廣西觸發援助唐生智的動機，說來有點微妙。因李宗仁、黃紹竑等以少年陸軍學生，在短時期底定混亂多年的桂局，氣象一新，為各方所注目。湖南的趙恆惕省長派其第二師的葉琪旅長訪桂，並攜有湘軍各將領通候李、黃的函件，請廣西採取和湖南同樣的聯省自治做法。廣西當時已堅決革命，當然反對聯省自治。葉琪是廣西人，與李、黃及其許多幹部又是同學，無話不談，他在廣西逗留有了相當日子，親見廣西做法與北方軍閥大異其趣，觀感漸起變動。我們大家乘機說他回去勸趙氏參加革命，廣西當盡力相助。葉謂趙省長老了，唐鬍子（即生智）倒有野心。我們遂請葉琪祕密對唐生智做工夫。唐氏初意非在革命，只想取代趙氏做湖南主人翁。但我們就情勢分析判斷，只要唐氏一動，對湘久未忘情的吳佩孚，必然乘機以兵謀控全湘，那時唐生智之力不足以抗吳，非向兩廣求援不可，亦即非參加革命不可。民十五年三月，唐逼趙離湘，事先曾請廣西派一旅之眾在湘桂邊境黃沙河聲援。李、黃照派。唐乃敢於三月廿四日就湖南省長職。唐氏所以只請一旅之眾而不想多，只望遙為聲援而不使入境，事後我們知道他是懼怕「請神容易送神難」的緣故。

果如我們所料，趙在上海聞唐氏摧殘其葉開鑫、劉鉶、賀耀組各師不遺餘力，遂電令葉開鑫向吳佩孚求援。吳即委葉為討賊聯軍湘軍總司令，劉、賀兩師歸葉指揮；並派北軍余蔭森師助葉；又令贛軍唐福山師與粵軍謝文炳師由萍鄉出醴陵進逼唐軍側翼。葉開鑫既得吳援，即由鄂反攻佔領岳州向南進擊，唐不能支，四月廿四日由長沙退往衡山，急電兩廣乞援。李、黃接唐電後，立即電令鍾祖培旅由黃沙河入湘應援。

三、鍾旅獲大捷唐乃就軍長

李宗仁、黃紹竑將派兵援唐情形電報廣州中央，同時催請中央速定北伐大計，機不可失。但中央自三月二十日中山艦事件發生後，政潮未息，北伐問題遂被擱置，只覆電李宗仁赴粵面商再定。李到廣州向各政要剖析利害，聽者雖都認為合理，然皆是提不起興趣。嗣得第四軍軍長李濟深慷慨請纓，中央才決議北伐。第四軍的前鋒葉挺獨立團也迅速北上入湘。

唐生智部因攻姜畬失利，唐復由衡山退衡陽。正面以李品仙、周爛、劉興三部布防萱洲河、樟木市、渣江之線；左翼以何鍵部沿蒸水南岸布防洪羅廟、金蘭寺之線；右翼僅得一團在安仁以北警戒。此時唐部正面之敵為葉開鑫、余蔭森兩部；左翼之敵為賀耀組、劉鉶兩部；右翼之敵為唐福山、謝文炳兩部，時在攸縣一帶，有抄擜衡陽唐軍背後之勢。

唐生智退駐衡陽，其部隊苦戰日久，兵力已疲。復以一再後退，士氣不振。而葉開鑫等跟踪進迫，氣勢甚張。唐氏感覺難守，已將軍需物品向祁陽、零陵移動；一面向葉詐提和議，以緩敵待援；衡陽情勢，岌岌不可終日。五日廿九日左翼之敵先行發動，賀耀組部鄭學海旅向雷祖廟何鍵的陣地猛攻，幾被突破。幸鍾祖培旅奉唐生智命由衡陽趕往增援，於六月一日到達洪羅廟，即與何鍵約定翌日一齊出擊。二日鍾旅強渡蒸水，將鄭學海旅擊破，於是左翼之敵聞風喪胆，潰退漣水北岸。鍾旅與何鍵部分頭追躡至街埠頭、杉木橋之線。唐生智因得鍾旅一舉大捷，乃即日（六月二日）宣布就國民革命軍第八軍軍長職。

四、王營長憶述入湘初戰情

當左翼洪羅廟、雷祖廟激戰時，正面之敵葉開鑫、余蔭森兩部猛撲萱洲河、樟木市陣地。唐部之李品仙、周爛、劉興各部合力苦戰，仍覺難支。適鍾祖培旅的王贊斌營到達衡陽，唐生智即令其馳援，乃將敵全線擊潰。以下為王贊斌兄對當時經過情形的憶述原文：

「一、民國十五年初，奉改所部游擊司令縮為獨立營。至四月下旬改隸國民革命軍第七軍第八旅第十六團為第三營。當時第八旅奉令已由桂林出發向湖南前進援助唐生智拒敵葉開鑫。五月三日我遵令率部由鬱林出發，經柳州、桂林、全縣入湘，於五月十一日（旭按：日期恐誤，就全般推算，當是六月二日）上午九時許到達衡陽時，唐軍長派員迎接。到軍部謁見時，唐軍長即命我率部趕赴樟木市援助李品仙部反攻。我面報說，此次奉令率部來歸第八旅第十六團建制，現知旅部及第十六團在金蘭寺與敵對峙中，所部尚未歸建，中途未便擅行。唐軍長說：李軍長有電來，第七軍入湘部隊暫歸我（唐自稱）指揮。我即遵命率部向樟木市方面前進，由上午十時許起，至下午五時三十分始到，因退下部隊阻塞道路，不易通行之故。李品仙旅長派員迎接我到旅部見面時，我請其集結部隊，決定次日拂曉協同反攻九渡舖、賀家山一帶之敵。次日拂曉，我率部由中路向敵猛攻，竟將當面九渡舖、賀家山之敵擊潰退逃漣水北岸。同時樟木市左前方有敵葉開鑫部唐希抃旅向樟木市襲擊，李旅長無法應付拒敵，派員前來告急，請我率部援救。我即率部返回抄擊敵人左側後，敵不支潰退後，翌日我即率部轉赴金蘭寺到旅團部報到歸還建制。」

「二、六月一日，金蘭寺北端三合橋一帶，湘軍（旭按：指唐生智軍）與敵激戰。我第八旅部隊由左翼增援，將敵擊敗。敵退守漣水北岸。」

五、誰先戰北軍可印證事實

關於「第七軍部隊最先領兵與北軍作戰者」的問題，我不曾明白向王贊斌兄提出詢問，他在覆我函中自己也未提及此點。

上面各節所述鍾旅長到達衡陽及在洪羅廟作戰的時日，我是根據民國三十年廣西綏署所編「廣西革命戰史初稿，第二篇完成北伐、第一章第三節援唐定湘的記載。王營長到達衡陽在鍾旅長之後，此點既甚明確。而鍾在左翼作戰，也在王參加正面作戰之先。戰史稿亦謂李、周、劉各部在正面「聞左翼破敵，氣勢驟壯。乃於六月三日全線反攻。葉開鑫、余蔭森聞賀耀組、劉鉶已敗，亦疑來攻者為新到之兩廣生力援軍，全線崩潰，亦退漣水北岸。」是第七章最先與北軍作戰的是鍾旅長本人，而不是王營長。但鍾對戰的賀耀組、劉鉶都是湘軍而非北軍；王對戰的余蔭森才是北軍。由這點說，則謂王營長是最先與北軍作戰者，也與事實無甚出入。

拾伍、關係北伐成敗的龍潭大戰

龍潭之役為國民革命軍北伐中最著名的一次大戰。由於敵我雙方自主將以至士兵，都具有一心一德與愈戰愈奮的精神，遂演出了非常壯烈的場面。勝者固非倖致，敗者當亦心服。

尤其特異的是，革命軍方面，蔣總司令早已辭職他適，部隊由軍事委員會來指揮，卻並非如抗戰時期之有委員長為全軍的統帥，而只是幾位平高並大的常務委員，以政治上的合議制，應用於軍事上作戰，竟毫無扞格。軍委會下面的三位總指揮，既自己指揮自己，而又彼此互相指揮；且三人又隔絕在兩地，非遇事可隨時細商，而卻能開誠立信，步調一致，卒摧強敵，竟獲全勝。凡此，皆為饒有趣味之事。

一、蔣氏辭職、團結內部

革命軍北伐的進度，到民國十六年七月初，東路蔣中正的國民革命軍已攻到山東的滕縣，西路馮玉祥的國民軍已攻到直隸的磁州，山西閻錫山的北路國民革命軍也在大同、娘子關活動，威脅張作霖奉軍的側背，情形可說是非常良好。不意，容共的武漢，竟於此時東征，以圖傾覆南京，蔣總司令不得已而將東路各軍撤回長江，以固根本。自八月一日共產黨在南昌暴動，武漢也驚起而反共了，形成了和南京合作的機緣，卻仍喊著「驅共倒蔣」的口號。當時各將領對蔣的態度：馮玉祥主張汪蔣同時告退，以促成寧漢合作，統一革命力量；唐生智割據兩湖，仍向下游進軍；張發奎絕對擁汪，率軍回粵；程潛、朱培德對蔣心存携貳；在南京的何應欽、李宗仁、白崇禧，同感寧漢合作不成，北伐即無法進行。在黨政方面，國府主席胡漢民雖也助蔣，卻和汪兆銘不相能，合作而汪來，無異迫胡走；在滬的西山會議派固然擁胡，但又和蔣對立。蔣氏處在這種錯綜複雜的情勢下，感覺自己竟成了內部團結的障礙，遂於八月十三日通電辭去本兼各職。大家留蔣不住，一時既無總司令，關於軍政、軍令的處理和部隊的指揮，從十七日起便由軍事委員會直接執行。軍委會常務委員七人中，胡漢民已隨蔣氏之後辭職離京，閻錫山在山西，只有何應欽、李宗仁、楊樹莊、李鳴鐘、白崇禧（李濟深在粵，由白代理）五人主持。

二、孫軍南侵、沿江布防

帝國主義者的日本，對革命勢力的發展是深為嫉忌的，故幫助孫傳芳和張宗昌把已歸降革命軍的陳以桑部收拾，使山東無內顧之憂，孫張得乘革命軍南撤而聯合反攻。七月廿六日徐州被佔後，孫傳芳以為這是他翻身的千載一時的機會，不顧張作霖的來電阻止，不計及張宗昌在濟寧和徐州西而為馮玉祥所牽制，難以南下援助，竟急急分兵兩路南侵：一路沿津浦路攻蚌埠，一路由宿遷攻淮陰。南京那時正忙於蔣總司令的挽留和寧漢合作的協商，未能用全力來應付軍事；孫軍在津浦路方面，八月十七日進逼浦口，運河方面十九日已過寶應，軍委會十九日下午二時才下令海陸軍作擔衛首都的部署，其大要是：

海軍楊樹莊總司令指揮第一、第二、練習艦隊，以主力任南京、江陰間的警戒，一部遊弋長江中上游。

陸軍中何應欽、白崇禧、李宗仁仍以第一、二、三路軍總指揮名義，分任指揮各軍在左則各地防守：

柏文蔚第卅三軍、合肥、六安一帶；

陳調元第卅七軍，蕪湖；

賀耀祖第四十軍，當塗、采石磯；

葉開鑫第四四軍，慈湖、大勝關；

夏威第七軍，南京附近；

胡宗鐸第十九軍（第十五軍所部改編），烏龍山一帶；

第一軍第廿二師及警備第一師，棲霞、龍潭一帶；

第一軍衛立煌第十四師，鎮江；

楊杰第十八軍（第六軍第十七師改編），揚中；

賴世璜第十四軍，江陰；

曹萬順第十七軍，崑山；

第一軍第二、三兩師及第廿六軍，上海、吳淞。

三、龍潭退敵、棲霞失陷

南京急須解決內爭，對敵暫取守勢，而孫傳芳卻是積極取攻勢的。八月廿五日李宗仁偕漢方中委譚延闓、孫科等由九江乘決川艦回南京，到江寧附近時，發現孫軍向江寧鎮、大勝關渡江了，船艇像穿梭般紛紛往來。李氏立即令艦上開炮，擊沉了大小船艇百餘隻，溺死了孫軍一千多。江面肅清後，孫軍仍從北岸齊向艦上射擊，但經不起兵艦炮火的壓迫，不久便竄匿而歸沉寂。渡過了南岸一部分，悉被防守部隊所殲滅。這是大戰的序幕。

就是當日夜間，孫軍約五六千人的大隊，乘著大霧，藉外國兵艦的掩護，由南京下游的通江集、划子口偷渡過南岸；廿六日拂曉襲擊燕子磯、笆斗山、烏龍山、棲霞、龍潭的守備部隊，佔領了棲霞和龍潭，掩護其後隊繼續渡江，並掘毀滬寧鐵路，割斷電線，以阻礙我往調援兵。何應欽、李宗仁兩總指揮在南京接到急報，趕急派隊應援；白崇禧總指揮由滬回京，車到無錫，得龍潭被敵佔領消息，立即就近由無錫、常州調兵往攻，同時軍委會電令鎮江以東的部隊一概歸白指揮；午間，孫軍遭我第十四軍和第一、七兩軍的東西夾擊，死傷數百，繳械千餘，敗退匿入蘆葦叢中；但後隊孫軍得其掩護，復源源渡過，再來攻棲霞和南北象山，守軍為成立未久的第廿二師，抵禦不住，遂悉被敵所佔領。何李兩總指揮以情勢危急，在軍委會商定：將第一軍第一、二、三各師集結於鎮江；第七軍除派一部警戒江寧到南京一帶外，其餘悉數集結於南京；上游的第卅七、四十、四四各軍，各將主力就地靠近下游警戒；其餘第十四、十七、十八、廿六各軍仍在原防嚴密戒備；海軍全部分段遊戈江面，阻斷敵軍偷渡。

這是第二日的作戰情形。

四、棲霞克復、龍潭被佔

到廿七日，孫軍渡江的已二萬餘人，一面死守棲霞山，一面向龍潭襲擊；我軍也一面反攻棲霞，一面抵抗敵向龍潭的襲擊；天剛拂曉，兩處已同時發生激烈的戰鬥。

我守龍潭的第廿一師，努力抵禦，得衛立煌率第十四師從鎮江來助，合力殲滅孫軍，俘虜其旅長趙國瑛以次官兵千餘人。由虜獲孫軍文件中，得知其作戰部署：「一、鄭俊彥、李寶章督率第一路所屬各縱隊於本月廿三日深夜渡江，進佔南京；二、劉師長士林督率第二所屬各部本月廿三日深夜渡江，進佔鎮江；三、上官師長雲相率領所部到揚州後，即協同劉部渡江，經鎮江出句容，警戒溧水方面；四、鐵路縱隊準廿三夜十二時開始渡江，進攻南京。」以上的部署，據被俘的趙國瑛說：因準備不及，到廿六日晨才正式發動。

我第七軍第一師援助第廿二師反攻棲霞山，孫軍死守險要，以大炮和多數的機關槍向進攻的我軍猛烈射擊，我軍仰攻，前仆後進，不顧犧牲，自晨至午，第廿二師屢次動搖，幾乎支持不住，夏軍長率兩獨立團到甘家巷督戰，即令一團繞攻敵人側背，第一師又突破了北象山和棲霞街，跟著棲霞高峰也被佔領，孫軍受著三面的夾擊，終於崩潰而分路奔逃，經一日的肉搏，受多數的死傷，棲霞及重歸我手。敵竄江岸一股，被第七軍獨立團繳械俘虜；其餘數千，逃向龍潭。第七軍第一師奉令仍回南京。

龍潭雖以晨間大勝而安全，但當夜又復失陷了。南京到江陰一帶江面，原由海軍聯鯨、通濟、永績、永健、楚有等艦遊戈警戒，卻為水道長遠，梭巡不周，孫軍連日得從三江營、十二墟、大河口、划子口各處渡江，且盡向龍潭附近集結，廿七晚再猛撲龍潭，我守軍第十四師的一團及第五十八團抵擋不住，遂被孫軍佔領。李寶章、上官雲相兩師已完全過到南岸，此時龍潭附近的孫軍已不下兩萬人。

龍潭成為雙方互相爭奪的目標，廿八日何總指揮應白總指揮之約，令第七軍固守棲霞到南京一帶，而以警備第一師的一部協同第廿二師夾擊龍潭。自晨至午的戰況，彼此相持不下；黃氏時分，第一軍第二師到來了，加入左翼一衝，便佔領了正盤山南方的高地，更前進圍攻黃龍山和青龍山。但孫軍大隊今日繼續分路渡江，只向八卦洲第七軍防區的被擊退，其餘渡過的，向我軍攻擊龍潭的陣地作包圍，其佔領黃龍山和青龍山的炮兵，又據高瞰射，致我仰攻一再突擊的部隊，蒙受巨大的犧牲，正面被截為兩段，全線混戰，不得已而東退倉頭，西退東陽鎮，第七軍第三師奉令往援，已來不及了，因棲霞仍在我手，敵人追到東陽鎮便不敢再進，但東至鎮江，西至堯化門，此時均為敵氛所籠罩。此役各部都有損失，而以第廿二師為最重。

這是第三、第四日的戰況。

五、周密部署、準備圍攻

龍潭復失的消息到了南京，中央委員和何李兩總指揮徹夜商討應敵的方策。判斷孫軍連日冒險渡江，屢敗復進，今再佔龍潭，必將集中力量，與我決戰，我軍士氣尚旺，應勿等待孫軍完全渡過南岸，即迅速將其擊破，則再舉北伐，自屬事半功倍；綜合各方報告，孫軍渡江地點雖在通江集、划子口、十二墟、瓜州鎮、三江營各處，而其主力卻盡在龍潭、棲霞一帶發現，是主要渡河點在划子口、大河口兩處，其餘不過佯渡以亂我耳目而已。於是決定：何總指揮率第一、七兩軍從西面，電白總指揮就可能範圍內盡量抽調鎮江以東的部隊從東面，於三十日拂曉一齊夾擊龍潭；李總指揮率第七、十九兩軍各一部堅守南京、燕子磯、笆斗山、烏龍山、棲霞一帶，並調第四十軍限三十晨到京相助；海軍從廿九日起集中主力於划子口、大河口阻絕敵軍偷渡。

南京和鎮江兩方面，依照上面的決定，廿九日用全副精神去準備，所以僅在棲霞、倉頭附近與敵相持，不使其再有發展。何總指揮赴麒麟門收容昨日由龍潭敗退的第一軍部隊，集結整頓，下午督率復向東流鎮前進；並令第七軍第三師和獨立團也進向棲霞。白總指揮令楊軍長派隊截擊由揚州進犯姚家巷的小部敵軍，並電令賴曹兩軍長各抽一團開赴丹陽歸楊軍長指揮和鎮江相呼應後，即自率總指揮部人員赴下蜀部署明日總攻擊事宜。李總指揮坐鎮南京，負責首都的警戒，各方的策應，海陸軍作戰的統籌；對海軍，電商楊總司令加派海容、應瑞兩艦遊弋下游，其餘逐次駛往大河口一帶協擊偷渡和兩岸的敵軍；對陸軍，以第七軍第二師第三、五兩團守烏龍山和棲霞，第十九軍守笆斗山和燕子磯，並以一部控置於神策門候命，第七軍教導團、獨立營歸尹團長承綱指揮，分布下關、上新河鎮一帶，各部隊各自對於附近江岸嚴密警戒，並連絡左右的部隊。

對龍潭明日的攻擊，海軍在北面攔截江面；白部第一軍在東；何率第七、十九軍在西，並以第一軍部隊在南，形成了包圍陣容。其詳細部署如下：

東面編兩個攻擊隊，以劉師長峙在右，指揮第二師一團，第廿一師第五十八團和第十四師（缺兩團），沿鐵路進攻正盤山、七星臺北端、龍潭車站和其以西地區；鄧師長振銓在左，指揮第一師全部和第十四師的一團，由胡家園進攻正盤山東端、七星臺、青龍山；第廿二師以一部在下蜀、倉頭對江岸警戒，餘一團為總備預隊，明晨向倉頭推進。

西面編三個攻擊隊：李師長明瑞在中央，率第七軍第一師並第二師的一團沿鐵路西側進攻夏家村、龍潭；陶師長鈞在右，率第十九軍第一師由蔡家邊、西溝、古鎮進攻東陽鎮，奏功後即協同右翼的第一軍攻擊黃龍山、龍潭街市；楊副師長騰輝在左，率第七軍第三師兩團由江岸向周家園、扁擔洲進攻；夏軍長率第七軍兩獨立團為總預備隊，攻擊時沿鐵路推進。

南面編兩個攻擊隊：孫師長常鈞在右，率第二、廿一兩師（各缺一團）由上西岡、曹家邊向小花生口、黃龍山攻擊；警備第一師附第十師第四十一團在左，由上西岡向東陽鎮攻擊，奏功後即協同孫師長攻黃龍山；攻擊時何總指揮率衛士隊在下西岡。

六、苦戰黃龍、孫軍慘敗

所謂龍潭大戰，三十日天將亮時炮聲響起來了，我軍從四面八方一齊向龍潭進攻。海軍在棲霞、龍潭、下蜀江面助威，並阻截敵軍偷渡。西面中路李師長首先攻破夏家村，即繞攻東陽鎮北端；陶師長在右翼，剛好也攻到東陽鎮，敵人被我兩路齊逼，紛紛退集黃龍山，我軍追到，從下仰攻，遂難進展。左翼楊副師長進佔了扁擔洲，敵人全力向其反擊，因河汊紛歧，妨礙運動，故鐵路以北，彼此只是對峙著。夏軍長以正面進展不易，令陶師長協同右翼的第一軍猛攻青龍山，李師長全力繞攻黃龍山。不久，東面白總指揮督率劉師長佔領了水泥廠，威脅七星臺北端；鄧師長也攻破了正盤山，向七星臺、青龍山攻擊。西面各軍聞知鎮江友軍愈來愈近，精神格外興奮。李師長漸漸逼近龍潭，因小河阻隔，將部隊大部分繞過盤橋，以一部加入陶師協攻青龍山西側，主力圍攻黃龍山。敵方主將孫傳芳和重要將領李寶章、段承澤等親到督戰，據高俯瞰，憑險固的陣地，發猛烈的炮火，拼死堅守；而我軍卻奮不顧身，冒險上衝，彈如雨下，血肉橫飛，終因地勢太劣，屢衝都未能達到稜線，死傷奇重，這樣白刃戰的惡鬥，為北伐以來所僅見。午後二時，青龍山敵人乘我軍屢攻疲憊，向我出擊，我正苦敵據山巔，不易得手，遂乘勢搏擊，但結果仍受挫折。午後四時，夏軍長派獨立團來助，李團長思熾由青龍山緩徐部分猛衝而上，喊殺之聲震天動地，掩護的炮兵發炮猛轟，撲到了山頂，敵人潰逃，遂佔領青龍山。現只剩下黃龍山了，李師長的攻擊部隊，人人都已筋疲力竭，無法再進，只在山腰支持著；夏軍長派黃權率一營來到，攻到半山，時有英艦七八艘上駛，想是誤認了山頂為革命軍所佔領，以為孫軍要攻擊上山，即向山頂開炮轟射了七八發，煙火瀰漫，塵土飛揚；炮聲一停，我軍急一擁而登，到了頂上，只見敵軍官兵全都死了。單剩下武器散亂在地上，帝國主義者支持軍閥，不料倒幫助了革命軍；躲在山谷逃不出去六千多敗敵，都成了我軍俘虜。孫軍內失了中堅陣地，外受半月形包圍，逐漸退縮往江邊，又被我海軍炮擊，陣線散亂，孫傳芳、李寶章、段承澤先逃回江北，部隊也紛紛逃命北渡，卻被我海軍擊沉了不少的渡船，威脅得其餘不敢再渡，轉向下蜀逃去。白總指揮到水泥廠，令第一軍第一、二、十四各師跟追擊，第七軍去肅清龍潭附近的零星殘敵，天已入黑，而鐵路以北，水田沒脛，河汊錯雜，難以辨別，故不再去追擊。

七、大獲全勝、渡江追擊

孫軍三十日在龍潭大敗，受了一場巨創，誰都以為必乘機逃脫，再徐圖恢復了，白總指揮當夜擬定了掃蕩紫洲東西殘敵和三路渡江追擊的部署，商得何李兩總指揮的同意，已經下令卅一日晨開始行動，不料，孫傳芳尚作最後的掙扎，再向烏龍山和龍潭來一次突襲。

孫傳芳以為我軍即集中龍潭作戰，南京必定空虛，於三十日夜間派隊由八赴洲渡江，卅一晨襲攻烏龍山，第七軍守兵一團竭力抵禦，自晨至午，屹然不動；但敵攻擊愈烈，笆斗山被佔。李總指揮調神策門總預備隊一團往援，從燕子磯、花家巷出擊，將敵擊潰，收復笆斗山，繳械數百，殘敵逃入八卦洲中，前頭被海軍攔截，後有追兵，進退不得，遂被全部解決。

龍潭潰敗之敵，乘夜增援三團，卅一日曉，襲攻水泥廠、章家灣一帶，來勢兇猛，過於昨日，但我軍布置周密，動作敏捷，藉戰勝的餘威，彷彿一可當十。當水泥廠被敵猛攻時，第七軍部隊已佔領了小曹莊、蘭英閘，拊敵的側背，第一師也急向陳家墟、金村、元溝挺進，形成了包圍的態勢，何白兩總指揮在龍潭會合，身臨前敵，士氣更為發揚，敵勢局促，陣線凌亂，被我突擊抄襲，相互齊施，遂全線崩潰，爭向江邊逃竄，我追擊既猛，海軍復當頭攔截，溺死千餘，其餘進退不得，遂全部繳械降伏。這場連續七晝夜的大戰，乃告閉幕。

這一戰役，孫軍過江的共五師三混成旅，約七萬人。被俘萬餘；投降繳械時的情形頗為紛亂，其將領乘間混雜鄉民中走脫的不少；孫軍打仗時很兇猛，被俘後很馴服，我以少數兵押解數倍的俘虜往南京，並無反抗事故發生。繳獲步槍三萬餘枝，機關槍百餘挺，山炮、迫擊炮各六十餘門，第七軍只能以少數部隊暫時看管堆積如山的戰利品，後來多被別軍任意搬走。孫軍死傷近萬，我軍死傷也一萬以上，戰場上的屍體枕藉，「血染龍潭」，並非誇語。雙方都視此戰為成敗關頭，主將都親臨前線，作生死的決戰，不計犧牲，結果是革命軍勝了！

九月一日革命軍渡江追擊，楊杰率第十四、十八兩軍克復揚州，進逼淮陰；賀耀祖率第四十、四四兩軍重新佔領津浦路南段，以待後期北伐的繼續進展。

拾陸、塘沽協定簽訂的經過

塘沽協定的簽訂，距離現在已經三十五年了。起因由於日本發動「九一八」事變侵佔我東三省後，民國廿二年春更向熱河進攻。我東北軍和孫殿英的部隊陸續由熱河邊境敗退回來，長城的情勢日緊，於是蔣委員長派軍政部長何應欽主持北平軍事委員會分會，指揮長城作戰的軍隊。並組織一參謀團，以內政部長黃紹竑為參謀長。長城戰役我軍終於失敗，不得已而與日本在塘沽協商停戰，以求暫時保存華北。黃紹竑身歷此事，本文根據其《五十回憶》綴成。

一、日關東軍攻佔熱河

何應欽和黃紹竑於廿二年三月三日接受新任務由南京赴北平，他們恐怕經過天津時日本的駐屯軍會對他們不利，所以乘津浦路火車到徐州後，再轉隴海路東段、平漢路北段而到北平。那時候的北方軍都由張學良負責指揮，他雖告奮勇要到前方與敵決戰以洗雪不抵抗的聲名，但身體實在太壞了，每隔兩小時要注射嗎啡，正午過後才能起床辦公。三月七日張自動辭職出洋考察離平，何應欽乃正式接收北平軍分會，黃紹竑也開始執行參謀長工作。

此時日軍已佔領豐寧、承德、平泉、凌源、凌南各地，繼續推進，分向長城各要隘進攻，只對山海關尚無動作。我軍戰略是固定各要口以拒止日軍越過長城，以徐庭瑤軍守古北口，宋哲元軍守善峰口，何柱國、王以哲軍守冷口和山海關，以傅作義指揮山西、綏遠調來的部隊守張家口，並無積極企圖。

二、敵逼北平商決應急

我軍作戰非常奮勇，喜峰口曾告大捷；關麟徵師長在古北口負傷，他所部有一連人與敵搏鬥，個個都光榮戰死。戰事雖穩定了一時，但以我劣勢的裝備，單憑官兵的勇敢犧牲精神，與那數千年遺留下來的古老而殘廢的萬里長城，總經不起敵人飛機的轟炸和坦克車、大炮的衝擊。到了四月間，各路部隊都漸漸敗下來了。最初是冷口方面的敵人進佔遵化，宋軍乃不得已而退守玉田、豐潤以北之線。古北口方面的敵人，更逐步進佔密雲、懷柔，逼近順義，離北平不過四十多里。這時候雖已調到山西部隊的一部，由昌平方面出擊，也不發生多大的效果。後方又無可調的軍隊，而且遠水不能救近火，北平空虛已極，人心恐慌萬狀。同情接得情報，已有人在平津醞釀類似偽組織的活動，並且還有一些不願向南方撤退的部隊參與其事，形勢惡化已到極點。一天的正午時分，軍分會的機構已準備撤離北平，並在馬廠的小站上準備了火車，各人的行李也已包紮好了，等待命令一下，就要上車。何應欽、黃郛、張群、黃紹竑、王崙、李擇一共六人在那裡作最後的合商和部署，據黃郛（行政院駐平政務整理委員會委員長）報告：「由日本駐北平武官方面所得消息，如果中國方面肯派軍使向關東軍要求停戰，便可立即停止進攻北平，用外交方式來結束此次戰事。並希望在夜裡兩點鐘以前給他們答覆。」六人會商了許久，有主張撤退以保存北平的，有主張先進攻東交民巷日使館和駐軍而背城一戰的，有主張派軍使商量停戰的。因為事體重大，那時北平電話和南京、廬山尚未能通達，無法向蔣委員長請示，因此不能立刻決定採取何種主張。最後，黃紹竑提出意見：「調兵增援既不可能，前方部隊又正在潰退中，在這種情形之下，自難收到很好的戰果。萬一我們撤退，而敵人利用正在活動偽組織的人物組織傀儡政權，即以他們作對手而訂立協定，作為這次戰事的收場，將關東軍撤回關外，並不佔領平津，那時我們國家的損失更為重大。所以我主張一面布置北平的城防，一面派軍使商量停戰。萬一停戰不可能，我們再行退出，就在北平作最後的抗戰，也未始不可。這件事責任雖然很大，但委員長既然要我們來負這重大的責任，在情勢緊張而無法請示的時候，我們應當就當前的情況，作適當的處置。萬一以後委員長不同意時，我們只好大家共同負責，聽候國家的處分，萬不能再遲誤時間而無所決定，使後果更不堪設想。」他這番議論，多數都以為然，只王崙憤憤地說：「我就調砲兵上中華門對東交民巷轟擊，不管他是日本人也好，英美人也好，一概把他轟死，橫直也不過丟了一個北平，使英美旁觀者也受到影響。他們吃了這個虧，然後對日本才有所責難，誰叫他們同住在一起呢？王的話自然是義憤的流露，終被大家勸止了。王就走上樓去睡覺，不再下來。

在停戰談判之前，有一天，九架日機飛到北平上空飛得很低，駕駛人的面目都可清楚地看見。那時既無防空警報，也無防空設備，何應欽、黃紹竑他們聽起了機聲，才跑出居仁堂到堂外的假山石下去躲避。我們的高射砲隊格格地放了幾聲，敵機並未投彈就飛去了，似是示威性質。事後美英外交界怪我們不該射擊，恐反因此引來轟炸。也許只有他們外交人員才先得了不轟炸的消息。

那時在北平的日本武官的居住和行動，都是無限制的。當情況最緊急時，軍分會調了一部分軍隊到城裡布防，入夜即戒嚴。有兩個日本武官深夜在很僻靜的地方亂闖亂撞，我們負責警戒的士兵喊口令，行檢查，卻引起了對方的嚴重抗議，說是我們的士兵拿大刀來侮辱他們，逼他們跪下，作殺頭的樣子。他們捏造這種謊言，目的無非要我們的部隊撤出北平城。其中一個武官，第二天帶了兩個武裝的步兵一同進來要求見何部長，這種武裝求見，在外交上是從來沒有的事。他說是恐怕生命沒有保障，所以要帶兵回來。經再三拒絕而不得，我方不想多生枝節，勉強答應了，實在難堪。那時候他們好像犯了高度的瘋狂症。

三、同意停戰塘沽約成

黃郛得到何應欽的同意，就和李擇一向日本武官商量，到了深夜兩點鐘才回來報告說：「日本武官答應調停，並已電商關東軍的同意，希望我方立刻派定軍使，明日就同北平武官到順義前線去商量停戰。」這事雖然有了頭緒，但是派誰去做軍使更比派誰去單獨衝鋒陷陣的人選還要困難。因為這是一個忍辱負重的任務，無論辦得好與不好，在個人方面，不免受社會重大的打擊，甚至有性命之憂。在中外歷史上已有過不少的例子。而在人的條件方面，既要能忍耐，又要能折衝，無論言詞儀表，學術地位，都要相當，才可勝任。於是選派參謀團的處長徐燕謀（祖詒）充任。起初徐是極不願意的，後經大家再三勸勉，才啣命而去。由北平到順義，汽車行程不過一小時，徐在次日午後一兩點鐘的時分就回來了。據說：在順義附近一個村莊內的日軍司令部，舉行了一個接待軍使儀式後，才開始談判，談判的內容很簡單，由雙方決定即時停戰，中日軍隊撤退若干里，然後於三日內雙方再派正式代表在塘沽舉行停戰協定會議，簽訂停戰協定，由駐平日本武官作為見證。」這件事的第一階段結束了，第二階段即須繼續進行。我方的正式代表人選問題，要比以前更費斟酌，最後決定派熊斌充任。日方則派關東軍參謀副長岡村寧次為代表。這是當時北平軍分會處理長城戰役及塘沽協定的經過。這種前方權宜的處置，雖不斷有電報報告中央，但詳細情形非得有人回去面陳不可。而且對數日後的塘沽停戰方針，也要請示機宜，於是何應欽派黃紹竑回南京報告。以下是黃氏自記他此行的詳情：

「那日的下午五時，專車南下。過天津時逗留了一個多鐘頭，在于孝侯主席處匆匆吃了一餐晚飯，並將情形面告，即時開車復行。除在濟南車站上與韓復榘主席作短時間談話，告知停戰的情形之外，沿途各大站都準備有升火待發的火車頭，所以連加煤上火的工夫都未躭擱，由北平到南京僅僅費了廿二個鐘頭，真算是一個空前的快車紀錄。到了南京，蔣先生及各院院都在廬山，本想即時乘飛機晉謁，但時間已來不及了，次日上午，乃乘軍用機赴南昌。飛經黃山的上空，俯覽群峰，宛如春筍，並不見有何雄奇壯偉的地方，這也許是心境不同、觀點各異的原因吧。到了南昌，在賀元靖家裡吃了一頓午飯，又乘南潯路專車到九江，趕到牯嶺，已是午後四點多鐘。在牯嶺飯店的客廳內晉見蔣先生。在座有各院長及中央要人。我在這一星期中，都是過的非常緊張的生活，又加火車的顛簸，飛機的震盪，氣候的酷熱，精神疲倦已達極點，一到廬山上面的清涼境界，愈覺昏昏欲睡。本來在蔣先生面前，雖不曾下過不准吸菸的命令。但是大家都不好意思吸菸。我那時的確是太疲倦了，好多的事、好多的話，都好像記不起來、說不出來似的，於是我要求蔣先生准許我吸菸，並喝了一杯極濃的咖啡，精神才為之一振。乃將這一段的經過逐一報告，報告完後，並請予我們越權的處分。可是蔣先生和各院長聽完後，除了各人補充的詢問外，並沒有什麼討論與責備的地方。蔣先生並說：『你們這個處置還得當，事實上也不能不如此處置，以後的問題，我另有電報給何部長。』這個重大的集議就算完結了。而我呢，喘了一口氣，卸除了千斤的重擔，好好地在山上休息了幾天，就回南京，轉到上海的家裡。不久又回到北平。」

關於此事的日期，據台灣世界書局版《中華民國大事記》二十二年五月份所載的是：

廿七日：日本陸軍省聲明，準備進行停戰交涉。北寧路等處日軍開始撤退。

廿八日：蔣委員長在牯嶺舉行重要會議，行政院、立法院院長、外交部長均參加。

廿九日：中日交戰軍隊本日雙方各撤退三十里，以進行和談。

三十日：停戰談判開始在塘沽正式會商，日本首席代表岡村寧次，我首席代表熊斌。

卅一日：華北停戰協定由中日雙方首席代表在塘沽簽定。

四、昧於敵情處處失敗

黃紹竑因參與長城戰役和沽塘協定，對敵情的認識頗為深刻，有兩段分析和批評值得一讀，附錄如次：

「這次的長城戰役，想起來不但可痛，又有些滑稽好笑！與我軍敵對的是日本關東軍，在熱河及長城一帶作戰。而日本的華北駐屯軍卻駐在我們的戰線後方的北平和天津，同我們的高級指揮部在一起，彼此還保持著和平的態勢；日本駐北平的武官如酒井、柴山之流，還不斷和我們互相往來。駐屯軍好像和關東軍是兩個國家的軍隊一般，一個同我們作戰，一個在旁邊守中立。其實彼此卻在那裡唱雙簧。我們一方面要與關東軍作戰，一方面又要防備平津的駐屯軍，即使他不在我們的後方發動武裝的行動，我們也必須作萬一的準備。平津是他們特務機關的大本營，他們數十年豢養的漢奸間諜，不知道有多少，所以我們軍事上一切的情形，不但平津方面的日軍明明白白，同時關東軍方面也清清楚楚。關東軍所有的情報，都是平津方面送給他們的。我記得因為冷口被敵人突破，不得不令何柱國在山海關方面的部隊退回灤河以西。那天夜裡下的命令，第二天早上，平津的《順天時報》就把這消息登出來了。恐怕敵人得到這個消息，比我們軍隊接到這個命令還要早些。這種仗如何打得下去！至於平津一帶的地形，駐平津的日軍比我們的軍隊還要熟悉得多。日本駐屯軍可以在附近一帶演習。陸軍大學在北京時代有許多日本的軍事教官，現在都是部隊裡的旅團長了，陸大的參謀旅行或演習，都在灤東、北平一帶舉行的，這些日本教官率領中國的學生去研究實習，就是他們今日帶了日本軍隊來攻擊我們的準備。駐平津的日本武官也無一不是時刻準備首這種工作。據說，土肥原賢二在平津時，曾經數次徒涉過永定河，試驗在何種水量之下是何種情形，因為永定河即是無定河，水勢變化無定，極難徒涉，其居心叵測，已可概見。」

「世界人士都知道日本是兩重外交（軍部和外務省），卻不知道日本是四重軍事。陸軍有陸軍的做法，海軍有海軍的做法；而陸軍方面又有關東軍的做法與平津駐屯軍的做法；甚至軍部的做法與派遣軍的做法也有不同，簡直可以說是五重軍事。但是各個的做法說法，在表面上雖不統一，而事實上則互相表裡，只要與他國家有利，就各別地發展，變出各種的花樣來，作為煙幕，以欺騙我們。可憐我們許多日本通及一般社會人士，還以為人家是不統一的，這個來走這條路線，那個又走那條路線，都是人家有計劃的布置，最後都是通到東京。我們不知上了多少的當，受了多少的騙。就拿長城戰役來說吧，這是關東軍發展的階段，他的目的是要把關東軍的勢力完全掌握東北的四省，所以到了佔領長城之後，他的計劃就算完成了。並不是他們力量不能佔領平津，而是要留一段文章與駐屯軍做做。所以駐平武官一說，就可以停戰，塘沽協定一成立，他就退到長城邊上。顯然的他們是彼此分定界限，顯然的他們是做好圈套，讓我們自己踏進去。以後華北的演變，都是駐屯軍發展的階段。唉！人家處心積慮的謀我，早在數十年以前，我們卻不知不覺的睡在鼓裡，外交上那得不吃虧？軍事上那得不失敗？長城戰役、塘沽協定只是整個悲劇中的一幕而已！」

他說的沉痛極了！

拾柒、曾在廣西省文化史上寫下光輝的一頁：中國六學術團體聯合年會之憶

廣西在民廿年後抗日戰爭以前那幾年，地方安謐，專心建設，頗現朝氣，因而引起中外記者與各界人士的注意，入桂參觀考察的個人和團體，絡繹不絕。民廿四年八月間且有六個學術團體在廣西省南寧聯合舉行年會，這些學者們藉開會之便，順作旅遊參觀。當時我們聞訊，以此舉實開桂省學術空前的盛況，關係我國學術發展前途至巨，表示非常歡迎。現將該年會的籌備和開會的經過，以及廣西省政府招待的情形，記其概要，亦一盛事也。

一、籌備的情形

民國廿四年六學術團體聯合舉行的年會是：中國科學社第二十次年會，中國工程師學會第五次年會，中國化學會第三次年會，中國植物學會第三次年會，中國地理學會第二次年會，中國動物學會第二次年會。

廣西省政府初聞各學會來桂開會的消息，甚為高興，特別組織「廣西省政府招待各學會來桂開會委員會」負責招待事宜，以教育廳長雷沛鴻等八人為委員，分總務、交通、衛生、編輯、展覽五部及交際委員會；外設梧州、鬱林、柳州、桂林四個辦事處，分任工作。民廿三年十二月一日開第一次籌備會議，至翌年八月共開會廿餘次。決定學會開會的總會場為省府大禮堂，分組會場為廣西建設研究院各講堂及省府禮堂等處。關於學會各會員來桂的食宿、娛樂、文具和廣西境內旅行與參觀各費，凡屬團體一致性的，概由廣西省政府公費供應。其他有關招待事務，經此長期的籌備，還算周妥。

六學會籌備赴桂開會，於民廿四年五月四日開第一次籌備會於上海亞爾培路中國科學社，議定名稱為「五學術團體聯合年會」，因彼時中國化學會尚未決定參加之故；會費由各學會會員每人繳納五元，不足時，各學會依定則分攤；並推定廣西省政府黃主席旭初為名譽會長及馬君武、馬名海二君在廣西籌備；同時決定參加的學會各推代表一人組織主席團；此外

關於會務進行議決多項，不再瑣記。計至六月八日前後開會四次，關於職員、演講、旅行、徽章、年會啟事、指南編輯各事，以及開會日期，均已籌商定妥。而此時又得中國化學會推定代表決定參加，由是名稱改為「六學術團體聯合年會」。各學會會員於八月上旬陸續到邕，依預定日期於八月十二日開幕，開會四天，至八月十五日閉會，群賢畢至，濟濟一堂，頗極一時之盛。

各學會出席會員共三百二十四人。按籍貫以桂、粵兩省為最多，各七十餘人；其次為蘇、浙、川、湘、閩、皖、魯、冀、豫、贛、鄂、滇、晉各省；其中以陝、黔、遼三省為最少，各得一人；外國籍者亦有十一人，計日本五，美國四，德、奧各一。年齡由二十四以至六十，平均為三十四歲半。性別為男三百零四人，女二十人。學歷以大學佔百分之八十三為最多。

二、年會第一日

八月十二日上午七時，六學術團體聯合年會在廣西省政府大禮堂舉行開幕典禮，到會員二百六十餘人（開幕後續到六十餘人），第四集團軍李宗仁總司令、廣西省政府黃旭初主席和各廳處局長等均到參加。由主席團公推中國地理學會總代表竺可楨為大會主席。全體如儀行禮，主席致開會詞畢，請李總司令、黃主席致詞；次由中國科學社總代表胡剛復、中國工程師學會總代表惲震、中國化學會總代振曾昭掄、中國植物學會總代表董爽秋、中國動物學會總代表辛樹幟、中國地理學會代表王庸相繼報告；由由主席宣讀祝詞賀電；其後省府教育廳長雷沛鴻、總務處長孫仁林及來賓林素園相繼演說；最後由大會主席致答詞畢，奏樂，禮成，全體齊集於省政府網球場攝影而散。

下午二時科學社在省政府大禮堂開第一次社務會議，到社員二十餘人，由楊孝述主席，劉咸紀錄，有該社總幹事楊孝述、會計周仁、生物研究所長秉志（王家楫代）、編輯部長劉咸、本年度司選委員會代表劉夢錫等相繼報告工作經過。

下午四時分別舉行學術演講。在廣西省黨部大禮堂公開演講的計有：竺可楨講「利害與是非」；茅以新講「西南鐵路計劃」；劉咸講「西南民族與國防建設」。在省政府大禮堂公開演講的計有：胡剛復講「科學研究與建設」；周子競講「中國之自給問題」；辛樹幟講「三十年來我國教科書編審情形」。聽講的為公務員、教職員、學生、各界民眾也有參加。

下午六時廣西省政府以六學術團體此次蒞邕聯合舉行年會，開桂省文化史上極光榮的一頁，為表示地主之誼，假座省黨部設筵歡宴全體會員，並請黨政軍各高級官長作陪。席間觥籌交錯，賓主極盡歡洽。

下午七時廣西省政府招待各學會來桂開會委員會遊藝股假座省黨部大禮堂舉行遊藝會，柬請各學會會員及本省黨政軍長官並世界人士參觀，到者一千三百餘人。遊藝節目有桂劇、國技、音樂、歌舞等項。

三、年會第二日

八月十三日上午七時，聯合年會各會員齊集省政府大禮堂，敦請李宗仁總司令講演，題為「廣西建設經過及對國事的感想」，發揮透徹，聽者大為鼓掌。講完，由主席顧毓琇致答詞。

上午九時，工程、化學、動物、植物各組分別在廣西建設研究院舉行各專門性論文分組宣講，計工程學論文八篇，化學論文十五篇，動物學論文六十二篇，植物學論文二十四篇。

下午二時，中國工程師學會在省政府大禮堂舉行贈給侯德榜先生榮譽金牌典禮，參加者除該會會員外，有第四集團軍總司令部政訓處處長潘宜之及各學會會員一百三十餘人，由該會總代表惲震主席，行禮如儀畢，即報告該會發起榮譽金牌經過及侯先生歷史。旋由會員張洪沅代表洪先生（侯因赴美未回）接受金牌獎章。並請潘處長致詞，又該會會員朱其清捐有獎金一千元，每年將利息百元獎有價值論文的著作人，本年度為林同棪、吳慶華二君所得，因二君尚非該會會員，未能參加年會，故由該會會員邵禹襄代表接受該項獎金。禮成攝影後，繼在建設研究院開會務會議，討論會務進行，修正會章及選舉職員。同時化學、動物、植物各組也在建設研究院分別舉行會務會議。

下午三時，繼續舉行學術演講。在省黨部大禮堂公開講演的有：袁同禮講「現代圖書館及博物館之重要與管理」；馬心儀講「生物學與農業」；高露德講「廣東化學工業建設概況」；王善佺講「棉花與廣西」。在省政府大禮堂公開講演的有：胡博淵講「鋼鐵與國防」；龔蘭真講「飲食與體格」；張洪元講「化學工業與國防的關係」。聽講者一千三百餘人，六時才告完畢。

下午六時，第四集團軍李白總副司令以六學術團體來邕集會，特假座省黨部歡宴各會員，並邀黨政軍各高級長官參加，到三百餘人。席間廣西大學校長馬君武起立發言，「盼望各科學專家努力研究，以圖科學救國。」說後，掌聲四起，開懷暢飲，至八時許盡歡而散。

下午八時許，招待委員會遊藝股繼續在省黨部大禮堂舉行第二次遊藝會，柬請各學會會員、各機關官長及各界參觀，到者千餘人。此次的遊藝節目為軍樂、粵樂、武士舞、粵劇等。十二時許才完。

四、年會第三日

八月十四日上午七時，六學術團體會員復齊集省政府大禮堂，敦請黃旭初主席演講，題為「廣西政治現狀」，至九時許才完，後由主席顧毓琇致答詞。散會後，除化學、動物、植物各組論文繼續宣讀外，尚有工程論文七篇、地理論文二十五篇。此外曾廣方的「中國本草歷史的演進之研究」，也同時在地理組宣讀。

下午一時至四時，除科學社社員二時舉行社務會議外，其他各會員分為兩組，參觀南寧各機關工廠。

下午三時，繼續舉行學術講演。在省黨部大禮堂公開演講的有：馬傑講「中國工業建設之速徑」；盧于道講「科學化的黨務」；吳學周講「正義與自然律」。在省政府大禮堂演講的有：馬君武講「用科學家的力量打倒洋貨文化」；劉恩蘭講「人生與環境」；趙曾玨講「工程師與救國」。均五時許講完。

下午六時，廣西各學術團體以六學術團體各會員此次參加聯合年會，齊集邕垣，盛會難逢，為交換學術及聯絡感情起見，特假座省政府網球場設筵歡宴各學會會員，並請黨政軍高級官長參加，夜涼氣爽，大家極感暢快。

招待委員會遊藝股在網球場張銀幕，於宴席將完時，放映第四集團軍總部自行攝製的《七千俘虜》電影，那是朱德和毛澤東由贛突圍西竄經桂北時，被廣西軍隊和民團合力截擊敗逃被俘的紀錄。各會員對於這部電影的攝製技術，稱譽不置；而於片中剿共勝利的實況，與李白總副司令對共俘講話的情形，更鼓掌不絕。完後，遊藝股招待各會員至省政府大禮堂欣賞口琴、歌舞、粵樂各項表演。

五、年會第四日

八月十五日上午七時，六學術團體會員又齊集省政府大禮堂，敦請白崇禧副總司令演講，題為「三自三寓政策」，至九時許完畢，後由主席顧毓琇致詞。散會後，工程、化學、地理、動物、植物五學會分別在建設研究院舉行會務會議。

下午一時三十分至四時，分六組參觀南寧各機關工廠。又，三時仍繼續舉行學術演講；在省黨部大禮堂公開講演的有：張道宏講「軍人的人格」；李慶謩講「殖邊與國防」；冼榮熙講「鋼鐵與救國」。聽講者九百餘人；在省政府大禮堂公開講演的有：董爽秋講「生物學與哲學」；王家楫講「動物學與民主」；賀闓講「廣西桐油問題」。聽講者一千二百餘人，均五時許完畢。

李總司令夫人郭德潔女士柬請六學術團體女會員及各會員的女眷屬下午三時在樂群社茶會，以聯絡感情，並請南寧婦女界領袖參加，到者數十人，席間主人致詞後，有馬心儀女士等相繼演說，盡歡而散。

下午六時，六學術團體聯合年會會議完畢，宣告閉幕。此次出席會員為酬答廣西當局及學術團體的款待，假座省政府網球場設筵觀宴，酒至半酣，聯合年會主席可楨起立致詞，略謂：「此次年會，蒙廣西政府當局優厚招待，敝會同人，同深感激！貴省近年建設，突飛猛進，當局刻苦奮鬥的精神，殊堪欽佩！同人等離桂北返，當將這種刻苦奮鬥精神帶到各省去，以期復興中國。」後由李宗仁總司令代表廣西黨政軍及各學術團體致答詞，大意謂：「希望各位會員研究科學，勿忘救國。」

下午八時，招待委員遊藝股在省政府大禮堂舉行第四次遊藝會，表演音樂、歌舞、桂劇等，柬請各會員參觀。

六、遊覽與參觀

六學術團體聯合年會既告結束，八月十六日晨會員分為兩組出發遊覽參觀：

第一組，以全體工程師學會會員及科學社社員之簽字願意參加者組成，共一百六十餘人。十六日出發至柳州，十七日由柳赴桂，十八日至二十日在桂林參觀遊覽。

第二組以化學、地理、動物、植物四學會會員全體及科學社社員願意參加者組成，共一百七十餘人。十六日赴武鳴參觀遊覽，十七日由南寧赴柳州，十八日在柳州參觀，十九日由柳赴桂，二十日在桂林遊覽。至廿一日尚有會員九十餘人對於桂山水興趣甚濃，多留一日，至廿二日才就道北返。

七、對廣西觀感

學術團體人士旅行考察廣西後，多有言論發表，現採集數則，以見他們的觀感。

趙曾珏氏云：「……廣西建設可作各省參考者，即桂省當局對於本省環境，有深切明確之認識：一、桂省當局自知一切建設，決非靠少數領袖所能成功，故竭其全力以訓練民眾，領導民眾，組織民眾，使全省民眾，共同興起，為建設事業之原動力。二、桂省當局自知本省財源不富，因之凡百建設，務求合於最需要的條件，即最經濟的原則，『簡單樸素』四字，於廣西各種物質建設中，實係一種獨特的精神；我國各省，大都入超，但自知如此深切者，能有幾省！三、桂省當局治事態度，異常謙抑，自知所有建設不能盡美盡善，以是，對於外界批評，致其極端歡迎與儘量接受之忱，此種風度，有足多者。吾人希望廣西當局，對於各項建設，雖以廣西為出發點，同時並應以全國為著眼處，換言之，還須以建省的精神從事建國。吾人更切望其他各省，亦當聞風興起，毋使廣西建設，竟一如桂林城內之獨秀峰，孤標獨傲。」（原載《英文中國季刊》）

顧毓琇氏云：「……廣西南臨法屬安南，鎮南關為兩國來往要塞，雖無健全之新式軍事防備，然安南人卻深懼我國軍民；蓋因我國自與安南相爭，無一次非佔軍事上之勝利故也。因而當地獎勵民族英雄，大刀長槍為禦侮唯一武器，該省國防鞏固，亦端賴於民氣之沸騰也。言及該省建設，亦有出人意表之良好成績。……」（錄自《中國工程師學會》專載）

蘇祖修氏云：「……廣西年來建設，頗有可觀，惟最能令人佩服者，則廣西當局處此環境而有此成績，其努力精神，殊足為各省楷模。……」

（原載《南寧民國日報》）

拾捌、抗戰前的廣西面貌是怎樣的？

廣西在抗日戰爭爆發前那幾年，兵禍既息，又無天災，一片太平景象，一般民眾，生計雖未充裕，飢寒已可無虞，過的或可說是中國農村正常生活。近來令我不時回憶那種情形，為有兩個原因：一是我流寓香港日子很久，感覺香港的土地面積和人口總數，比之廣西相差很大，但香港的繁榮與廣西的貧苦，恰成極強烈的對照，此中竅妙，值得探索；二是共產主義者統治大陸已二十年，所有民眾無論男女老幼，莫不從事生產，至於筋疲力盡，然而衣食全靠政令配給，不特物質生活未有改善，精神生活更加痛苦，這種反常現象，更應比較以察其所由。由第一個事實，可瞭解我們當年的措施太過不夠；由第二個事實，又覺得我們當年的措施尚有可採。現翻尋舊跡，生各種新感。掇拾瑣記，以資自鑑云爾。

在舊時代，政府對人民只消極的使能安居樂業，至積極的增進人民生活是不負責任的，故在地方政府中並無經濟組織。國民政府民國十四年七月在廣州成立，頒布「省政府組織法」規定設置軍事、民政、財政、建設、商務、教育、農工七廳，其中建設、商務、農工三廳才是主管人民生計攸關事務。廣西自民十被兵，分崩離析，至十四年秋乃歸一，由黃紹竑氏主政，在其民政長公署下置內務、財政、教育、建設四廳；十五年奉國民政府命令改組為省政府，只設民政、財政、教育、建設四廳；十六年五月省政府曾一度改組，增設軍事、農工、司法三廳，但不久這三廳均撤銷；所以有關實業事務，始終由建設廳主管；黃氏提倡農林頗力，著有相當成效。

十八年夏至十九年，全省又被戰禍，二十年春才歸安定，意外地省政落在我的肩上，真有點像向未入廚的新婦，要洗手作羹湯，不勝惶恐，又不能不努力做去。我很僥倖，自任職後接連數年，無戰事煩擾，無軍餉催迫。軍政高級幹部彼此久同患難，互相了解，且每週舉行黨政軍聯席談話會，藉以交換意見，消弭隔閡。當初省庫收入微薄，第一步先要節儉，大家竟能一致熱烈實行，由軍政最高長官以至士兵警役，一律服用土灰布製的布帽、制服、布鞋，蔚然成風。第二步要謀生產的增加，我們一班高級幹部對經濟一門多是外行，省政府委員中只有建設廳長黃榮華是學礦業的，故在初期急切也想不出什麼好計劃，只好沿著原有的稍加改進暫且做去。嗣後治安日好，省外學者專家來者漸多，給我們以很大的幫助，到了二十三年才由無計劃的而逐漸形成有理論、有體系的「廣西建設綱領」，理論是根據孫中山先生的民族、民權、民生的三民主義，實行是確定了自衛、自治、自給的三自政策；即是實行自衛政策從事軍事建設以實現民族主義，實行自治政策從事政治建設以實現民權主義，實行自給政策從事經濟建設以實現民生主義。軍事建設，由國民革命軍第四集團軍總司令部負責較多；政治建設只能循序漸進；大家最注重的為經濟建設，在廿三年曾一度組成經濟委員會獨立於總司令部和省政府之外，以期專責全力將工作促進，後以經濟行政多難和省府脫離，才又歸由省府專管。

自給政策的意義，消極方面，在遏止外來的經濟勢力侵略，消滅對外貿易的入超，使出入口貿易漸趨平衡；積極方面，在要求生產不斷增加，促進社會趨向工業化，以增進國民的富力，使其享受合理的生活。經濟建設的重心在增加生產，而產品所自出卻為農、林、工、礦，現將這四種在建設初期情形，分述概要。但自抗戰起後，各種情形多有變遷，到了日寇侵入省內，且幾全遭破滅。

一、農林

甲、農林機關

廣西地處溫熱兩帶之間，適宜農林墾殖事業。但至民國廿四年，耕地面積僅得二千九百八十九萬市畝，約佔全省面積十分之一，可以墾殖的土地還多。已耕的田地，復因一般農民的耕作技術墨守舊法，對於選種、施肥、工具、防蟲各項多未講究，以致生產日就衰落。

黃紹竑有見及此，民十五年即行設立農事機構，專司改良全省農林事業，計有柳江農林試驗場，柳州和慶遠兩造林事務所、南寧農林試驗場和農林講習所、梧州實業院、南寧林場、龍州林場、百色林場等。民十六年設柳慶和田南兩墾荒局；將梧州實業院與柳江農林試驗場合併設廣西實業院於柳州，下轄柳慶兩造林事務所、南寧龍州百色三森場，和南寧農木試驗場。十八年，將廣西實業院改組為廣西農務局；裁撤南寧農林試驗場；改組柳慶和田南兩墾荒局為柳慶、田南兩林墾區；同時設立南寧、鎮南兩林墾區；改組造林事務所為林場，以與各新設林場分別隸屬於各林墾區：槎路、茅橋、軍山三林場屬南寧林墾區，柳州、宜山、柳城三林場屬柳江林墾區，百色林場屬田南林墾區，龍州林場屬鎮南林墾區；那時省內一切農林政及技術設施，悉統一於農務局。惜不久而戰亂迭乘，以致全省農事改良工作遂告中斷。

民國廿年省局再定後，即在柳州成立柳江農林試驗場，旋改名為廣西農林試驗場，設水稻試驗分場於桂平，糖蔗試驗分場於貴縣，棉業試驗分場於邕寧；恢復柳江和南寧兩林墾區；柳江林墾區增設雒容林場；南寧林墾區增設西鄉塘林場；鎮南、田南、桂林三林墾區亦先後成立。二十三年，省政府以農林行政有統一的必要，乃成立廣西農林局，以陳大寧為局長。農林局所轄機關有：柳州、南寧、桂平三農場，槎路、茅橋、軍山、龍州、百色、宜山、雒容、桂林八林場，南寧、梧州、柳州、桂林、平樂、龍州、百色、天保八區農林示範場，容縣柑橘苗圃，南寧、梧州、柳州三昆蟲研究室，平樂棉業專場，土壤調查所，南寧骨粉廠等。廿四年六月農林局併入省政府合署辦公後，其所屬機關略有變更：柳州農場改組為廣西農事試驗場，南寧農場改組為南寧熱帶果樹場，桂平農場併入梧州區農林示範場，百色林場併入百色區農林示範場，宜山林場併入柳州區農示範場，桂林林場撥歸省立師範專科學校管理，土壤調查所直屬於省政府。又與廣東農林局合辦兩廣魚類繁殖場於桂平。農林局的實施政策，關於農業的：一、除主要產品的試驗研究外，特別注重蔗糖、棉業、蔴業的發展。二、試驗與推廣並進，一面切實試驗，一面指導農民。三、各試驗場除試驗費由政府補助外，以達到自給的原則。關於林業的：一、注重有用樹木的繁殖和桐油、八角的發展。二、造林推行，以強制或獎勵地方團體人民經營為原則，但大山嶺或特種林不宜於地方團體人民經營的，即由政府經營。關於墾荒的：普通荒地以獎勵人民開墾輔助自動移民為原則，但邊地要塞或地方治安有特殊關係的，得由政府辦理移民。關於農村經濟的：一、注意自耕農的扶植。二、改善農村經濟組織。

上述農林機關的沿革，尤其變動的頻繁，正可見政府對農注意的深切。

直屬省政府的農林機關，除農林局外，尚有廣西農村建設試辦區、廣西六萬墾殖區、廣西家畜保育所、廣西土壤調查所等，應分述其工作如下：

廣西農村建設試辦區，初名廣西墾殖水利試辦區，成立於民國廿一年，廿三年七月改為今名。地點在柳州、柳城之間，面積二萬餘方里。委由伍廷颺主持經營。創辦的動機在解決本省的土地問題，即是：使「無地的人」移入「無人的地」從事墾殖，進而幫助佃農購買土地，以實現孫中山先生民生主義中耕者有其田的主張。在工作進程中，政府同時推行農村放款，以解除農民缺乏資金之苦。工作計劃主要分為兩部分：一、建設新農村。全區分為沙塘、石碑坪、無憂三墾區，以沙塘為中心。全區有一實驗農場，佔地三百畝，利用科學方法改良品種及一切生產技術，藉作農民模範。此外有一經濟農場，佔地萬畝以上，利用新式機械，實行大規模的雇工經營。又有協作農場，係由私人集資組織墾殖公司，招致移民從事墾殖。二、改造舊農村。辦法有三項：第一為建築公倉。每值農產收穫後，由試辦區按市價收買，運銷外埠，所得利益，作為公共基金，舉辦各項公益事業，或充農民儲蓄，五年後如數發還。第二為開設公店，採辦農民所需日用品發售。第三為設立農民借貸處，放款月利一分，以農產作擔保，或十人一組連環保證。此外，試辦區復設有製糖、製油、製澱粉各種農產工場，並注意開塘築壩、發展水利，以及公私造林、其他農業經營的提倡。總之，舉凡農業生產，鄉村教育、農村經濟的一切事務，試辦區都努力推行。已有農事、製造、學校、辦公、住所等建築五十餘所，水旱作物二萬多畝，牲畜近千頭，苗圃兩處，林場九處。

1.廣西六萬墾殖區

六萬大山位於鬱林、興業、博白三縣與廣東合浦縣之間，全山面積約三千八百餘方里，谷深林密，小路崎嶇，向為匪藪。民廿一年土匪平後，省政府組織開發六萬大山調查團入山詳細探測，翌年調查完成，即設置六萬墾殖區署，以陳錫珖為區長，主持經營。署址在河崧村。區內政務概由區署辦理，略似獨立一縣。署設三科：第一科掌行政、墾荒、保安、教育；第二科掌建設、財政；第三科掌農林、園藝、畜牧。在山中有苗圃數處，牧場一處，小學二所。公路直達區署，並沿山腳擴寬道路使能行車馬而便運輸。區有警兵百人，山中從此安謐。

2.廣西安畜保育所

畜牧事業在廣西所佔經濟地位頗為重要。廿二年度本省對外貿易，生猪佔出口貨第一位，計四十萬九千餘隻，價值國幣七百二十九萬餘元；生牛佔出口貨第六位，計一萬九千四百餘隻，共值國幣一百零四萬餘元。因獸疫時發，畜產常受重大損失，省政府乃於廿三年設立廣西家畜保畜所於南寧，專司發展畜牧事業，以馬名海為主任，聘羅鐸為技術顧問。該所主要職務有二：一為防治獸疫。一面設備機器製造藥液，一面訓練獸醫人員派往各縣工作。計劃設立獸疫檢驗處以防止病畜入口，及辦理省內的牲畜登記。二為改良畜種。該所畜牧部在貴縣設有牧場，一面選擇及介紹優良牲畜品種，一面試驗良好飼料的生產。並設法限制劣種牲畜的繁殖。

省政府為防治獸疫，特設廣西畜牧獸醫養成所以訓練人才，所主任由家畜保育所主任兼任。第一期召收學生三班，共一百五十人，由各縣考送初中畢業生到邕，修業一年，學科有細菌學、病理學、傳染學、防疫學、畜牧學等。畢業後派回原藉任獸醫技佐，受廣西家畜保育所的指導，從事獸疫防治及畜牧推廣工作。第二期只招生九十二人。

3.廣西土壤調查所

民國二十年十月假南寧茅橋林場為籌備處，次年一月開始調查邕寧縣土壤，六月調查完畢，七月遷柳，假柳州農場的圖書館陳列室為所址，正式成立，藍夢九為所長。主要任務分野外調查、室內化驗、栽培試驗三大部。計劃五年內將全省各縣土壤調查完成，步驟為：前三年為主要縣份土壤的詳細調查，次一年半為各區土壤的概略調查，後半年為全省土壤的檢閱調查。到廿四年底、邕寧、柳江二個主要縣份已調查化驗完成，將土壤標本陳列。

乙、農業品類

廣西農產品類不少。較普通的，糧食類有：稻、大麥、小麥、蕎麥、玉蜀黍、粟米、薏米、甘薯、木薯、芋頭、大豆、綠豆；果實類有：柚、柑、橙、橘、桃、李、梅、柿、梨、龍眼、荔枝、黃皮、枇杷、芭蕉、板栗；蔬菜類有：蘿蔔、白菜、芥菜、草菰、豆類、瓜類及其他青菜；此外尚有菸葉、糖類、芝蔴、花生等物。現將全省農作產品分述如次：

1.稻

水稻和陸稻都有，而水稻較多。水種分粘稻、粳稻、糯稻三種，就中粘稻佔十之八九。省內水田一般年種兩造，極北縣份只能種一造，極南也有種三造的。廿二年全省稻穀產量為六千二百餘萬擔。

2.玉蜀黍

在本省通稱包粟、玉米或包米。除稻和薯芋外，省內農產以此為最多。西部各縣和貴縣、羅城等都是大宗出產地。而同正、果德、東蘭以西各縣，因山嶺多，稻作物少，交通不便，農家都以玉米為主要食料，甚至有終年食它的。廿二年全省玉米產量約五百八十餘萬擔。

3.黃豆

本省豆品以黃豆為最多。黃豆除供直接煮食外，尚可製豆芽、豆腐、豆豉、豆醬、腐皮、腐乳等。廿二年全省產量為一百卅餘萬擔。

4.薯芋

薯和芋都是塊根作物，同屬省內農民主要食品和牲畜飼料。本省所產甘薯有紅皮、白皮兩種，白皮薯有紅心白心之分，紅皮薯卻有紅心白心黃心之別。廿二年薯的產量共約一千三百餘萬擔。芋頭分為檳榔芋、水芋、畬芋數種，以檳榔芋品質較佳，但其產量卻較少。廿二年芋頭產量共約五百萬擔。木薯種的也多，充食料和飼料，年產百餘萬擔。

5.糖蔗

本省產蔗分甘蔗和竹蔗兩大類。甘蔗肥大甘脆，供人嚼食以為解渴之用；竹蔗細小，含糖量多，宜供製糖。竹蔗以貴縣、柳城、柳州、邕寧各縣為最多，全年產蔗約六百七十餘萬擔。各地多用舊法製成黃糖、白糖，品質欠佳。省政府在貴縣設大規模糖廠，廿四年十一月開始生產，資本一百二十萬元。

6.花生油

花生在本省種植面積很廣。產地以富川、貴縣、邕寧、武鳴、永淳各縣為著名。油房收買花生以榨油。廿二年本省對外貿易，花生油輸入近二萬擔，是省內消費一部分尚須仰給於外來。

7.菸葉

品種有黃菸、白蠟菸等。白蠟菸品質最好，但產量很少。產地首推武鳴，其次柳州、賀縣、桂林、北流。廿二年全省產量約十四萬擔。

8.苧蔴

有烏龍蔴、六白蔴、刀蔴各種。烏龍蔴質好而產少；六白蔴的蔴條不能耐久，種的不多；刀蔴質佳，產量也多。平樂、荔浦、蒙山、桂林、陽朔一帶為主要產地，廿二年全省出產七萬四千擔。

9.禽畜

有牛、馬、猪、羊、雞、鴨、鵝、鴿等類。廿二年全省飼養數目，計：牛二百三十餘萬頭，猪三百餘萬頭，雞一千八百餘萬隻，鴨七百餘萬隻。

丙、林業林產

廣西號稱山國，面積十分之六為山嶺。但其中四分之一為石山，樹木不多；半數山嶺尚屬童山，尚待造林。較大的天然林，僅邊境的懷集、龍勝、三江、宜北、融縣才有。桐、竹、杉、松、茶、桂盛產於鬱江、柳江、桂江流域各縣，八角則左江、右江流域各縣多有，以田陽、田東、天保、靖西為著。林產在本省亦佔重要地位，在廿二年全省十三種大宗輸出品中，林產佔了七項，計值毫幣為：桐油五二〇萬元，茶油一九五萬元，八角及茴油一三〇萬元，桂皮及桂油八五萬元，柴三六二萬元，木材一五八萬元。

本省對造林設施分三部分：一、政府直接經營。如軍山森場及各區農林示範場，共有林木二千餘萬株。二、地方推廣。凡縣、區、鄉、村、學校均辦理公有林，除學校得量力經營外，縣有林面積至少二千畝，區千畝，鄉五百畝，村二百畝；所種以馬尾松、杉、油洞、茶樹為主。三、特殊處理。如各河流沿岸造林、各縣石山林木保護、大山嶺的造林等。

對墾荒設施，係根據省頒省有荒地處理發放請領規則，獎勵人民請領開墾。前各林墾區署及農林局自十六年六月至廿四年四月，計發出荒地二七七起，面積共三四四〇〇〇畝，請領的有公司、鄉村、學校和個人，位置以在雒容、柳城為最多。

二、礦產

甲、礦務機關

廣西礦藏不少，金、銀、銅、鐵、錫、錳、鉛、鋅、鉍、鎢、鉬、銻、煤、砒、水銀、石膏、石棉、硝磺各礦都有。以錫礦為主要，金礦次之。民國初年，省當局以省內礦業漸見發達，乃制訂條例管理，並徵收稅項，自此，凡想開礦必須向政府領照。十四年建設廳成立，礦務行政即歸其主管。廿三年建設廳裁撤，成立廣西礦務局，並置駐富賀鍾、駐丹池、駐田南三辦事處。廿四年六月礦務局併入省政府辦公，各辦事處改稱廣西省政府礦務局駐某某區辦事處，駐平桂區辦事處設在鍾山縣西灣，駐百柳區辦事處設在南丹縣大廠，駐天龍區辦事處設在田陽。礦務局當時的主要工作是：一、開採富賀鍾錫礦及賀縣鎢礦。二、探測河池、博白錫礦，那坡煤田，桂林鋅礦，武鳴、上林金礦，及田南油沙母岩。三、調查田南一帶及昭平金礦，養利、向都、鎮結等縣金礦及水銀礦，三江、融縣鎢礦、硫磺及石棉，羅城一帶煤田，各處錫礦金礦礦區的水源。四、全省地質調查。五、行政方面，修訂本省礦業單行章程，整頓礦區及其水源，勘測商民請領的鑛區，獎勵礦區的發現。

乙、主要礦產運輸情形

按錫、金、錳、鎢、鋅、銻、煤序述如次：

1.錫礦

在本省開採，由來已久，但民國以前無案可稽。民元至二十年間，每年平均產約三十餘萬斤，嗣後產量大增，廿二年為七十餘萬斤，廿三年幾及二百萬斤。運銷狀況，富賀鍾純錫出口，多由八步雇用民船沿賀江到廣東都城，轉運廣州、香港銷售，運費連稅項在內每噸毫幣六百零九元三角三分，燃料、開採、機務、提煤、營業、機器折舊及股息各項共需一千三百六十三元二角一分，到港售價每噸折合毫幣三千九百二十元，故純益為每噸毫幣一千九百四十七元。此為廿四年的行情。當時八步有運錫商號十五家。至南丹、河池的純錫，多集中大廠，經由運錫商號販至港粵，每噸運費稅項為毫幣六百七十一元三角五分；若運銷貴州，由大廠至獨山運費毫幣一百九十四元。

2.金礦

以武鳴、上林、田陽、昭平各縣為著。田陽礦區，因地形狹峻，不宜於機器開採，商民公司領得礦權後，包與鄉民採掘淘砂，平均分取淘得的金砂，各自攜往墟市出售；該區金市，集中於那坡埠、田州墟、那滿墟、平馬四處；再由商人收買金砂，運下南寧，轉售於金店。

3.錳礦

出產以武宣、桂平、宜山三縣為最多，柳州、來賓、興安、懷集、蒼梧、平南、橫縣、邕寧也有出產。全年產量約二千餘萬斤，均運銷於香港。廿四年每噸礦砂售價港幣十四元，純益港幣一元強。

4.鎢礦

產於賓陽、賀縣、恭城。賓陽的在火成岩石英脈中為脈狀；賀縣和恭城的雜在風化花崗岩砂土中為粒狀。廿四年產量共約七百噸，均運銷香港，每噸港幣六五二元，純益八二元。

5.鋅礦

分兩種：閃鋅礦產於桂林城西葛家塘，運銷香港。菱鋅礦產於三江、融縣，量不多，用作藥物及顏料，運銷上海。

6.銻礦

也有兩種：紅銻即養化銻，盛產於田陽、天保、鎮結、平治；青銻即輝銻，產於賓陽、橫縣、武宣、南丹、河池、富川、賀縣、鍾山、懷集。兩種儲量均豐，以銻價低落，開採不多。

7.煤礦

已開採的為西灣、合山兩處。西灣煤礦在清末時由政府雇德人購機採掘，後以運輸困難而停辦。現用土法開採，日出約四十噸，以汽車運至水岩壩錫礦場供機器燃料使用。合山煤礦在遷江城西百里，運輸極不便，由公司以土法開採，工人約三百名，平均日產煤三十噸。尚有那坡煤礦係次等煙煤，只宜提煉汽油、原油，低溫炭等。

三、工商業

甲、機關

廣西工業，除少數省營新式工廠外，大部分都是農家副業，如紙、油、糖等便是。商業也以農產及其副產的貿易為主，除梧州、南寧、柳州、桂林略有完備的商店外，餘多以墟市為交易的重心，即大埠如桂平、貴縣等都是如此。故以地位論，本省的工商業實農業的附庸、但以農礦豐富，在在足供工商業的發展，省政府遂於廿二年三月設立廣西工商局專司其事，辦理工商業團體註冊、工商業公司舖戶登記、商標註冊等項。廿四年六月與農林局礦務局併入省政府辦公，改稱廣西省政府工商局，仍由楊綽庵任局長。其附屬機關，有：廣西度量衡檢定所、廣西印刷廠、廣西酒精廠、廣西糖廠、廣西省營蔗糖公倉、廣西桐油廠、南寧染織廠、南寧製革廠、賓陽瓷器廠等。

乙、工業

1.手工業

本省手工業多仍保持二十年來的生產方法，其故有五：一、交通不便，接受新文化不易，故外地出品已多改良，而本省民眾尚未知道。二、本省手工業及農民副業，能做的才做以增加收入，非完全賴以為生，故不注意於改良。三、農民智識簡陋，對新出品多無模仿的能力。四、農民多貧而無資本，縱知出品可以改良，但無力購買新式工具。五、政府對此向少注意，未能普遍指導。有此五端，故凡素來享譽的日用工藝品都銷路日蹙，能維現狀的，僅無需技巧的油糖製品而已。

紙業

都安、隆山、那馬的紗紙最著名，以清末至民十間為最盛，年產約五萬擔，運銷港粵，價值約百萬元，用以製紙傘、包物無裱糊等；自洋傘盛行，包物用油光紙，此業乃日衰，廿三年份輸出不及一萬擔。次為興安湘紙、昭平桂花紙、容縣東紙、岑溪福紙等，質料不良，僅供日常使用，年產也不多。

油業

最普通為花生油，各縣皆產，而柳州、邕寧、平樂、賀縣最多；民十六七年最盛時，年約輸出一萬五千擔，嗣為北方的油南來傾銷，遂銷少價跌。桐油為本省特產，各縣都有，而古宜三江口一帶為最多；民十七八年最盛時，年約輸出十二三萬擔，價值二百餘萬元。後因美國試種桐樹成功，本省油質又不及四川的好，業漸衰落。龍州、百色的八角油、平南的桂油，亦屬本省特產，出品十之八九皆運銷國外，年約共值一百五十萬元。

糖業

各縣皆產蔗，故製糖的多，尤以柳州、邕寧、貴縣為著。柳州多出白糖，銷慶遠及貴州邊境。其餘各地多出黃糖，全省每年出口約四萬擔。

紡織業

紡織業也徧於各地，但以柳州、桂林、鬱林、邕寧為多，各有織機約二千架。柳桂業此的多為湖南人，邕鬱業此的都是本地人。四地都能造複雜的花布與毛巾，但鬱林所出特著。在本省手工業中，能獨立謀生而脫離農家副業地位的，僅紡織業而已。

瓷器業

北流、賓陽、横縣都出瓷器，賓陽尤著；但都屬中下品，工商局特在賓陽設廠改良，成績頗有可觀。

2.機器工業

指使用動力的工業。分民營、省營、公用事業三大類，分述如次：

民營

民營工廠多集中在梧州及南寧，共約四十家，經營機械、修理、製麵、切菸、印刷、織造、碾米、鋸木、火柴等，工人共約千餘，投資總數約百餘萬元。此外，桂平、融縣、雒容各有碾米廠數家，柳州、桂林、那坡各有切菸工廠，算是各縣的新興工業。

省營

省營工廠開端於清末，如桂林的廣西官書局、桂林和梧州的工藝廠、八步的採煤公司等便是；以政局多故，大都不能繼續，僅官書局獨存，黃紹竑氏主政，成立的工廠有南寧製革廠、廣西酒精廠、柳州機械廠、兩廣硫酸廠等，尚有數廠因十八年政變而未成。二十二年工商局成立，接管酒精廠，恢復製革廠，改組官書局為一極完備的廣西印刷廠，辦理賓陽瓷器廠以改良瓷業，建立南寧染織廠以減少洋布入口，設置梧州桐油廠以改進桐油質素，籌辦蔗場和糖廠於貴縣以發展糖業，又設製藥廠於梧州以供給各種疫苗。

公用事業

在本省的公用事業只有雪力廠、自來水廠兩種。電力廠已開辦的，廿四年時已有桂林、平樂、梧州、鬱林、北流、宜山、柳州、南寧、百色、那坡、龍州等處，主要是供給電燈。廿三年將地方公營的梧廠改為省營，嗣改名為廣西電力廠，以龍純如為經理，負責統籌全省電力事業。桂林、柳州、龍州三廠均加整理改為分廠；八步礦區需電甚切，也籌設分廠。自來水廠由梧州創始，廿一年秋成立；廿四年六月改名廣西自來水廠，以何棟材為經理，負責督率及指導各地分廠工程與管理事宜，將來對於新設水廠，由總廠將人才機件統籌分配，以求經濟及統一事權。南寧水廠是繼梧州之後成立的。

丙、商業

1.商業概況

省內商情和對外貿易分述如次：

省內商情

民十以前，省內政治環境安靜，經濟狀況穩定，商情最佳。其後連年多故，民十八年俞李之役，省發氏幣低折；十九年外省軍隊入境，商務停頓。到二十年省局底定，元氣稍復，又遭世界經濟恐慌的侵襲，農村崩潰，百事衰落，商號倒閉層見迭出。只就梧邕兩埠而論，在廿三年尚能獲利的，南寧有航行、建築，衣帽、板木私業；梧州僅有建築和布疋染色等業；其餘各業，不告虧折，即僅敷皮費而已。

對外貿易

民廿以前無整個統計，但以年來金銀出超與外匯率頻升各事為證，確處逆勢。到廿二年情勢已有轉變，出口略增，入口激減。大宗出口貨計：生猪四十一萬頭，值七百三十萬元；桐油約十八萬九千擔，值四百零七萬元；柴炭約值三百六十萬元。比廿一年增加的為生猪、桐油、柴、錫、皮草、生牛皮六項，共增值五百九十四萬元；比廿一年減少的為米、木材、牛、家禽、紙五項，共值二百三十六萬元。兩相抵銷，廿二年尚增值三百五十八萬元。大宗入口貨廿二年比廿一年價值減少的，計棉紗一百六十四萬元，棉布二百七十四萬元，煤油二百零六萬元，紙四十九萬元，魚介海產十五萬元，金屬製品三十一萬元，以上共減少七百三十九萬元；但食鹽卻增五十九萬元，捲煙增二十一萬元，以上共增八十萬元；兩相銷，入口貨值尚減六百五十九萬元。這是政府政策推行及人民購買力弱的結果。

2.主要城市商況

依資本總額大小的順序，略述各城市在貿易上的地位。梧州為本省進出口百貨轉輸的樞紐。南寧為出入左右兩江貨物集散市場，及本省與雲貴兩省交易的重要商場。桂林為本省對湘貿易的中心。柳州為貴州及本省轉輸木材的集散市場。鬱林為本省對廣州灣貿易的中心。賀縣為賀江流域各縣對廣東貿易的要樞。百色為本省對雲貴貿易轉運的樞紐。龍州為桂越邊地商業重鎮。資本總額梧佔首位為二七八萬元，龍居末席僅一〇萬元。

3.重要商行概況

有平碼、花紗、牲口等行，其營業情形略述如下：

平碼行

平碼行在梧、邕、柳、各貨物集散市場為較大的商行，專為代客買賣貨物，收墊貨款，或遇貨主付來貨物，則先行通融墊款以資週轉，然後向買賣雙方索酬相當行佣。簡單的說，這行營業係運用資金助長買賣貨客的活動能力，故需資本特別雄厚。經由平碼行交易的貨物有穀米、豆類、桐油、生油、茴油、八角、雲耳、蔴、麩及其他山貨等。其內部組織與舊式商店同。

花紗行

本省棉紗輸入年值國幣千萬元，其中轉銷滇黔的約佔十分之三。該行賣出貨物結賬期限常在一兩個月後，故需雄厚資本。而業務盛衰與金融業及各出口行商也有密切關係，故其商場地位頗為重要。

牲口行

本省牲口輸出年值國幣九百餘萬元。此行經營方法，係用雄厚資本，分託猪牙（與鄉間農家接洽的仲介人）出發各地搜集猪隻，然後轉運粵港發售。經營雞鴨出口的，在梧州有大牲堂的組織，專以接受各處運來的貨代為配運，反酌量分發港粵牲口經紀行為業。

外籍商行

有美孚、亞細亞、德士古三公司，本省煤油消費，悉尤其供給。資本大，會經營，地位穩固。

四、金融：

甲、金融機關

1.廣西銀行

最初成立於民國元年，民十粵桂戰爭，基金悉被挪充軍餉。民十五另行恢復營業，民十八政變又告停業。廿一年改為官商合辦，資本定為一千萬元；省政府為無限責任股東，佔股百分之五十一；商股佔百分之四十九。為有限責任股東；五月公布廣西銀行條例，組織董事會從事籌備；八月省政府由驗契稅項下先撥毫銀三百四十萬元，開始營業；其後商股募得一百八十八萬餘元。銀行董事會負立法監察責任，另設總管理處負責行政。在南寧、梧州、香港三處設行，桂林、柳州、鬱林、龍州、八步五處先設匯兌所。除營一般銀行業務外，並發行兌換券。

2.銀號

梧州有五十餘家，南寧三十餘家，桂林十餘家，鬱林四家，百色三家。資本多的只十萬元，少至三千以下。營業大體與銀行相同。定期存款分三月、半年、一年，週息由五厘至八厘不等；活期存款週息六厘。信用放款期限隨時約定，年利一分至一分四厘不等。往來透支以六月及十二月為期，週息一分一厘至一分五厘左右。南寧的「交收放款」為信用放款的一種，半月為期，期息六厘至八厘。匯兌多屬信匯，俗稱例匯，除省內各地外，省外如廣州、佛山、上海、南京也可通匯；例期日數，由邕匯粵匯港三十日，匯梧二十日；由梧匯粵匯港均以十日為期。買賣生金銀及各種貨幣，視價格漲落以漁利，各處相同。

3.農村放款機關

本省金融機關向不注意農村放款，廿二年廣西銀行才就各行所附設農村放款部，開始試辦。銀行最多以五萬元為限，匯兌所最多以三萬元為限；並設代理放款人經理放款事宜，每人承放金額以五千元為限，必要時可增至一萬元。借戶以抵押借款一百元為限，十個月為期，月息一分五厘，其中一分為銀行利息，五厘為代理放款人酬勞金，不另支薪。各行所農村放款以柳州較多，一年間放出三萬元左右。放款辦法，柳州假手於沙塘農村建設試辦區，鬱林假手於六萬墾殖區，其餘行所則覓代理人辦理。

乙、貨幣概況

省內交易，以毫銀為本位。流通市面的貨幣，有紙幣和硬幣。硬幣有舊東毫（廣東民七至十一年所鑄銀毫）、中山毫、廣西毫（嘉禾毫）、銅元四類。紙幣有廣西銀行鈔票、金庫券、國幣券、縣金庫銅元券數類。分述如次：

1.毫銀

省內流通毫銀數量，估計約一千萬左右，其中以舊東毫為數較多、中山毫、嘉禾毫次之。

2.銅元

流通市面有當十、當二十兩種。其與毫銀的兌換律，均為銅元二十枚左右兌毫銀一角。

3.紙幣

省內流通的紙幣，以廣西銀行鈔票為最多，在廿三年底約達六百四十餘萬元；票百分一元、五元、十元三種，以通用毫銀為兌換標準。金庫券係廣西省金庫民國廿年所發行，流通省內各地共約一百萬元，券面也分一元、五元、十元三種，毫銀為單位。國幣券也是省庫所發，因本省一切稅項收支都以國幣為本位，為求出納計算劃一及便利商民起見，於廿三年七月開始發行，每張票面國幣一元，可以兌換毫銀一元三角。各縣縣金庫所發的同元券，係因各縣銅元充斥，收支困難，省政府特定章程，准由縣呈准發行，計有三十三縣，共發行每張百枚券一百六十萬張，行使範圍限於各該縣區域以內。

省內尚有幾種專供買賣之用的貨幣，如龍洋、中山洋、袁頭洋、港洋、法光、龍毫、民毫、港紙、法紙等。

丙、劃撥制度

劃撥制度，省內只邕梧兩埠商務較盛，故亦施行。梧州所行與各處略同。惟南寧不假手於銀號，而由商會附設撥數處來處理，規定每月一日及十五日為清算日期，與他處無定期的不同，其撥數方法，各債務者在撥數期前向撥數處購買空白撥數單，將所欠各號債款分填，送交債權者轉繳撥號處彙集登賬核算後，通知各號指定其撥款交收商號及數目，並定於通知後二日內為交款期，債權者收款，即以收款通知單交債務者，轉送撥數處銷賬，撥數手續才告完成。南寧獨行此制，一因政局影響，紙幣濫發；二因硬幣成色參差，鑑選困難；三因銀號資力微弱，不能負劃撥責任之故。

五、結語：

由現在回顧當年，雖說是有計劃的經濟建設，企圖由此以達到工業化，但計劃頗欠周詳，過於求速效，廣西大學校長白鵬氏廿七年八月在張培剛著《廣西糧食問題》序中有坦率的批評，他說：「過去十年建設之所以尠成效者，原因固不止一端，而求速效實為大病。故往往先設工廠，後找技師，再尋原料與燃料，原料燃料不足，則惟有停工以待之；逮製出成品，然後再想銷路。以是故障百出，興味漸減，然仍歸咎於人財兩缺，致不能為所欲為，然幸好人財不足，否則此等建設的浪費，當不知更要驚人若許矣？」白氏的話，實工業建設的針砭。

但有人從小事看出人民生活改善的。《巴黎午報》、《晚報》、《共和日報》、《路透社》主筆羅格（Henri Lecraude）廿四年十月九日對南寧《民國日報》記者談話說：「……年來歐洲各國皆聞中國之廣西省各種建設甚為進步，惟事實如何，我很想親自一看，故特乘赴安南之便，假道香港廣州來桂一行，一方面為遊歷，一方面藉以參觀廣西的新建設。……上次由粵來邕，在梧州、鬱林兩地各住一晚，覺得廣西雖無鐵路，但在這貧省，而汽車公路能如此發達，誠屬難得。至於乞丐，在各國很多，但我此次踏入廣西境內，未見乞丐一人，這是一種極好現象。梧州地方雖小，而其衛生清潔為省外其他商埠大所不能及。……」當時政府絕無取締乞丐命令，其所以絕跡，可知人民各有生計了。

拾玖、抗戰回憶之一：廣西南寧第一次淪陷與收復

在八年長期抗日戰爭中，南寧曾經受過兩次淪陷和收復：第一次淪陷，是在戰爭第三年（民廿八）十一月廿四日，翌年十月三十日收復；第二次淪陷，是在戰爭第八年（民卅三）十一月初間，翌年五月廿七日收復。關於第二次的情形，有待於另文記述。此篇專述第一次的經過情形；而且我是站在當時地方官的地位來敘說的，所以涉及行政協助作戰的工作和戰時民間景況較多；對於軍隊作戰的實況，因事非躬親，且歷時已久，追憶難詳，即問之當年參戰的友好，亦只能得其彷彿，故描寫粗略，極感遺憾！

一、南寧安危、影響全局

南寧是廣西原來的省會，位置在廣西的南部。此地為公路交通的樞紐；南通欽縣，聯絡北海；西通龍州，經鎮南關而達越南；西北通百色；北通柳州、桂林，更由柳州而達貴陽；東南通鬱林而達廣州灣。當抗戰進展到了第三年，武漢、廣州都已淪陷，臨時首都退居重慶，日軍忽然向南寧來進攻，對抗戰全局的影響是很重大的。倘南寧有失，敵人由此再攻柳州，指向貴陽，則重慶將不能高枕而臥。即使敵人坐守南寧不動，而我對外貿易和武器輸入的通路，也將被其封鎖而阻斷，會使我經濟為之動搖，民心和士氣為之沮喪，勢不能支而放棄抗戰。敵方下這一著棋，可說是很厲害的。

南寧城區緊靠邕江北岸。邕江是由龍州東下的左江和百色南下的右江到南寧城西四十里的三江口匯合而成，橫過邕城南面向東流去。距離城北大約五十里橫亘著一道險峻山脈和邕江平行，儼然像一幅南寧北面的屏障。這山脈西盡右江，東抵橫縣，綿延二百餘里。穿過山脈的兩座險隘：在城正北五十里的名高峰隘，邕色公路經此處而達武鳴、百色；在城東北一百二十里的名崑崙關，為宋時狄青元夜破儂智高處，邕柳公路在此經過而達賓陽、遷江、柳州。在這兩座險隘中間的地帶，只有崎嶇險阻

的小徑，連步兵也不易通過。在這山脈和邕江中間，一片丘陵、田野、村落、溪澗、錯綜分布。由邕城渡江而南，循邕欽公路行約二百里而達欽縣，十萬大山東端盡頭，正在邕欽公路的西側，沿途地勢也和江北大致相同。

就軍事上說，在這樣的地理形勢之下，如果最初能夠在欽縣、防城的海邊就阻止敵人上不了陸，最為上策；否則只好退一步，拒止敵人不使渡過邕江了；再不能，只好固守南寧城了；又不能，那便只有扼守住高峰隘和崑崙關，以阻止敵人的深入了。

二、守備單薄、輕失名城

然而當時我方對上面所說的第一、第二、第三步都做不到，原因是兵力太薄弱了，只好隨著敵人的前進而逐步退守高峰隘和崑崙關，等待後方集中了大軍，再行反攻。

那時擔任警戒廣東的高雷欽廉和廣西的南寧龍州這區域的部隊，最新成立不久的第十六集團軍（總司令夏威、副總司令蔡廷鍇）兩軍（第三十一軍、軍長韋雲淞；第四十六軍、軍長何宣）四個師（師長黎行恕、賀維珍、蘇祖馨、魏鎮），士兵是廣西的；中下級軍官也大多數是廣西的，但優秀的早已參加了老部隊出發長江流域各處作戰了，這多是殘餘比較差些的；連武器也是七拼八湊頗為雜亂的；訓練的日子既短，作戰經驗更說不上。而且當敵人在欽防上陸時，四個師分駐各處，相離很遠，並非集中在一起。我記得從民廿七年冬天以來所有的情報都說敵人要由北海上陸，所以十六集團軍總部駐在貴縣對岸的南山，而置四十六軍部於南寧，在邕欽路上的部隊，恐怕只是一個師而已。想臨時飛調，既無鐵路，又不能空運，那能來得及？縱使能夠集中，火力、戰鬥力和敵軍比較，也相差太遠，夠不上阻止敵軍上陸和前進的，只能妨礙敵方修復公路，遲滯其前進罷了。果然，民廿八年十一月十五日敵軍在欽縣防城兩縣屬境上陸後，先鞏固其灘頭陣地，再去修理公路，十九日衝破我小董防線，分向邕龍方向前進，其主力直逼邕江南岸，江水並不很深，江面也不很濶，我軍在邕城又未構築有永久性防禦工事，所以在敵軍渡江和攻城兩個階段，都不曾經過很劇烈的戰鬥，到十一月廿四日，南寧這座名城，輕輕地便落到敵人手裡了。我軍只有退往邕欽公路兩側，不時偷襲敵後連絡線，和逐步退守高峰隘與崑崙關以掩護大軍的集中了。

三、戰崑崙關、我軍大勝

廣西和廣東，同屬第四戰區，因廣東先被敵軍侵入，故戰區司令長官部當時設在粵境，張（發奎）司令長官正在曲江對粵方之敵作戰，十二月八日才來到遷江指揮對邕戰事。在戰區之上的軍事委員會委員長西南行營卻近在桂林，但行營白（崇禧）主任適因公去了重慶，敵上陸了四天（十一月十九日）才飛返桂林，旋即率領一部分幕僚趕往遷江設指揮所指揮作戰。我那幾天正患惡性瘧疾，寒熱大作，不能辦公，白主任臨行前來看我，說：「我方部隊集中，要三個星期才能完畢，預料是趕不上在邕江南岸和敵決戰的了。」

敵人佔了南寧城，後隊跟著陸續而來，到了十一月廿七日，渡過邕江北岸的，已達一個師團。廿九日以小部隊來攻崑崙關，偵察我軍的情形，我軍將其擊敗後，乘勢作小規模的反攻，雙方都有傷亡，但敵損失比我為大。十二月一曰我軍繼續攻擊前進直到八塘。同這一天，我在敵後的部隊將小董攻陷，作短期的佔領；但敵也攻佔我高峰隘。這是我大軍集中前和敵人在幾處的小戰。

蔣委員長非常重視這次對南寧敵人的作戰，自十二月七日決定反攻後，即集重兵、懸重賞以求必勝。十六日又派李任潮陳辭修兩位由渝飛桂轉柳協助白主任作戰。十八日大反攻開始，即日克復高峰隘；並將邕賓路上的敵軍截為四段，但敵軍依然頑強抵抗。我方對邕賓路之敵，使用了唯一的機械化部隊第二百師和另外許多精銳的部隊，雙方對崑崙關的爭奪，數得數失，打得慘烈非常。到廿三日崑崙關和九塘殘敵仍未肅清。直到卅一日除外才結束這一場惡鬥。此役，計殲滅了敵軍一個聯隊，奪獲了不少戰利品。過了年，一月十六日，第五軍將那些戰利品運到桂林來陳列展覽，頗使觀眾引起對戰勝者的欽羨。第五軍在此役犧牲也很大，後來崑崙關山上建立一座「第五軍抗戰陣亡將士墓」，以供憑弔。

這是對邕敵作戰第一個回合，我方獲得了勝利。

與崑崙關會戰同時，十二月廿一日，敵以一部奇襲龍州、憑祥、鎮南關，但其掩護隊在綏淥與思樂間被我擊敗，斬獲甚多，故敵於廿五日將龍州焚燒而遁。

我軍由於崑崙關會戰，得到了兩項的教訓：一、打破了我軍官兵向來以為敵軍戰必勝、攻必克、守必固的傳統觀念。由這次崑崙關的爭奪戰和最後該敵被我殲滅，則敵戰亦敗，攻亦不克，守亦不固，而且該敵為歷來有名最強的第五師團。二、對步兵炮兵協同動作一事，必須得到合理使用而後能收獲戰果，有了深刻的瞭解，現在才知道所謂戰術戰術，真是戰鬥須有技術，才能取勝！上面的話，是白主任（崇禧）在會戰後一月廿六日遷江會議中說的。

四、敵肆攻擾、僅固邕防

我軍雖然打了一次勝仗，卻是傾盡全力的，但敵軍並不因此而動搖，使我不得不籌備再度的攻擊。蔣委員長深感此戰關係的重要與困難，民廿九年一月七日由渝抵桂，八日我晉謁於北門外虞山廟行轅，報告行政方面協助作戰的措施，委員長表示：「敵對軍事如無辦法，或將擁汪出來。」當日下午他即乘火車赴柳轉遷江和白主任（崇禧）、張長官（發奎）商討作戰方策；十一日返抵桂林，約梁寒操、鄧公玄、李任仁、呂競存及我晚餐，他對我們說：「對南寧的敵人，不可性急，這已是敵人最後的一著了，我若能勝，則全局將為之轉變。」十二日他飛返渝，留李任潮、張文白、陳辭修三位在桂與白主任張長官商量如何擊敵的計劃，謂將採取慢行、穩打、整打三個原則；事實上如果逞強急攻，不計勝敗，零星襲擊，都是徒招損失，無補於事，自耗實力，反難持久，故不得不如此的。

敵人想是料到我方得了一次勝利，定會再來進攻，於是先發制人。先於一月廿九日攻永淳縣，卅一日在甘棠與我軍交戰；二月一日又攻高峰隘和崑崙關，很快便將武鳴、賓陽、上林三個縣城佔領；但只盤踞數日，到二月十二日，已先後自行向南寧撤退；並即時將這消息廣播，意在表示其進退任意，非我所能防阻，這未免太輕狂了！敵人這次的行動，全為掃蕩我軍使之遠離，以鞏固其南寧的守備，自始即無向我內地深入的企圖。當敵初上陸時，第五戰區李（宗仁）司令長官已經看到這點，來電警告我們云：「敵未必大舉攻桂，關於空舍清野的實施，不宜太過急劇，以恤民力。」同時，上海、香港所得的情報也說：「敵方在華的陸海軍官都主張勿向中央深入，應向左右展開，以遮斷鎮南關和完全佔領雷州半島，嚴密封鎖中國對外貿易的通路，使國府求和。」可以為證。

敵由賓陽撤退時，拉我民眾二千多人挑擔到五塘或四塘然後放還，但扣留婦女百餘名不放，男子有被其打斷右臂的，可謂殘暴！

這是對邕敵作戰第二個回合，我遭遇了失敗。

五、柳州檢討、大行賞罰

因第二回合的失敗，表現了事先如何周密地注意和籌劃，都歸落空，有詳加檢討的必要。蔣委員長十分鄭重其事，二月廿一日由渝飛桂，當晚乘火車赴柳州，親自主持軍事檢討會。軍事委員會、西南行營、江南各戰區等高級將領多來參加（如商震、薛岳、余漢謀、李漢魂等均到會）。檢討範圍，似頗廣泛，不限於桂南會戰，且不限於第四戰區。廿五日會議結束後發表獎懲如左：

西南行營主任白崇禧督率不力降級。

政治部長陳誠指導無方降級。

第二十七集團軍總司令葉肇扣留軍法會審。

第三十八集團軍總司令徐庭瑤撤職查辦。

第三十六軍軍長姚純撤職查辦。

第六十六軍軍長陳驥撤職查辦。

第九十九軍軍長傅仲芳撤職查辦。

第三十六軍參謀長郭肅撤職查辦。

第四十九師師長李精一撤職查辦。

第三〇三師師長未士台撤職查辦。

第九師師長（姓名已忘）已陣亡免究，該師番號取消，改稱無名師。

第三十五集團軍總司令鄧龍光記功一次。

第四十六軍軍長何宣記功一次。

第（番號已忘）師師長王（名字已忘）記功一次。

蔣委員長廿六日乘夜車由柳州回桂林，即飛返渝。

經過了這兩個回合，大家對於敵我力量的了解更加深刻，要想將敵人逐出南寧，決非輕易的事。三月間在桂林有一次黨政軍幹部的集會，白主任曾公開地說：「軍事上對敵不宜硬碰，免得反被敵方消耗我的實力，使我反難持久。」但因敵人放棄賓陽，無異聲明其無進犯柳州之意，這使大家稍微安了一點心；尤其廣西未被敵擾各地的人民，更覺可以略鬆一口氣。但在當時的政治空氣上，因有這次的戰敗，不特白崇禧氏個人在公受降級的懲處，在私受很多的批評；更有許多人對整個廣西的一切，乘機尋瑕抵隙，指責不遺餘力。這所謂「滿招損」，因廣西在抗戰前那幾年，實在是虛名過盛了。

六、地方與軍、協力同心

對敵人直接作戰，自然是行營、戰區和部隊的事，但協同作戰，卻是當地政府（由省、行政區、縣、區、鄉鎮到村街各級）的責任。協助究竟是被動，做主動的是行營和戰區。想協助的工作做得好，固然是首先要被動的應盡其所能，尤其在主動方面領導指示的適宜和聯繫的緊密。這在人事關係上便很關重要。行營白主任原來就是廣西的領袖之一，和我又是久共患難的袍澤；行營後來改為桂林辦公廳，主任換了李濟深將軍，他是我在陸軍大學肄業時的教官，又同是梧州府人；戰區張發奎長官又是當年護黨救國時期的戰友，民十九年我被滇軍圍困於南寧，是他率隊隨同白總指揮由柳州趕去解圍的；因有這些不同尋常的關係，彼此互相了解，毫無隔閡。行營和戰區對省政府都很少用命令，常愛用會議的方式來處理問題。列舉起來，計白主任用過三次為最多，因戰事初起，情勢緊張，諸事繁忙之故。其中頭兩次都是在接近前線的遷江召開的。第一次在廿八年十二月六、七、八日，參加的人員為省級的黨政軍幹部，討論動員民眾問題，決定設置軍民合作站和軍隊使用民團的方法。第二次在廿九年一月廿五、六日，參加人員為省參議會議長、綏靖公署處長以上、省政府廳長以上、和全省十二個民團區的指揮官，檢討各種組織應如何增強以適應戰時問題、鄉村長生活費問題、財政問題、難民救濟問題，特別是對民團游擊隊的編組與運用問題，格外致力研討。第二次在二月廿六日，即柳州軍事檢討會議畢後，白主任命令我召集綏署參謀長和三位處長省府民政廳長和總務處長、十六集團軍總司令和四十六軍軍長、並三位民團指揮官研究關於兵員補充有關各問題；當時我和民政廳長視察賓陽、宜山各縣後回到柳州，乘各人在柳之便，集會商討以解決此項急要的問題。桂林辦公廳李濟深主任也召集過兩次會議：第一次，廿九年八月二日在桂林召集黨政軍聯席談話會，聽取辦公廳林蔚副主任報告桂南戰況，謂一個月來我軍殺傷敵人數目不大，可見戰事的膠著。第二次，十月廿五至廿八日在桂林召集湘粵桂閩浙贛六省的軍、政、鹽、糧、運輸、金融當局開六省鹽糧調節會議，就在會議閉幕的晚上，已經聽到日軍準備撤出南寧的廣播，使得會議中的困難問題為之鬆弛。張發奎長官只是廿九年九月十五日在柳州搖布村司令長官部召開過一次第四戰區黨政軍聯席會議，李任潮主任蒞臨致訓，廣西各區保安司令均到會，討論黨務、政訓、政治、軍事各問題；當時日軍在桂南方面久未蠢動，故會場氣氛頗覺舒和。

白崇禧氏當時仍舊是廣西綏靖副主任（主任是李宗仁兼），對軍事上的需要，也可用綏署名義令行各區保安司令（行政督察專員兼任）或各縣政府辦理，指揮很是方便。他感覺到張長官無此方便，因囑綏署派副官處長唐紀、省府派總務處長孫仁林赴前線張長官處專任聯絡，協助軍隊備辦所需要的事物。

軍政雙方，因有上述各種情形，所以在桂南作戰整個期間，彼此尚無不滿的情事。至於雙方下級的執行人員，自不易人人如此，幸而也無重大不愉快的情事發生，因為大敵當前，軍事第一，每個小職員以至民眾都是知道的。有時軍方需要多而且急，以致不能滿足所求，自屬難免；而地方官或鄉村長為力量所限，供應不能充分，也並非絕無。李濟深主任當時在戰區黨政軍聯席會議上致詞，要大家注意互相體諒，想亦有見及此也。

敵人於民廿八年杪打進了桂南，在整個戰局說，固然是件大事，就廣西省來說，更是極端嚴重的事，因此，省內各級機構，尤其接近戰地的專員區和縣政府，工作驟然繁忙緊張起來了。

廣西省政府將辦事的程序大加改變，最顯著的是：第一、戰事爆發後，為了處理抗戰急需事件得以迅速，於是約定省參議會、綏靖公署、省政府的主要人員，每日都來省府晚餐，餐後會談，有問題的即提出討論，決定後由主管部門即刻執行。第二、在省府內由各廳處指定人員設一小組織，以處理戰地各專員區緊急而又關涉到不止一廳一處的事件。第三、各部門自行檢查所管事項有應緩辦的，即通令緩辦，使得力量集中，俾從事於急需工作。第四、我和民政廳長分途親往各專員區各縣視察，聽取報告，就地為其迅速解決困難的問題。邱廳長昌渭繞道赴敵後各縣視察督導，費時月餘才行回省。第五、修改戰區各縣政府組織大綱，只設軍事、政治兩科；並得按情形需要，設縣政府辦事處。

七、逃役難防、兵不易徵

省動員委員會派出戰地工作督導團赴戰區各縣協助動員民眾抗敵事宜。戰區各縣並設區及鄉動員委員會，使籌措地方團隊所需的餉械更為便利。

省賑濟會在戰區周邊分設義民救濟站，以照料由淪陷地域逃出的難民。

行政督導專員兼區保安司令是掌握有保安團的，此時最主要的工作是維持敵後交通、運輸的安全，與地方秩序的維持，遇有機會，應襲擊敵人。

鄰近戰區的縣政府主要的工作，一為軍糧的運濟；二為道路、機場、城垣及防禦工事的破壞與修築；三為傷病失散官兵及難民的收容、治療、安置。動員人力物力特多，耗費亦大，困難自不消說。

所謂「協助作戰是當地政府的責任」，但究竟作戰需要些甚麼？當地政府怎樣去協助呢？

作戰所必需的，第一是兵，第二是糧，第三是工。這三項都要倚靠當地政府部隊去取來，若辦得好，仗便好打，勝利有望了。

且先說兵。

抗戰以來，全國都採用徵兵制度，廣西卻在戰前早已實施。主管兵役的機構，初由綏靖公署和各區保安司令兼管，後來依照中央規定，專設軍管區、師管區、團管區來主管。執行的機構，前後都是縣政府。軍管區司令，規定由省政府主席兼任的，所以徵兵也是我主管的工作。

廣西應該徵多少兵，初無定準，後來因為要得太多，困難發生了，兵役署才核定廣西省每月徵七千名，而且限定只用以補充桂籍部隊。

第四戰區的部隊，並非盡屬桂籍，第四戰區桂籍部隊要兵補充時，也並非由戰區向當地政府索取，而是報經兵役署核准後令廣西軍管區飭由某團區的補充團撥給的。縣政府奉令每月按額徵得的新兵，須送交上面指定的團管區補充團點收。所以兵的問題是否發生，就要看縣政府能否按照規定的名額如數徵足。為何不能如額徵足呢？那是因為輪到應徵的壯丁逃避的太多了。

八、先逃後逃、各有原因

廣西因有民團制度的基礎，在抗戰前即曾施行過正規的徵兵，並且服務期滿後實行退伍，辦得非常順利。在抗戰初期，廿八年一月國民黨第五次中央執行委員全體會議時，據軍政部報告各省出兵人數，廣西省為四十九萬，如按人口為比例，居第一位。然而，徵兵的困難，隨抗戰的進展而增加。因抗戰時日既久，死傷和逃亡的多了，需要補充的數目增大。最初兩年才徵一次，竟增加到每月徵一次，去的太多，回家來的卻少見，這是壯丁逃避應徵的主要原因。

逃役有兩種：第一種是輪到應徵而先逃，即根本不來應徵。原因有四：一、怕死；二、未出過門，語言不通，生活難過，苗人和傜人尤其如此；三、放心不下家中老小的生活；四、新婚難捨。第二種是來應徵後，在由鄉送縣或由縣送團管區的途中或到達後而逃亡。原因也有四：一、天寒季節，不先將應發新兵的棉衣、棉被交由縣府轉發，使途中受不了寒冷而逃；二、貪圖便易，將新兵和解犯同送，新兵認為受辱而逃（廣西僅為養利縣有此情形）；三、新兵多而率領人員過少，途中照料不周而逃；四、縣送到團管區而團管區不即點收，伙食無著，故逃。

他們逃往何處呢？自然是離開本村、本鄉或本縣。近邊界的，每逃過鄰省去，如博白、北流的壯丁，常逃入廣東省界內躲避，到了農忙的時候，又偷偷地回來。

九、各縣報告、徵兵苦況

辦法少的縣長常為無法防止逃役而大感頭痛，武宣縣長曾向我報告說：「對於徵兵，寬則影響難徵，嚴卻又恐激變。譬如第一號壯丁逃避，立待第二號頂補，此時縣府對於第一號必須立即有所處置，如拘押逃避者的家長之類，否則第二號不肯來應徵。法令規定村中口有逃役者，由全村湊花紅銀五十元懸賞緝拿，因為數有限，在富人多的村，湊了賞金便無責任，兵乃徵不到。」柳江縣長也報告：「柳江所徵列兵或輸送兵，每一名實際費了壯丁數名，因為前列的都逃避了。」因此，各縣有自定更嚴厲的單行法的。如思恩縣規定：「凡有逃役者的鄉，須供給縣游擊隊以與逃役者同數的隊兵經費。」但辦得最好的算蒙山縣，辦法只是四條：「甲、切實宣傳，使民眾不怕不疑；乙、執行徵兵事務人員切實遵守徵兵法令，絕對公平，毫不舞弊；丙、努力善為待遇，使應徵壯丁由鄉村到縣、由縣送區，不受飢寒，不感痛苦；丁、倘仍有逃避者，必嚴行緝獲懲辦。」

對於部隊的逃兵，其原籍縣政府除接到部隊通知要緝拿外，不負其他責任。但偶然也有很滑稽的事。我曾聽過柳城縣長的報告：「逃兵多不回家，而轉投另一部隊繼續過其軍旅的生活；一次，縣府先接一逃兵原屬部隊的來文，請求緝拿懲辦，因而拘押該逃兵的父親，勒令繳出該逃兵；但過後又接該逃兵現屬部隊來文責問道：『其子抗日，其父坐牢，何其不近人情若是耶？』真令人啼笑皆非。」

十、倉穀供軍、飢兵勝敵

我們南方人是以米為主要糧食，故軍糧所需也是稻穀。廣西在無水旱風蟲的時年，所產的稻穀，除省內人民消費之外，還餘剩一部分供給廣東。但自抗戰軍興，駐屯省內的軍隊比前增多；長江各大市鎮和廣州相繼淪陷之後，各地避難人民又大量流入廣西，致省內糧食的消費驟增。一方面，鄉村壯丁被徵服兵役，很多田地僅由老弱婦人耕種，耕作力量不足，產量因而減低。所以生產和消費的情形，都比戰前發生了很大的變化。加以省內很多地區，交通不便，與運輸工具不足，運輸失常，盈虛不能互相調劑，對大量軍糧的供應，困難便自此發生了。

在桂南戰事將起前，廣西供應了三批大量的軍糧：第一批是中央電令購辦屯糧三萬七千大包，分儲在興安、全縣、柳江、南丹、河池、宜山六縣；第二批是第四戰區戰時糧食管理委員會在廣西省內購屯戰區後方三個月屯糧稻穀八萬七千市擔，分屯桂林、柳江、平樂、八步、宜山五處；第三批是購屯戰區後方總庫六個月屯糧稻穀四十八萬市擔，分屯融縣、河池、南丹、六寨、百色五處。這些都是分攤於各縣政府代辦的，各縣辦理的情形，有難有易，有好有不好。有一次，我間接聽到中央一位部長對人說：「廣西的政治，須中央直接處理，或可有進一步。要舉例為證，那就是兵站令各縣要糧要伕，每不能如數供應。」我因這些話不是直接聽自那位部長所說，無從問明他說的是那一縣或那幾縣？令得我無法去查明事實的真象；但我懷疑這或不是全屬無根之談。因我在六省鹽糧會議時曾聽到糧食組召集人江南兵站統監陳勁節的報告：「在提案審查中，知道軍事委員會令購屯糧五百萬公擔，實欠考慮，無論款項、運輸、倉儲那一方面，都沒有辦到的可能，非將數量大大減少不可。」我聽了他這一段話，觸起了我對那位部長的話的回憶，假使兵站令各縣辦購軍糧的實情也和這個報告相似，則縣政府不能如數供應，似不宜歸咎於廣西的政治了。

第四戰區各部隊在戰地附近購糧，當地的縣動員委員會都設有軍民合作站，專為幫助軍隊購糧要伕的，有合作站在軍隊與民眾的中間，購糧的糾紛便少了。只有一樁不便，那是因為各處都缺乏小面額鈔票，而軍隊有的多是大鈔，常令交易上找補發生困難，連桂林的中央各銀行庫存的小票也很少，無從運到前線去調劑。廣西那幾年來，努力推行倉儲制度，省、縣、鄉、村都各有倉儲存稻穀；鄉材的倉，原為備荒和造產，但接近戰地的，有困戰事遭毀的顧慮，故悉令開放售作軍作軍糧，兩得其便。這種代金給養制度，碰著糧價騰漲時，每月所領的主食代金，便買不足每人月需的食米，士兵得不到飽食；若用政治力量來平價代購，糧食又會逃避，使得購辦更加困難。這才是軍糧最嚴重的問題！餓兵勝強敵，不能不說是邀天之幸！

十一、運糧破路、大徵民工

戰時需要民工的機會也很多，而且有時需用的數量很大，如破壞道路，趕修機場，運送軍糧等項便是。

破壞道路，為防被敵人所利用。廣西當時曾經大規模施行過三次：第一次在廣州淪陷（民廿七年十月廿二日）後，將隣近粵邊地帶、東起懷集、西迄邕寧、大河南岸各公路約九百公里，由路線所經各縣政府徵工破壞，由當地駐軍和民團指揮部派員督導實施，由省政府核發民工伙食。第二次在敵人上陸欽縣防城後，攻佔南寧時，凡接近戰地各公路，都奉令破壞，共約一千公里；湘桂鐵路自洪水河以南的路基，也擇要破壞；到了敵人在越南及廣州灣上陸後，又將接近越邊和由興業經鬱林至容縣的公路共約二百公里趕緊破壞；這次破路，事前由軍方指定破壞的地段，施工時並派員督導，事後復派員驗收，有好幾處曾一再加強破壞，務其達到要求；省政府則負責命令各縣徵調民工和核發伙食。第三次在南寧收復、敵移越南後，將接近越邊的公路和由寧明到鎮南關一段湘桂鐵路路基加強破壞。每次破壞公路同時，同地域內的鄉材要道，一概由縣徵工給費自行破壞。民工伙食，最初每立公方土方發給國幣二角，後隨物價上漲，增為三角、四角、六角，仍覺民工不能飽食，而省府此項開支已達二百萬元。

飛機場為敵人經常轟炸的目標，須隨炸隨修，以應需用，日夜趕工也在所不計。當廿八年十二月崑崙關大戰時，廿二日敵我在來賓空戰，敵方失利，被我擊墜敵機一架，是夜，敵即狂炸我柳州桂林兩處機場，行營令催要將桂林機場在廿三日連夜修復，以供廿四日晨空軍使用，即其一例。此種徵工的伙食，由空軍支給。

部隊有時或經常要在不通水運、沒有公路，或有而已經破壞的地區作戰，而當地缺乏糧食時，則軍糧必須由別處運來。廣西的習慣，馱馬、手車都很少用，唯一是用人來肩挑，無論男女都可做這種工作。運糧是臨時性的，前後共施行過多少次，徵過多少工？都無統計可查了。

當敵人在欽縣防城上陸的消息到達南寧，全市人民都感覺大禍臨頭，「不用說，南寧城定準要遭殃了。」大家都在這樣想。但敵人來得並不太急驟，所以能夠逃避的，皆能一齊收拾財物，遠走他方，全城八萬多人，遺下走不動的，僅僅一千多點，幾乎成了一座空城。這在全國淪陷的城市中是很少見的特異景象！

十二、空城逃難、義民受濟

當時的文書上稱呼這種不願附敵而逃走出來的人為「義民」，以表獎善之意。照料義民，是省振濟會的專責。會中立刻定下處理的三個步驟：

首先發布一個通知，指示走避的方向，規定了幾條疏散路線：近在邕賓路一帶的，向上林、遷江；近在邕武路一帶的，向隆山、那馬；近在邕同路一帶的，向百色、天保兩區；在綏淥、上思的，向天保區或龍州區；在邕江沿河一帶的，向邕江以北各縣。其次，派員在南寧周圍的永淳、賓陽、上林、武鳴和隆山、田東、左縣設置義民救濟站，收容義民配送到後方，保衛義民在途中的安全。最後是安頓義民的生活：最注重的是兒童，其有家中無力照顧的，都送到臨桂、橫山、百色三個兒童教養院去教養；家有五口的，可指撥地方和補助費用建築臨時性的住所；做小賣買的可貸給小款；做手工的可入桂林義民工場經營布鞋、牙刷、紡績；做農作的則送往柳州鳳山河墾殖區和田陽縣礦桑江墾殖區分配工作；便各有安身之所。但這種生活並不長久，幾個月後他（她）們又結伴還鄉了。

十三、游擊隊伍、不游不擊

廣西在抗戰前即施行「民團」的單行法，它的內容和後來中央頒行的「國民兵團」大同小異。這是真正的民眾武力，政府只是替民眾把幹部訓練好、團隊編組好、督率依期訓練，有事才召集而已。平時鄉村用來自衛，確是力量綽有餘裕的。

廣州淪陷後，恐戰事會波及廣西，省府乃令接近粵邊各縣，以本縣的私人槍械、壯丁、縣款編組游擊隊一隊或數隊，歸縣長指揮，以備不虞。南寧淪陷後，更令接近戰地各縣也依照編組，使縣長有武力可用；隊中各級官長由地方推舉、縣府加委，使人民相信私槍不會歸公；並保證武器如有損失，由政府賠償；子彈也白政府發給；經費由省府支付。此外，各村可將不參加游擊隊的壯丁編一守護班，歸村長掌握，藉以增壯村長的胆量；每名日給稻穀二觔，由村倉支給。

這種游擊隊的士兵體格、訓練、武器、裝備、幹部都比正規軍遠為不及，若與現代裝備的日軍相此，更是有若天淵，故只在無正規軍可用時以之代用，但不宜用之與敵軍硬碰。游擊隊對當地的地理和人事，都很熟悉，做偵察、諜報和襲擊少數的敵人，亦自有用。

游擊隊中也間有壞的，一次，第四戰區一位高級幕僚告訴我：「某縣的游擊隊，幹部思想陳舊，對敵人不游不擊，對民眾則又游又擊，走私漏稅，無所不為。」

在整個桂南作戰期間，從未聞過游擊隊曾建何項功績的。但敵人也始終不能利用我們的民眾武力組織偽部隊。

十四、收復南寧、不費一彈

敵佔南寧的目的，只在封鎖我對外的交通，不欲深入內地，故自廿九年二月中旬以後幾次的出動，不過是趕走我接近的部隊離開遠些，好鞏其南寧的守備。計二月廿三日向崑崙關南面我軍進攻，廿七日即停止於七塘，旋退守四塘，不復進擾；三月十四日第二次擾永淳，不久即退去；三月十六日由小董攻靈山蔡廷鍇部，蔡撤走，敵也於廿五日退回邕欽路；四月六日敵由扶南渡過左江北岸，焚馱盧，擾左縣、同正，不到三天又復撤退。到了六月十四日歐洲方面，德軍攻陷巴黎，法國投降，日人乘機轉圖越南，並將廣州灣也控制在其手中。九月中，敵先襲佔龍州和憑祥，是月廿三日，敵一部分經鎮南關攻入越北的同登。過了五個星期，在十月廿八日晚上，突然聽到「日軍準備退出南寧」的日本播音；同時又接「龍州的日軍今晨已向憑祥撤退」的報告；知道敵人把桂南和欽防完全放棄，要轉往越南了，消息一傳，聞者興奮，尤其是那些桂南義民，更歡騰雀躍。第六十四軍立即逐步探索前進，十月三十日在晨光熹微中到達南寧，不僅敵人杳無踪影，連民眾也不多見幾個，竟然不費一槍一彈，輕輕地又把失去了一年的名城復入掌中。江山無恙，城郭依然，各處都看不見彈痕火跡。邕江仍舊靜靜地流著，只江面上多了一道浮橋，敵人臨走也沒拆毀，不知是否敵人後來忽然記起？十一月十一日早上，來了敵機三架，就專為炸這浮橋。敵人要走，無人去妨害阻擊，彼亦遲遲其行，十一月八日還有四千多逗留在欽縣附近，後隊大約是十三日才走完，我軍是十四日克復欽縣的。敵人對於鎮南關，彷彿流連景物，留戀徘徊，直到十一月最末的一天才捨去而悉行入越。桂南和欽防遭受了敵人一年零半月盤踞蹂躪的苦難，到此才完全消失。

十五、遺留敵陣、結構精嚴

敵人留下來的南寧防守陣地遺跡，不少的軍官、新聞記者和其他種種的人，都對之很感興趣，不惜爬坡越澗，遊覽考究，彷彿陸軍大學學員的實地學習。

陣地的概要是這樣：

敵軍佔了這城市，便經營為永久性的防禦據點，除了城內中府街天堂主附近那短短幾條街留著一千多難民外，全只有敵兵，並無一個中國民眾。敵人把全城當作一個大堡壘，家家戶戶牆壁都給打通，成了個大兵營；平時用作一個師團的防守陣地，作戰時便可供兩個師團的據守線。由城的北門往北、通過二塘到小高峰（在高峰隘南側下）那四十里之間，溝築了野戰陣地，機關槍、小砲佈成了火網，後面又有交通壕、運輸壕，平時由一個師團防守，戰時可增加三個師團。又從城東邕江下游北岸通過四塘到老高峰，那一百二十里間，又構築了據點陣地；每一據點，自成一單元，鑿開山陵，成一鼠穴型的戰壕，有砲兵陣地和步兵陣地，並築有大型的彈藥庫和糧食庫，以備被圍時的長期據守。敵人的全陣地，以南寧為主軸，向東北作扇形的展開，縱深四十里，扇面展開處一百二十里。在城的東門外五里的飛機場，原有南北向一條跑道，再加築東西向一條更長更寬的跑道，經常停有一百架以上的飛機。

有位記者評論道：「看了敵軍的永久性陣地，可以這麼說，如非敵軍自行撤退，我軍如要攻下這樣的陣地，至少得使用一百師步兵，十個機械化師，十個砲兵團，才會順利完成的。我們明白，敵人只是戰略性的撤退，別有作用的。」他這話或許略為帶點誇張成分，但無疑這是那時代的極現代化的陣地。

張長官為要看這陣地而特意趕先來邕，看過之後，或亦不免有司馬懿看諸葛亮五丈原故壘之感吧？

十六、百里墟場、一片瓦礫

敵人是退走了，遺留下來的是流亡遍地、瘡痍滿目，夠得我們去收拾。我在得到敵退消息的第二天，立即召集黨政軍幹部商討善後的處置，準備停當，十月三十一日親率省府職員十餘人乘汽車由桂林赴邕督率施行。十一月一日過柳州謁張長官、過遷江訪候鄧劍泉總司令，藉申感謝退敵的敬意。夜宿賓陽；遷江、上林、賓陽三位縣長面報地方戰災狀況，我囑咐他們：戰時工作多已可停，應努力地方復興建設。二日晨離賓陽，汽車只通到丁橋，八時改乘轎前進；正午到思隴墟，鄉長村長甲長二十餘人來見，我勉勵他們要努力公共事業，休息後復行；剛離去兩里，敵機一架來炸思隴墟，傷了同行職員二人和挑夫三人；夜宿崑崙鄉公所。三日五時起程，六時到崑崙關，謁第五軍抗戰烈士墓致敬，去年除夕崑崙關大捷，第五軍戰功獨多；相隔公路對面山上有一大土堆，說是敵軍戰死者埋葬處，未立標識；七時到九塘墟早餐；下午三時到五塘的陳明村住宿，莫說椅桌，連炊具也全無，到處張羅，晚餐才草草了事。四日絕早動身，七時到四塘的張村早餐，此處為四塘墟被敵毀後臨時開設的墟場，約有十餘間茅屋；下午二時到南寧，住商埠舊省政府。第九區行政督察專員李奇是十一月一日回來的，邕寧縣長方德華卻在先一日，人民回來的還很少。城內各街道已由六十四軍部隊打掃得很清潔。張長官和鄧總司令一路察看敵人陣地，下午五時也到南寧，大家到北門外迎接他們，並陪同齊到一五九師官師長允之（禕）寓所晚餐，席間，人人都興高采烈，我竟為之大醉。

此次沿途經過遷賓兩個縣城，以及石陵、鄒墟、蘆墟、丁橋、思隴、九塘、八塘、七塘（六塘原無墟場）、五塘、四塘各墟場，都是滿地瓦礫；由思隴直到四塘各墟，都闃無居民，前昨兩日，才稍稍有歸來的；從五塘到南草，路旁田地，盡已荒蕪，長起了很高的野草，僅四塘有極小部分耕種著；由這點也可見得附敵作順民的少之又少了。

南寧城的景況卻和來途所見的不同，只是門板和窗戶多被拆掉，房屋被毀的較少。南寧初級中學校舍，日軍用來駐兵，增建有很精美的日本式臥室、浴室、餐室；工場一所修建還沒完工。環城路那幾間較好的住宅，門上掛著「慰安所」的牌子，當是「營妓」所居。在東門外新建有日本式小型兵舍，飛機場旁邊也建了好幾棟。各處堆積的日本清酒瓶和啤酒瓶總有十五六萬個，日本醬油桶也有三萬多個，從這點也可以看出軍食的供應我軍比之敵人差得遠了。

住在中府街天主堂那幾位法國神父，他們親眼看到我軍撤退的情況，日軍進城的聲威，以及中國人那一年中所過的非人生活。逃不動那一千多難民，就靠這幾位神父的救濟才活著。法國戰敗投降了，日軍佔領越南了，這些神父完全不知，聽了我們的報導，為之驚惶喪氣。

南寧的民眾，戰後得重返家園，感到艱苦中的愉快，乘紀念國誕辰，十一月十二日盛大集會慶祝光復桂南並歡迎第四戰區張司令長官暨各將士。省政府犒勞第四戰區將士二十萬元，以表歡感。邕賓公路十四日修復，張長官於是返柳。軍令部令戰區將部隊分散警備整訓，不久，六十四軍（軍長陳公俠、師長官禕、王德全）也調駐全縣和零陵去了。

十七、損失巨大、善後工艱

我到邕後，令隨來的省府職員與李專員、方縣長每日舉行一次會報，使處理善後事宜得以迅速。行政區域因戰事臨時劃撥的，縣府組織因戰時變更的，均令各復其舊。各縣按其受戰災的輕重，酌撥賑濟現款的數目。各縣的曾當過順民的，今被義民所報復，發生案件數宗，決定僅誅順民的首要並收繳其槍械。

省賑濟會為照料各地義民回歸桂南，不免又有一番忙碌，好在原有幾個救濟站都還存在，駕輕就熟，賑款有著，也就不覺十分困難。義民雖有「故園歸去已無家」之歎，但總比逃出來時心情輕鬆多了。救濟辦法，除沿途設站便利食宿，派警護送，携備藥品外，到原籍後還有三項救濟；一為緊急救濟：設所收容給養兩個星期，老幼病弱的，則延長到三個月；死亡、重傷、輕傷的，給款賑恤，免費醫治。二為兒童救濟：設所收養無家的兒童兩個月，以後由省統籌處理。三為生產救濟：設南寧、龍津、寧明、武鳴、永淳、明江、思樂、憑祥、扶南、上金、崇善、上思十二個小本貸款處，便利做攤販，開小店的去謀生，免付利息，分期還本：耕種的則貸發農具。

我在南寧躭擱了三個星期。中間，十六集團軍總司令夏煦蒼兄曾由扶南來訪，和我商討「廣西學生軍」以後安置的問題；學生軍人數一千多，戰時隸屬十六集團軍做政治工作，戰後勢難完全升學，故須為其預謀出路。陰雨連綿，數日不止，客少人閒，乘隙起草「廣西建設計劃大綱」，準備戰後施行，內分總綱、省建設、縣建設、基層建設四部，僅描就輪廓，尚待修正。

十一月廿四日乘天龍電船離邕赴龍，廿五日過扶南，廿六日到崇善，廿七日到上金，各縣城均遭蹂躪殘破，上岸視察後各發賑款。廿八日拂曉到龍州，十六集團軍副總司令韋雲淞駐此，相偕視察龍津縣城，因受敵軍兩次襲據，毀傷特甚。自是日下午起至三十日上午，分別召集行政專員公署、保安司令部、龍津縣政府等秘書科長、參謀、軍需以上職員及各機關主管人會議，聽取其報告，解決其問題。十二月一日專員李新俊召集全區十二位縣長到龍開行政保安會議，我聽了各縣的報告後，分別指示應特別要做的事項。各縣施政，以明江為最差；部隊紀律，以一八八師為較壞。二日離龍，四日到邕。五日留一天料理公私各事，六日返桂，乃結束此行。

這一場戰禍，淪陷了十九縣：邕寧、賓陽、上林、遷江、武鳴、永淳、橫縣、同正、綏淥、扶南、上思、左縣、寧明、思樂、崇善、上金、龍津、憑祥、明江，統計死亡一萬一千一百四十七人，失踪三千零八十六人，受傷二千一百六十一人，財產損失一億四千六百六十三萬餘元。在本省說，這些數字不能算是微小了。

敵人撤出桂南，廣西雖得減輕了苦難，但敵移轉到越南，這是對我國作更廣大的封鎖，威脅反而增加，戰爭延長，南寧終於要遭遇到再一次淪陷的命運。

貳拾、抗戰回憶之二：廣西第二次淪陷與收復

抗日戰爭第八年的秋天，廣西被日軍從湖南、廣東、越南三方面進攻而再度淪陷。日軍在省內佔領了兩條線：一條由東北端湘桂邊界的黃沙河經全縣、桂林、柳州、南寧、憑祥而達西南端桂越邊界的鎮南關；一條由東端粵桂邊界的梧州經桂平、柳州、宜山、河池而達黔桂邊界的六寨。於是，廣西全省遂被這兩條交叉線的敵軍所隔斷，而割裂為四塊。第四戰區和省級各機關都被迫而退避到桂西的百色。全省九十九縣，被敵蹂躪的達七十五縣，損失十分慘重。但否極泰來，不到一年，在日本無條件投降前，桂境的敵軍，已陸續向湖南、廣東、越南撤走淨盡。所以就全國說，廣西是淪陷最遲，收復最早的省份。淪陷期間的現象，有黑暗，也有光榮；收復後，我隨即到各收復地區視察，接觸實況，得以瞭解經過的情形。現在我以當時地方官的立場，追述十六年前的往事，遺忘實多，錯誤難免，倘承同經此苦的同志，惠賜指正，實深感企！

一、湘難樂觀、桂乃疏散

廣西自民國廿九年十月桂南收復後，雖然敵機仍來轟炸，已尋常見慣，視為等閒，偷安過了三年多，到卅三年夏天，警報再響起來了。

日軍打通平漢鐵路南段的中原會戰，剛在卅三年五月上旬結束；五月廿七日，敵人又在湘北發動大規模的攻勢了。那時候，我出席國民黨第五屆中央執行委員會第十二次全體會議和行政院召集的全國行政會議，和白崇禧副總參謀長、黃紹竑浙江省主席兩位都在重慶，大家都非常關心桑梓的安危，屢次討論，以為湘敵必定是要打通粵漢路，但桂林也是敵人目標之一，我們必須預謀應付。會議完後，六月四日我即飛返桂林，覺得市面人心頗為浮動。負有軍政責任的人，聽了陪都人士對於中原會戰「我軍對敵，毫不抵抗」的評論，自不敢用太過樂觀的態度來看湘戰。所以返桂第二天，即邀請省參議會、綏靖公署、軍管區司令部、省政府各高級人員談話，商討如何安定人心和假定將來敵犯本省時我們應有的準備。兩天後，

再討論一次，決定：如果敵情緊急，必不得已而須遷時，應向百色。六月十五日，第四戰區張（發奎）司令長官也召集本省黨政軍負責人在柳州開會，討論準備應敵事宜，我因腸病大發，由民政廳長朱朝森代往，會議決定：桂林和柳州，都應及早疏散，當時的情報，敵在湘江右岸有六個師團半，湘江左岸也有兩個師團，故六月十六日白副總長在渝和我通話，也主張桂林應該疏散。

我們為使疏散時秩序不至混亂，一面造成空氣，以促使市民陸續自動疏散；一面在黨政軍談話會公開宣布：准許人民自由疏散。並令交通、檢查、稅收、金融各機關，須儘量給疏散者以便利。六月廿五日，張司令長官派第十六集團軍副總司令韋雲淞為桂林防守司令，決定堅守桂林，並親對桂林市各團體代表宣布桂林所以即須疏散的原因：加以湘敵發動進犯後，六月十八日即佔長沙，廿六日又佔領衡陽機場，雖非勢如破竹，卻似銳不可當，這也給桂林市民以走為上著的有力暗示；桂林市民於是自由地疏散了。

二、誤傳敵退、既散復歸

桂林是個省會，中央和地方大的、小的、文的、武的機關，確實不少。又因它與前線有相當的距離，和戰時首都重慶的聯絡交通，也很方便，故江南各處的廠家、商號、銀行、報館、學校，以及種種色色的人，都以桂林為避難所，絡繹而來。湘北戰起，長沙失後，新入境的更大量湧到。令得原來人口不到十萬的桂林，數年之間，驟然增加到五六十萬。尋常人搬家，已覺麻煩，何況是這樣龐大一個城市的大疏散呢！

向甚麼地方疏散呢？當然是向敵來反對的方向了。在九月七日以前，廣東和越南兩方面的敵人，尚無發動的情報，只有由北向桂而來的湘敵，所以疏散的人，不是南下灕江，便是西向柳州了。灕江的民船很小，船也不多。往柳州卻有火車和公路的運輸便利，而且由柳搭黔桂路的火車或汽車又可往貴陽、重慶或昆明，或經柳邕公路而往南寧，再轉桂西各處，故向柳的人特別多。至於本省人，大約只佔全城人口八分之一，如果他們的家，不是處在交通線上或少敵到的顧慮的地方，他們自然是回去家鄉的了。

群眾的心理似乎是盲目的，未有人帶頭疏散時，誰也不想動，等到有人動了，大家卻爭先恐後，蜂擁而前，彷彿敵人尾追而來似的。人太多了，交通工具既不足以應所需，管理車船的方法又欠完善，疏散者自不免感到痛苦了。驛運管理處和船舶管理所，且曾發生過乘機勒索情事。湘桂鐵路的火車，秩序也不佳，人極擁擠，乘搭不易。六月廿五日我自己的家人疏散赴柳，向火車站交涉再三，才買得兩個房間，站員恐被不買票的人擠上，把火車離開月台，停在站外很遠的地方，行李上車，搬運麻煩透了。

交通工具之外，費用更缺不得，適逢銀行的銀根奇緊，各機關的疏散費不易交配，又增加一種困難。

省政府是七月三日才令委員孫仁林率領一部分職員押送公物乘火車赴宜山的，其餘仍在桂林照常辦公。第五戰區李（宗仁）司令長官半月前曾有電致綏署張任民參謀長和我，他以為敵人未必犯桂，要我們審慎，不可張皇。我七月四日電覆云：「自中原戰後，信心多有動搖者，湘北戰事初起，省內文化、經濟各機關即接其上級命令，準備遠徙，嚴重氣氛，非來自前方，乃來自大後方也。今自月來作戰情形觀之，湖南與河南，亦伯仲之間耳。軍事當局不敢恃敵之不來，故積極備戰，對若干地點疏散人物，亦提中應有之義。至行政機關，因車輛缺乏，交通漸艱，僅將重要公物先運置於安全地點，其餘人員，不敢先去以為民望也。」讀了也可略為明白當時人心的感想。

到了七月七日，軍事機關所得的情報，都證實在湘的敵人從本月四日已開始退卻，於是疏散去了的人，又有些回桂林來，省府到了宜山的職員，也於九日夜間乘火車回桂。十四日，白副總長由桂赴湘親到前線視察，十七日回來，才知道敵軍僅調走了第卅四師團，其餘的均在湘境，且正以重炮、野炮猛攻衡陽，並非退卻。

這是桂林第一次疏散時的景況。

三、統帥錯誤、湘戰全敗

我軍在此次湖南會戰中，曾瞭解不少敵方的作戰技術，守嶽麓山的第四軍張德能軍長，七月五日在桂林向我談過幾點：一、敵人來攻，多在拂曉、黃昏、夜間或大雨的時候。二、敵人飛機的活動，也多在黃昏、拂曉和夜間。三、敵炮彈少，故常以催淚彈為補助。四、敵傘兵降落前，先落炸彈，使我往捕的人受傷後發生遲疑，反以真傘兵又是炸彈，而不敢往捕。五、敵人常乘夜間穿起我軍的軍服或便衣而混入我軍中云。

敵軍圍衡陽後，其右翼在湘鄉，左翼在安仁。七月廿二日，我第六十二、七十九兩軍往解衡陽之圍，未能成功。但我第十軍方先覺軍長，竟能堅守四十七日，到八月八日才告陷落，真是難能可貴！衡陽戰後，在湘境戰事，即告一段落。

當時一般軍事家對於湖南戰役的評論，以為湘戰失利，戰略上的錯誤，為零碎使用兵力，以致遭受敵人的各個擊破。戰術上的錯誤，為以劣勢裝備的部隊和敵軍正面硬碰，而不知襲敵之虛（如敵的後方）。尤其錯誤的，為以大本營而執行軍長、師長的動作，最高統帥直接以電報、電話指揮師長、團長，置各級指揮官於無用之地，使之有責而不能負，如此而欲免於失敗，只有靠上帝特別愛顧了。

四、群奔柳州、火車擁塞

敵陷衡陽後不到一個月，果然九月四日發動進攻湘桂線，七日陷東安、零陵。當時我正巡視梧州、潯州、鬱林各屬，督飭指示各縣作應敵的準備，兼以七十六歲老母病在容縣原籍，胞地同時病在梧州，順往省視。敵既迫近桂邊，省府催促返桂。九月十一日別母離容，十二日到柳州，赴桂的火車已不易搭，十三日偕四十六軍黎行恕軍長乘汽車行，傍晚到桂。城中已完全疏散完畢，市上只見軍人，不見平民。省府職員，惟各廳處長委員等候晤我，其餘已分兩批上了火車，第一批已開行前往宜山。夜間，我參君張司令長官在白公館召集的會報，多是與防守桂林有關的事。十四日晨間，知道我第九十三軍昨夜放棄全縣撤退，燒棄子彈一百五十萬發和糧米一大批（軍長陳牧龍後被正法）。張司令長官原催省府早日疏遷，而省府第二批人員上了火車兩日還不能開行，我只得力催鐵路當局，必須這列車開出後我才離桂。我已無暇到車站視察情形，不知有多少列車開不出？但省府的車都難開如此，也就可以想見普通民眾的車困難是不可想像了。上午九時，省府那一列車開了，我也向張司令長官、夏（威）副司令長官、韋防守司令告辭，民政廳長朱朝森和糧政局長嚴海峰尚須留待出席明早張司令長官召集的會議，只偕其餘幾位廳長委員乘汽車離桂，心中念著從此一去，不知何日回來？悄然無語而出南門。行未半小時，經良豐墟，繞道到會仙墟邀省參議會議長李任仁同行，但他說要就近避住蒙山（後來他終於由蒙山再遷百色）。下午五時到荔浦晚餐後再前進，過荔江渡和瓦窰渡，車多船少，渡過費時。十時到榴江縣政府宿。今日公路上車很多，避難人也多，而秩序很好，沿途路店都照常有粥飯賣，搭火車的情形不知如何？十五日一早動身，榴江縣長楊壽松由鹿寨趕回，在途中相遇，略談地方事，楊感覺自己非本地人，戰時不易運用地方力量，後來省府將其調任百色縣，而以榴江人周公謀繼任，故榴江民眾對敵頗為努力。八時經柳州，略有躭擱，午後二時半到宜山，借住路工紀念學校。省府第一批職員的火車，也是今早才到的，借城內表證中心學校為辦公處。

這是桂林第二次疏散的景況。

柳州和宜山、自疏散人潮湧到後，逢著晴天，街邊空地上滿地陳列著舊衣服和各種舊用具發賣，叫做「擺地攤」，長途逃難，携帶多，嫌累贅，費用缺乏，賣去好了！

五、榮辱所關、悉索敝賦

廣西屬於第四戰區，指揮作戰，自然是張司令長官負責。聞湘北戰事起後，蔣委員長曾欲以白崇禧指揮四九兩個戰區，但白氏辭謝，只願任奔走傳達意旨。白氏因仍兼職廣西綏靖副主任（主任為李宗仁兼），他以為如果桂林發生戰事，其勝敗不特為國際觀瞻所繫，也是廣西榮辱所關，故特別關切，竭盡其所能來協助第四戰區。

長沙失後，白副總長六月廿二日即由渝返桂，指定人員研究發動民眾協助軍事辦法。廿四日又召集黨政軍負責人討論備戰事宜。廿七日夜間，邀請桂林中央、中國、交通、農民、上海、廣西各銀行經理談話，責成中央桂行維持桂市金融，勿使商業銀行倒閉，影響戰事。

白副總長又做了幾項處置以期增強戰區的力量：第一、將綏署四個獨立團組為第一、第二兩個縱隊，編入戰區戰鬥序列。第二、請戰區就每一行政專員區委一民團指揮官，使其組織地方武力，就地對付敵人。第三、令各縣組織民團自衛隊，維持地方治安，妨礙敵人行動；他自已親赴桂林、平樂、柳州、南寧各區，當面指示各縣長如何編組。第四、建議省府以軍官任某些地方的縣長。他這些處置，事實上所表示雖得失互見，畢竟是「悉索敝賦」的用心。

白副總長在省內能做的已做了，忙碌一番之後，他默察情勢，深抱憂慮，遂於十月三十日離柳飛渝，向蔣委員長陳述。據其告我：「假使湖南和廣東對於敵軍更積極些，則敵軍當不能以全力攻桂，廣西庶幾可以支持；現在桂境的部隊，名為十個軍，實在其中僅有一個軍未經使用過，其餘都是在湘作戰業經殘破而未得補充的。如果中央要確保桂柳，應有兩項處理：一、必須使得湘粵兩省，同時協力對敵積極動作；二、增加生力軍入桂。」十月卅一日適逢蔣委員長五十八歲誕辰，他因近來英美蘇的外交關係，都不很好，和中共的關係，也頗緊張，加以戰事失利，心緒不佳，往鄉間避免慶賀，白氏十一月一日才謁見他，得到的結論是：一、行政院正待改組，蔣委員長在十日內無暇離渝赴贛以督促湘粵行動；二、目前還無法增兵入桂，應以現有的兵力暫行固守。於是，第四戰區只好以這樣殘弱的兵力，抵抗七個多師團強敵的三面進攻。

六、局危病亟、離省就醫

在敵將犯桂那一段時期，是我一生中最痛苦困阨的日子。對公對私，都無著落，負咎太深了。當時我年高的母親，正在容縣城裡病得很重，敵逼桂邊，我被催回桂，不得已而放棄侍奉湯藥，向病榻中的慈母，忍痛告辭，豈料這一別竟成永訣！我的胞弟，在梧州醫院割治膀胱尿道，手術未完成而梧州疏散，因敵先犯容縣，致不能回鄉和母親在一起，而避往百色。至於我自己，患十二指腸病已非朝夕，卅三年三月，整整治了個多月，也未得全愈，僅輕減了一些。自到宜山後，敵情日緊，事情愈忙，不能休息，腸病愈劇。軍方為對敵所需，要糧要兵，做這做那，都是急於星火，各種會議也特別多。省府對於各區各縣，為使其貫徹軍事的要求，常須親往指示，並迅速解決其困難的問題；九月廿五日，我曾趕往南寧、百色兩區視導一遍，中間腸又發痛，在邕病臥一天，三十日才回到宜山。十月一日為感冒所引起，從此腸痛便無一天停止過，只好在床上批答公文，加以母弟病中流離轉徙的消息傳來，令我精神格外不安。休養既不可能，藥物也少功效。廿四日，白副總長來宜山開黨政軍聯席會議，極力勸我到成都去澈底治療，因他熟知那裡有可靠的良醫。我說：「病雖要醫，但一則我負責的省黨部、省政府、軍管區都在遷移中，我離開會更加散漫；二則我母弟同在病中，母若聞我遠去，更將增加其不安的。」白說：「本省戰區，不許樂觀，現時仍以養身為要。」廿六日，他再催我速下治病的決心。我不能卻，勉強應允。當時看情勢，省府終會再遷百色，除已有令授權與省府隔絕地區的專員縣長和省派員協助各區各縣外，廿八日更派省府委員梁朝璣為省府第一行署主任，駐桂東；尹承綱為第二行署主任，駐桂北；以補救通訊的困難，而便於指揮區縣的行政。又以新任民政廳長陳良佐代行省政主席職務。部署就緒，廿九日赴柳州；三十日與白副總長飛渝；卅一日報告行政院：赴蓉治病，已到重慶；十一月二日乘航空委員會機飛成都。省內的敵人蹂躪、我軍作戰、難民流離各種景況，許多未得親見，而是事後聽說的。

此次敵軍進攻廣西，為其「打通大陸」及「擊滅空軍基地」整個大規模作戰的最後部分。當時日本陸軍因海上交通已為美軍所制壓，在星加坡的部隊，用海運補給已不可靠，乃決計動用大量兵力，圖打通自朝鮮經中國、越南、泰國、緬甸、馬來亞到星加坡的陸路，這是「打通大陸」的計劃。又因美空軍B29轟炸機，由中國老河口、遂川、衡陽、桂林及柳州各機場轟炸日本本土及南洋各處，於是在「打通大陸」計劃中，又附帶有「擊滅空軍基地」的計劃在內。這兩個計劃，廣西都是目標。所以敵軍在打通平漢鐵路南段及粵漢鐵路北段，與佔領老河口、衡陽機場後，便向廣西動手了。

七、敵軍五師、分攻桂柳

攻打平漢路南段的是敵軍第十二軍步兵三師團、一旅團、一戰車師團、一騎兵旅團；攻打湖南的是敵軍第十一軍八個師團；此次侵攻廣西的主力是敵軍第十一軍五個師團北由湖南進攻；助攻的是第廿三軍兩個師團東由廣東進攻；再加上第卅八軍一個支隊南由越南進攻，三方面而來。

關於我軍的作戰計劃，民卅三年十月三日我為商討民團組織問題，於是日晚間謁見張司令官發奎於柳州立魚峰時，他曾將概要向我提及，但其內容，現在已經記不起了。現只將三方面的作戰經過分述如下，先說北面：

敵第十一軍軍長橫山勇，在攻陷衡陽後，即召集參謀會議，以當地水稻已熟，軍糧可以就地收集；後方公路也已完成，彈藥的補充亦不很困難；第九戰區薛岳的主力已經四散，逃匿於偏遠山區；桂（林）柳（州）的守軍為數不多，而且殘弱；乃決定從速進桂林，預料一星期時間必可得手。於是，以五個師團的兵力，於卅三年九月初即開始作戰，七日佔領東安、零陵，停頓了好幾天，才向黃沙河、全縣進逼。我第九十三軍九月十三夜間放棄全縣後，敵人即跟踪而至，不幾天興安又告失守。

興安距離桂林不過六十公里，敵人停止在興安而久不前進攻擊，當時我方莫明其故。後來才知道敵大本營不以橫山勇的急功躁進為然；橫山曾誇口說過衡陽一天便可攻下，事實上卻足足費了四十三天的功夫。桂林是比衡陽更重要的都市，兼以有完備的空軍機場在近處，守軍的抵抗不會比衡陽差，有何把握可以一星期攻下？一著有失，則整個計劃將成為泡影；因此敵大本營乃下令要該軍停止興安一個半月，待整頓好，休養足，再作行動。

到了十月底，敵第十一軍奉到命令：「過了十一月三日明治節後全軍出動，佔領桂林後，續攻柳州，與第廿三軍的兩師團合力而將敵野戰軍主力殲滅於柳州西北地帶。」敵大本營的命令雖作此指示，但橫山勇以我軍抵抗力並不堅強，竟將軍力分為兩部：以第卅七（師團長：長野祐二郎）、四〇（青木成一）、五八（毛利末廣）三個師團攻桂林；以第三（山本三男）、十三（赤鹿理）兩師團由龍虎關經恭城、平樂（由龍虎關再分一部經富川、鍾山到平樂會合）、荔浦攻柳州；向桂柳兩處同時攻擊，並不等待廣東的第廿三軍兩師團來合力，而獨自行動。

八、韋雲淞任桂林守將

我方在桂林地帶的主力部隊為夏威總司令的第十六集團軍三個軍，另外歸他指揮的第卅七、七八兩軍，為在湘北作戰的殘餘部隊，人數很少。

第十六集團軍轄第卅一（軍長賀維珍）、四六（黎行恕）、九三（甘麗初）三個軍。韋雲淞為桂林防守司令，率第卅一軍（缺第一三五師）守城。第四六、九三兩軍及第一三五師，卻配置在桂林的西南方，作機動使用；但後因廣東方面來敵，先陷梧州，溯江西上，情況驟緊，遂將第四六軍（缺新一九師）及第一三五師又調防桂平、武宣去了。

第九三軍軍長陳牧龍守全縣，擅自撤退，最高統帥令毋庸經軍法審判，即行正法；軍長職由該軍李副軍長暫代，他曾在興安附近與敵戰鬥兩次，尚有戰績。甘麗初以後始接任九三軍軍長，且加第十六團軍副總司令銜，他曾對人說：「部隊每日宿營後，不特各師長不來軍部報告，軍長反要親到各師長處商量明日的計劃。」這樣的部隊，能力如何？也就可想而知！

第卅七軍（軍長羅奇）僅餘段雲師兩團，在龍虎關方面。第七八軍的人數，或已少到不成部隊，當時似在義寧。

以上是我方各軍配置的概略。以下記述桂林戰守的經過：

因有衡陽四十七日的堅守在先，故此次桂林的守城戰，極為各方所注視。韋雲淞司令在民國十九年內戰有過固守邕城兩月的經驗，此次選其堅守桂林，或亦為此。他將守城部隊當時作如何配備，至今已無法詳記，只知守軍主力為闞維雍的第一三一師，駐在城內，而以許高陽的第一七〇師守備城西。另有中央的砲兵一連，放列在依仁路體育場；後據韋司令對人說：「這一連砲兵很能發揮威力，在數日的攻防戰中，發砲將及一萬發之多。」

對於桂林四周守備的劃分是：北門——由虞山廟到北門外石山和城堡。西南——由滑翔機場、牯牛山而到老人山。南門——由二塘飛機場、將軍橋到象鼻山。城垣東面靠灕江，在隔江東岸構築據點，由普陀山起，往南到鬥鷄山腳和漢民中學背後高地。

守城期間的狀況是：十月十五夜我在宜山會與桂林城中的韋司令通電話，他說：「城東尚有菜市，城西因軍紀不好，無市。」其餘未悉。

九、桂林城破、師長身殉

敵軍來攻北門，遭遇山上我軍堅強的抵抗，到了城下更無法再進。在東面，敵先攻陷漢民中學一帶高地後，將守軍一團壓迫北退普陀山，再壓迫逃入七星岩（在普陀山下，洞很長，只東西兩頭有一洞口），然後用毒氣將其集體毒殺，遺屍七百餘具（直到抗戰勝利後，還省桂林時，這批屍體才被移出，而屍體尚未腐爛，真是奇事）！敵在東岸得手後，以一部兵力在下游柘木墟、大墟渡過灕江，而攻佔二塘飛機場、李家村，進佔南門外的將軍橋，對桂林城形成了半包圍的形勢。城西老人山一帶，尚在我軍的手中。到此，東岸敵軍遂由中正橋及其上側強渡；適天不助我，連日大雨，我空軍完全不能飛來助戰，連埋在城根與河灘的地雷，也效用全失；人擊破了我軍的抵抗，即由水東門、伏波山腳各處衝入桂林城中，經鳳北路、法政街，直趨防守司令部；略呈長方形的桂林城，經敵人這樣攔腰一擊，在南北兩端的守軍，走投無路，不是戰死，便成了俘虜。被困在東鎮路的闞維雍師長，拔槍自殺殉職，與城俱亡。韋司令和司令部人員，棄城西向老人山出走，由山的缺口猴子坳突圍向義寧、龍勝而脫險歸到後方。防守司令部參謀長陳濟桓中將，陣亡於突圍時的猴子坳前。桂林這座名城，就這樣落入敵人手裡！

十、敵騎入黔、重慶震動

很奇怪！當時我方的正規部隊固然日趨腐化，但卻有敵愾同仇的一批青年慷慨效命！這是在抗戰史上不應遺忘的一件事。

三民主義青年團廣西支團部，當時是我兼任幹事長，實際負責的卻是書記韋贄唐同志。防守司令部成立後，韋書記和桂林市分團部幹事長葉為任商議，組織三青團武裝團員協助守城。明知這等於螳臂當車，只想藉此以振奮人心而已。編制只限於一百人的一個中隊，以葉為任同志為隊長。武器、裝備、給養等，概由城防司令部發給。一經號召，報名參加的有一百餘名，只得加以甄選，其中竟有女團員二十人。支團部疏散到宜山兩旬後，敵人要來進攻桂林而尚未到時，韋贄唐書記很懷念這一夥熱血青年，復到桂林察看，見大家都各有任務，一部分在陣地上倚槍待敵；一部分則擔任陣中其他勤務。精神都很愉快，集合起來講話時，人人激昂慷慨，歌聲嘹亮入雲。戰後據韋雲淞司令所述：是役參加戰鬥、傳達、瞭望的，想已都難倖免了。被派任司令部警衛的，城陷突圍時，傷亡也很大。葉為任隊長隨著韋司令行動，突過猴子坳脫險。此役與後來河田公路上的長老戰役，計青年團員犧牲的，共達四十一人。

柳州和桂林，同是民卅三年十一月十二日失陷的。柳州為第四戰區根據地，但未有構築永久的強固工事，臨時也沒有強大的部隊守禦，到了桂林和荔浦兩方面的敵人襲來，我軍撤退不及，略事抵抗，即倉皇西奔。第四戰區司令長官部和第十六集團軍（在桂平的第四六軍和武宣的第一三五師，都先退到柳州），沿黔桂路、河田路退往桂西方面。有些部隊，直退往貴州，不復返第四戰區；如楊森總司令的第二十軍，避開黔桂路，取道天河縣，沿途並未遇敵，安全到達獨山東側，出敵不意，給追擊到獨山的敵軍以一打擊，楊氏亦由是得名。

敵軍由柳州長驅追擊進入貴州境後，使我重慶受到幾乎要考慮是否遷都的威脅。但敵軍因後方補給線的拖長，和汽車燃料的缺乏，加以美軍當時已在菲律賓登陸，故追擊到黔桂鐵路末路的獨山，便不敢再深入了。時為民卅三年十二月二日。

十一、黔桂道中、慘事迭出

當時的黔桂路，雖然是一條鐵路和一條公路並行著，但幾十萬逃難的人擠向這路走，各方戰敗的部隊群向這路而逃，敵人追擊的部隊亦向這路緊追，以致混亂擁塞，慘事不斷發生。

一、有一位在十六集團總部服務的姚君，隨總部後方列車於十月廿九夜由永福開赴柳州，沿途逢站必停一兩小時，無人替機車上煤上水，十一月一日才到柳州。當時月台上和附近，全住滿了人，都是等候搭火車往貴州的，然而，那裡有火車開呢？空等罷了！十六集團總部是在柳州換乘汽車踏上黔桂路的，自宜山以上，公路兩旁滿是難民趕路，汽車像是在人河中行走。沿途時時見有顛覆的大小汽車。到了河池時，因汽車司機太過大胆，橫衝直闖的搶過別車前頭，姚君躭心自己生命會送在他的手裡，怕了他，遂捨車不坐，寧願隨人潮而步行。

二、某日，在大山塘公路橋兩頭發現一塊牌示，上面寫著：「本日下午三時要炸毀此橋，行人須預先早避。」但尚差十分鐘未到三時，而盟軍機已投下炸彈，行人死者三百餘人。

三、某夜，第一七五師某團長，奉命要在金城江西岸六墟附近布防對敵，軍官們勸導呆在公路兩旁的難民向後移動，才能著手布置。然而，這些長途徒步疲乏不堪的人，又在黑夜，誰也不想動彈。軍官們沒了辦法，悄悄地商量，以為「只有這樣」。不久，前面大約幾里路遠的處所，忽然槍聲響了起來，跟著有人高叫：「敵人來了！」於是路旁的人堆，睡著了的也從夢中驚醒，抓著隨身行李衣物向河池而走。遺落好些個孩子，團長叫人照顧，天亮後才送到河池給人來認領。

四、最出人意外的，莫過於盟機誤炸六寨和麻尾那回大慘刻了！十一月廿七日上午十一時廿五分，天氣晴朗，公路上的六寨和鐵路上的麻尾，都非常熱鬧，天空上來了十七架飛機在盤旋，大家仰視，的確是盟機的標識，不以為意，豈意突然間，十二架在六寨、五架在麻尾把炸彈大量投下來，兩處共死了七千餘人。第四戰區司令長官部，犧牲了一連衛兵、三員中將；張長令長官發奎距離爆炸處不過三十碼，倖得無事。十六集團總部先一日由六寨區公所遷移，也未受波及，但區公所已被炸為平地。事後知是敵軍已到達公路上的河池和鐵路上的六甲，盟機奉命往炸，想因兩處地勢相似，以致在空中誤認，肇此大禍。但實際上，六寨距離河池一〇八公里，並非難辨的。

現在再敘述桂省東面和南面敵我兩方當時的情形：

當北面敵軍停頓在湘境東安和零陵時，廣東敵軍第廿三軍兩個師團又發動進攻廣西了。九月十日，一個師團由清遠入懷集；經過信都南部時，被我團隊襲擊，憤而將舖門墟燒為平地；後來四戰區長官部聽到日本廣播，謂此役被我方擊斃其軍官一名，士兵若干；九月二十日敵軍佔我梧州，同時，另一師團由羅定方向分向蒼梧和岑溪入境，再合趨藤縣、平南。更有一小部偽軍於九月十九日由南路入北流，二十日到容縣，盤據數日，焚掠民居商店廿餘家，廿六日向平南去了。敵由梧藤沿江兩岸西上，在平南丹竹機場與我軍略有戰鬥；十月十二日又佔我桂平城。

十二、邕龍繼陷、省被四分

我方以第卅五集團軍總司令鄧龍光指揮部隊，對付由粵來犯之敵，自丹竹接觸後，逐次退卻，憑藉傜山和西山一帶的險要以待敵。左翼以第十六集團軍副總司令周祖晃指揮顏僧武的第一三五師和唐紀的第二縱隊，防守武宣縣的東鄉界，正當傜山西端，地勢高峻，下臨柳河，隔河便是桂平縣的西山，險阻易守。右翼由鄧總司令親率第六四軍（人數不足）和姚槐的第一縱隊，防守桂平城西三十里的蒙墟，陣地北靠西山，南阻潯江，正面不寬，守禦也很便利；敵人曾來攻擊一次，第一縱隊俘獲敵兵，知敵是第廿二旅團，以後雙方對峙多日，未有動作；其間，第四六軍（只甘成城的第一七五和海競強的第一八八兩師）由義寧調來增加，卻用第七八軍名義，不知何故。這條陣線的崩潰是由左翼起的；敵人逼近剛接觸戰鬥，唐縱隊即退，顏師見了，跟著也退，敵軍直達武宣，指揮所被衝散，周指揮官奔回柳州；唐縱隊幾已散盡，顏師轉退黔桂路西逃。武宣既失，右翼後方受到威脅，也就撤退；第四六軍到柳州後經黔桂路退；鄧總司令率第六四軍和姚縱隊經遷江、溯洪水河、到隆山，那馬向右江退走。敵軍追擊乘虛而進佔南寧。大概是柳邕兩地戰事完結後，敵第廿三軍才將南寧和邕柳公路移交敵第十一軍接管，而退守貴縣到梧州間沿河各城市的。

南面來犯之敵，為助攻中的助攻，發動較遲，兵力也小。敵第卅八軍的一宮支隊，十一月廿八日由越南諒山分兩路進攻，當日即佔我鎮南關和憑祥縣，三十日陷寧明和明江，十二月三日陷龍州，五日陷思樂，九曰陷崇善，十日與由南寧西進的日軍在綏淥縣會師。

我在左江方面只是些地方團隊，未有發生劇戰。

黔桂線上和南寧方面的敵軍，不敢向右江進逼，第四戰區遂於百色附近將部隊收集整頓。

到此，敵人打通大陸的作戰是完成了，但這條一千五百公里的長線，屢受我方所破壞，並不能用來聯絡日本與新加坡。空軍基地雖然被其佔領了幾個，但B29機從重慶、成都往炸日本，更加頻繁。敵人兩個目的完全落空，這場作戰，成為白費。

但敵人卻苦了廣西，全省被其佔領線所隔斷而成為四塊了。

十三、敗戰之餘、內外交責

我在成都割治腸病，費時一個多月，十二月廿三日才返重慶，稍事休養，並向中央商洽賑款和兵役各事，又曾參加過兩次蔣委員長官邸的作戰會報。

在渝月餘期間，所看到的報刊、接到的函電、聽到的談論，不少是因桂柳戰事失敗，而對廣西大事指責的。軍也好，政也好，對戰事的責任雖有不同，仗打敗了，挨罵是沒得說的。而且光就政方面說，我自己就感覺到確有些事辦得不如理想呢！我還不曾回到省內，許多實情未曾明白，只知道了兩件事：第一件是，十二月廿六日廣西銀行行長黃鍾岳由貴陽到重慶，向我面報：「此次敵入黔南，廣西銀行的物資，在獨山都勻之間，被獨山軍官學校第四分校的員生和軍隊搶去，損失值法幣一萬萬元。」第二件是，卅四年一月廿六夜，我往訪剛由黔桂邊境慰勞軍民回渝的慰勞團團長梁寒操先生，想知道些軍隊和地方的情形，他說：「由車河到獨山一帶，土人有搶劫難民情事，故難民不敢離開公路行走。湯恩伯的軍隊軍紀還好，沿途民眾也發起慰勞招待。」我又記起《成都快報》十二月二十日刊載評論廣西戰事一文，中有「廣西人民在後方搶劫難民，對國軍堅壁清野」的話。根據上面所述兩件事實，則難民被劫，確有其事，且不獨桂境為然；然勢者不獨難民，即省銀行也不能免；行劫者不獨土人，而且也有軍隊，甚至軍校的員生。人民對軍紀良好的部隊，如湯恩伯的，則慰勞招待；而對毫無紀律的部隊，如獨山的軍校員生和軍隊，則堅壁清野以免遭殃，或非必無的事了。就一般情形而論，在進軍或戰勝時，軍紀較易維持，人民對之易表歡迎（上述的部部，即在進軍時）；在退卻或戰敗時，情形就相反了，後方補給不到，官兵卻不能餓而不食，當這時候，部隊自然就會以為紀律事小，餓死事大；同時，人民一聞戰敗，即風鶴顏驚，收拾所有，避往僻奧地方，等到敗軍經過，村中人影全無，無異堅壁清野。

廣西不獨受省外的批評，印在省內，也閒話不少。這也難怪，家庭中遇到逆境，也不免室人交謫，何況一個戰區，慘敗之後，人人心情都在抑鬱，要伺機發洩呢！白副總長接到綏署張參謀長的電報：「張司令長官已到百色，定一月十一日開檢討會議。」立即注意到這點，覆電指示說：「檢討時，各應引過歸己，不可軍諉於政，政諉於黨，尤不可上官諉過於下屬，如此，失敗之後，庶可團結，精神乃可重振。」

就軍事需要上說，戰時最好是以戰區司令長官（其次是以集團軍總司令）兼任省政府主席，將軍政兩權統一起來，免除了中間的隔閡，指揮才能如意，一切以軍事為第一的意旨，才能夠真正貫徹，才能夠泯滅以行政「本行」「遷就」軍事的觀念。這種制度，在別省也曾施行過，廣西卻不曾試行。因此，無論戰區或集團軍，都不免有行政方面協助軍事總不充分的感覺，甚至以為有意對於軍方粉飾虛偽，因循敷衍。這也是閒話發生的一個原因。

十四、路過昆明、見聞足紀

我在渝諸事已了，遂回省視事。其時省府已遷到百色，第四戰區司令部和省級各機關也先後移來，於是百色成為臨時的省會，但沒有民航機飛行，要取道昆明轉搭美軍機回去。三十四年二月四日離渝，飛三小時到昆，何應欽總長招待下榻三義舖聯華招待所。當晚龍雲主持舉行「史廸威公路通車典禮」盛大宴會，我被邀參加。

在昆候機，料不到竟費時十天，其間的見聞，頗有足記的，彙述於此。

因滇桂交通的困難，我曾與龍主席商談，能否修通廣南百色間的公路？龍氏以現時雲南的力量來不及為辭。

雲南已非如抗戰前能閉關自主，現在成為三部分力量：一為中央軍，一為地方軍，一為美國軍。自何總長以中國陸軍總司令名義來駐昆明後，地方人對中央較為歛讓。

為問赴色飛機消息往訪美國陸軍司令麥克魯將軍，他對我談及幾點軍事有關的事：一、百色方面現取守勢，故美空軍現不使用百色機場，免惹敵人來攻。二、現有的武器，先裝備取攻勢各師，故第四戰區部隊，留待第二期裝備，為時須在半年以後。三、百色方面的部隊，現在尚穿單衣，食也不足，病的很多，望設法幫助，供足衣食。四、淪陷區鄰近地方的糧食和交通工具，希望省政府設法收購，免資敵人利用，如向中央請款不得，則美方也可供給云。

張司令長官自百色赴重慶，經過昆明，二月七日我往謁候，將蔣委員長盼望其赴渝之意轉達，他對我詳談省內近情。他是十日離昆飛渝的。

十二日為甲申歲除夕，爆竹聲中聽到羅斯福、邱吉爾、史太林共同發表黑海會議的聲明：一、共同四面猛攻德國，擬定德國投降的條件與對戰後德國的處置事項；二、對歐洲已解放的國家，尊重多數人民的意思以組織政府。

舊曆元旦，我正偕幾位同事遊覽昆明市中觀賞新年景色，中國陸軍總司令部的副官追尋到說：「美方通知，現有機飛色，請即往機場。」來不及向各處走辭，下午一時起飛，二時到色，重複踏上了別去三個半月的省境。

十五、敗後省政、美惡雜陳

我回省後，首先要求瞭解地方最近的實情，曾分別聽取省政府、軍管區、省黨部、青年團各同事的報告；又訪候第四戰區、省參議會、綏靖公署、第十六集團軍藉悉各方面的意見。全省所表現的，可說是好醜並陳，瑕瑜互見，最顯著的可舉出幾點：

一、淪陷區各縣，雖間或有維持會出現（如藤縣、蒼梧、桂林、義寧等縣），但卻無省的偽組織。

二、師管區司令（如柳慶）和民團指揮官（桂林、平樂等區）也有違法亂紀，胡作非為的，但卻無偽軍。

三、廣東欽廉一帶，共黨猖獗，影響到我毗連的上思、邕寧、橫縣、興業、博白、綏淥各縣，共黨也活動起來，但卻無「解放區」出現。

四、縣長之中，有一畏敵遠逃，一被人民驅逐，幾個以開賭來籌款；另一方面，卻有極得民心，民眾隨縣府遷徙的；有能動員民眾，克敵自衛的；有輿論一致擁護的；有成績卓著的。

對於省政現時應如何措施，我在渝時，曾和本省人士商談過多次，回色後，更彙集多人的意見，作成草案，邀請省參議會、省黨部、綏署、軍管區、省銀行、省政府等高級人員詳加討論，增補修改，名為「廣西省現階段施政要點」，內分政治、經濟、軍事、文化四部分，共三十七項，三月五日公布實行。

省府、綏署、黨部、局處桂西，事簡人閒，特組三個黨政軍督導團，派赴敵後地區工作，主要為恢復縣的政權、整頓自衛隊、整理縣財政，處理附敵案件各項。

十六、戰區取銷、補充全缺

張司令長官向中央報告和商洽後，三月十四日返抵百色，此行所得的結果是：第四戰區取銷（但全國其他戰區，卻無被取銷的），改稱第二方面軍，司令長官改稱司令官，使之與資望甚淺者為伍。湯恩伯的第三方面軍，卻擁有美式裝備的強大部隊，駐在貴州東南地域，準備對日軍取攻勢，無形中已將桂柳劃屬於湯，原四戰區轄境，被縮小了大半。第十六集團長取銷。第卅一軍並其所轄三師均取銷；但其第一三一師番號，為紀念守城殉職的闞維雍師軍，特予保留，將其移入第六四軍以替代軍來第一五五師的番號。第卅七軍取銷。對第四戰區戰後所需的武器、彈藥、衛生器材、通訊器材、一概未得補充。罰得可謂嚴了！加以監察委員白鵬飛向監察院彈劾他，謂桂林被大炎焚毀，守城高級將領，幾完全出來，而張未懲辦一個，實對桂林數十萬人民不住。張司令官遇著這樣的境地，心情的不是可以想見的。此情此景，竟為最高級帥所注意，五月卅一日蔣總裁在全體中委宴會中囑我：「你回去見到向華，勸勸他要多發牢騷。」但廣西的軍政界，依然是竭誠擁護他。

第二方面軍的名稱，是由四月一日起使用的，轄下只有第四十六、六十四、九十三等三個軍了。以後的補給情形，我所知的是這樣：

關於軍糧，因省府糧政局徵存的糧，多數儲存於被敵隔斷的地區，目前無法取運，只好請糧食部折發代金，就地購買，但部又不匯款接濟。四月中旬，部派西南區軍糧調配管理處副處長高崧山到色調查，張司令官對高切責部的不負責任。

武器也很遲不得補充。一次，美軍聯絡官馬上校由昆到色，張司令官對他說：「麥克魯將軍想把別師換出的軍械來補充第二方面軍的部隊，如果實行，我決不領受。人棄而我取，則我們豈不是次等軍隊，面子上太是難過。」馬上校允為轉達麥克魯將軍。

新任第四十六軍軍長韓鍊成由渝返色過昆謁何總長請求補充美械。何說：「美方說廣西以美械給地方團隊，故不願以美械補充廣西部隊。」後來查得綏署獨立第四團負有第六分校練習團的任務，中央令由美方給與少數美械；後獨立第一、二、三各團也和獨四團編入第四戰區戰鬥序列，武器不足，由戰區發給輕重機關槍若干，其中有美械，也有國械；又戰區曾發給桂林區民團指揮官黃瑞華衝鋒槍四十支，火箭砲六門云。該軍缺兵兩萬，由廣西徵補。

第四戰區取銷後，將四個獨立團的武器，由十六集團撥還綏署；但兵員只由第一縱隊撥還得一千二百人。

十六集團編餘軍官二千餘人，多數不願入軍官隊，由綏署就其中選編六個保安團的幹部，分駐各專員區，以待後命，其給與由省府籌撥。

自桂柳會戰失敗以來，抗戰整個局勢，沉悶極了。民卅四年一月十日美軍登陸呂宋，消息傳來，人心才為之興奮。從此，盟軍形勢日利，敵軍形勢日蹙。廣西境內，首先是左江方面綏淥、扶南、思樂、上金各縣的日軍，二月中旬撤往越南。五月廿四日，河池縣和金城江，又告收復。廿七日更收復南寧和賓陽。其時，我出席國民黨六全大會正在重慶，即電省府派財政廳長王遜志率第三黨政軍督導團速向河池、省府委員孫仁林率第一黨政軍督導團速向南寧，慰問救助；並呈請行政院和善後救濟總署速撥巨款，派醫携藥分兩路去救濟難民。六月十日再函行政院張厲生秘書長，請其對救濟廣西收復地區案在本週內予以核定；並祈注意兩點：款額不宜太少和辦理責任宜專。桂柳各工廠經理連日在渝開會討論派人往金城江處理存物辦法，都與我聯絡，大家表示：敵人退後，願重返廣西繼續經營。我於六月十三日返抵百色。

十七、敵漸後撤、首復南寧

南寧的敵軍撤退時，先派隊由武鳴向隆山我軍掃蕩，旋即全部經邕柳公路向柳州退走，張司令官派第四十六軍跟踪追擊，直到柳州；第一七五師的第五二五團端午節（即六月十四日）在里高的百子坳截擊敵人最後的部隊，殲滅千餘，遺屍滿谷，虜獲戰利品甚多，我軍僅死兵一名。造成最輝煌的戰績，這是團長盧玉衡行動果敢，和軍隊與當地民眾密切合作的效果，詳情待另文記之。

南寧的機關、學校、都被敵軍焚毀了；民居、商店的門和窗，全都失去了；張司令官在敵退後即赴南寧，只好借住小樂園。第二方面軍司令部也在六月廿一日遷邕。廿八日張司令復回百色勾留一週，處理在色未了的事。孫仁林委員同車回來，據談南寧情形：一、別働隊不法橫行，無人可以制止。二、軍隊、兵站濫封民船私運貨物，而又不給足船費，令得船主寧願毀船停業。三、兵站將軍糧用飛機私運昆明圖利，因邕昆糧價相差十倍。

十八、盟國將軍、誡勿內戰

桂南大部分地區既經收復，善後工作亟待展開，省府特在南寧召開桂南各區縣善後會議，我偕民政廳長陳良佐、教育廳長黃樸心、省黨部書記長尹治（同行者尚有白鵬飛委員、李任仁議長、黃崑山省參議會秘書長等）於七月七日到邕，八日主持會議開幕，到十六縣縣長。以後會議聽取各縣報告，提示各縣應辦要事，討論提出的議案，十二日會議結束。會後，扣留開賭收規的上思縣長羅傳翼。委張文奇為南寧市政工程處處長，以規復南寧市的各項建設。十三日召集十四縣縣黨部書記長談話，指示今後主要工作，為消弭共黨的活動，和促進民主政治的實行。

第二方面軍新加三個軍（中有孫立人的新一軍、闕漢騫的五十四軍），對軍糧的供應，要大為增加；公路的修復，也需要很急；都是省府目前急要的工作。

美方以南寧為空軍基地，原駐昆明的人員，已陸續到邕，需要浩繁，其後方勤務部連日和省府接洽建築大量房屋和供應肉類蔬菜各問題，但不到一個月而日本投降，一切已用不著。

有兩起畏人同於七月廿二日由柳州飛邕：先是美軍魏德邁、辛浦森、麥克魯三位將軍，視察軍事，下榻南寧圖書館美軍聯絡總部；不久陳誠軍政部長、俞飛鵬交通部長續到，由第二方面軍招待於司令部。陳部長向我建議，柳州被毀太甚，而賑款有限，應乘軍事需要，大興建築，將來地方即可得到大量的建築物。俞部長請我協助他修復電信和公路。張司令官夜宴貴賓，我亦陪客之一。席間起立致詞的，首先是魏德邁將軍，他勸中國不可內戰，應大興教育及改善人民生活。態度儼然訓示，聽者慼不自然。次為第九軍軍長辛浦森將軍，他不太講究修辭，意思也不很貫串，但大家都聽懂了他講的是「要殺敗日本」。麥克魯將軍和陳部長相繼說話，但講的甚麼？現在全都忘了。

十九、俯瞰柳州、一片瓦礫

河池、金城江、宜山的敵軍，是和南寧、賓陽、遷江的敵軍同時向柳州撤退的湯恩伯部原駐黔桂路上，即行尾追，於六月廿三四日收復柳州。敵臨走前，將柳州放火焚燒兩日，全市僅剩下可住的房屋三百家左右。

湯司令官、陳部長先後到邕，都對我描述柳州殘破景況，我在邕事畢，向美軍波文將軍借乘軍機於七月廿四日下午三時偕張任民參謀長、委員孫仁林、廣西企業公司副總經理黃嶸芳、省府諮議勞竹樓、謝落生趕往視察，飛五十分鐘即到。從機上俯瞰全城，果然一片瓦礫，慘目傷心！下機後，借用機場汽車樂群社，只剩了敗瓦頹垣。渡江到柳州縣政府，已毀，借用湖南會館辦公。縣長劉棟平赴機場接我們不著，趕著回來，替我們在景行路夢廬準備住所。復渡江到老龍巷訪湯司令官，不遇，不久而湯來訪我。王廳長率領第三黨政軍督導團和第二區行政專員莫樹杰，也是今日由三江、融縣、柳城乘民船同到的。

廿五日在縣政府召集地方各機關首長談話，聽取他們的報告；三十日再召集談話一次，解答他們所請求的事項；卅一日召集有關人員商談關於恢復柳州市政及新計劃等問題。

湯司令官到柳以來，很多地方很能協助。廿九日又與我共同召集政軍兩方首長談話，商討雙方互相協力的問題。他委莫樹杰兼任柳州警備司令，也在事先徵得我的同意。他收容上難民的一千五百名，幾乎全屬外省人，發糧救濟；我到柳時，行政院善後救濟總署已派員到來接辦。

淪陷期間，柳州這一區情形頗為紊亂。柳慶師管區司令黃夢年、經過各縣，見著槍械，不問為誰所有，一律收繳為已有，並擅委縣長；羅城縣長何承堯、違抗命令，驕橫不法，行署將其撤職扣留查辦，何竟傷乃專員倪仲濤、保安副司令郭雍章見其目無法紀，又將何槍斃。雒容縣長兼民團副指揮官何次三，被縣參議會陸議長等排擠而去職。某部隊的後方機關，疏散在三江，滋擾地方。共產黨在融縣一帶從事活動。河池縣長老鄉自衛隊長某，及天峨縣甲板鄉鄉長某，得綏署給以槍彈後，行同土匪，劫及軍隊。怪象百出，為他區所無。

另一方面，柳州區也有很好的縣長，如遷江的梁桐、三江的魏任重、天河的吳仁光，都很得民心；榴江的周公謀，領導縣人擊敵甚力。宜山的蕭抱愚，為人幹練，隨同軍隊攻城，故回縣甚早；協助國軍也很得法；對宜山的善後事宜，早有打算；這是我和王廳長、孫委員七月廿六七日到縣視察所知道的。

到了七月底，第二區各縣的自衛隊、民軍等，都已順利復員，僅餘第一八八師殘部約五百人在柳城尚待處置，治安大致良好。八月四日，我綜合邕柳兩區所知的實情，決定了對於收復地區的善後處置，定規了十七點辦法，通飭全省實行。因聞桂林比柳州殘破更甚，想趕往視察，美軍史太福司令也答應借機，終因天候不就，或汽油缺乏，等候一週尚不能成行。只函介行政院善後救濟總署秘書于滌川、聯合國善後救濟總署駐華辦公處福利主任郝我德、美國教會援華會薛先生於桂林市民蘇新民，請三位八月六日由柳携帶款項、藥品、醫生赴桂辦理救濟。八月九日我遂偕張參謀長、孫委員乘汽車回邕，王廳長則率督導團赴桂。我們午刻過遷江，見梁縣長辦理善後工作還算迅速。過賓陽未停，適逢墟期，市面很熱鬧。晚到邕，得蘇聯今日對日本宣戰消息。

二十、初聞敵降、喜共乾杯

初回南寧，各方應酬接觸，忽然繁忙起來。何應欽總長到邕已多日，駐節自來水廠，謂將赴廉江、北海各處視察，因天氣報告將有颶風來襲，尚未成行。張司令官以修路遲緩，購糧逾期，對省府責備很嚴；並令代四十一軍追還借給各民團指揮官、各縣政府的槍械。新一軍孫立人軍長說：部隊陸續開往鬱林。訪夏威副司令官，商談如何收編融縣一八八師李義、伍德周部，安置四月間委出六個保安團無兵的軍官，及結束融縣十六集團軍婦孺工讀學校各事。

八月十日晚上，最好的消息突然間來了：「日本已經宣布投降」！我正在家中宴客，何總長和大家都十分興奮，一再乾杯。席散後，我和白委員、李議長、張參謀長幾位以戰事既然結束，本省立刻應做的是何事？提出漫談。

翌（十一）晨，我們要趕回百色開省委會議處理各事，致電話第二方面軍甘麗初參謀長託其報知張司令官，不料，甘說：「你們都走不得！今晚何總長開聯歡會宴請軍政長官，必須參加。」既走不成，只好請在色的省府各廳長、處長、綏署呂競存副參謀長速來南寧。何總長在宴後第二天即飛返昆明。

百色各位十三日到齊，十四日邀請白鵬飛、李任仁、張任民、呂競存、陳良佐、黃樸心、闞宗驊、孫仁林、陽明炤、嚴海峰各位開談話會，決定省級各機關仍遷回桂，省府九月十五日在桂林恢復辦公，及交通、教育、救濟各項。晚間，白、李、張、呂和我聯名以地方人身分柬請三百五十餘位中外來賓，舉行慶祝勝利晚會。

二十一、結束各事、還省桂林

既決定還省桂林，百色方面的事，我須回去做個結束。八月十六日臨行，往辭張司令官，報告回色接收綏署（中央通令：全國各綏靖公署悉行撤銷，桂綏交省府接收），和處置修路、購糧情形。他說：「部隊即須下廣州，對公路的需要已不很急。我不久也將離邕前進。」辭出即偕陳黃兩廳長同車起程，途中遇雨，經過幾處泥濘陷車的艱險，入黑才到田東，宿縣政府。十七晨過田州河，無渡船，以木筏渡車。十時到田州，在第五區專員公署午餐。下午二時到色。

此次在這臨時省會躭擱了一週，處理的事，較重要的有幾件：一、電桂林市長蘇新民：省府定九月十五日在桂林辦公，即為擇定臨時處所，並購備桌椅、床板各六百副（當時省府裁員只餘六百人）。二、主持軍管區司令部會報，討論回桂事宜。三、主持省黨部執行委員會會議，派定各縣書記長一批。四、綏署八月底結束，省保安司令部九月一日成立，核定留用於省保部的綏署職員名單。五、省府恢復社會處，由處派員分赴各縣調查抗戰損失確數。六、主持省訓練團成人教育講習會第三屆結業典禮，訓練成績頗好，人數卻不到三十。七、《廣西日報》仍舊留色繼續出版；電陳劭先將《廣西日報》昭平版遷返桂林；將《柳州日報》改組為《廣西日報》柳州版。八、與重慶白副總長通話一次，互道中央和省內近情。九、柬請盟軍軍官和地方官紳舉行晚會，慶祝抗戰勝利。

八月廿七日，將職務交陳廳長代行，即離色回籍葬母，順道視察鬱林、梧州、平樂各屬，然後返桂。晚抵邕。

二十二、敵如早降、母命可保

提起我的母親，現在我心裡還隱隱似有餘痛，因她臨終時我和弟妹都不在她的身邊，連噩耗也是死後一百三十五日我才知道，知道後，道途敵阻，又不能奔喪。痛呀不痛？事情經過是這樣的：卅四年三月五日省府公布廣西省現階段施政要點後，孫委員從容地將白副總長一封信遞給我，拆開一讀，信云：「旭初吾兄禮鑒：去冬，弟到宜山開黨政軍聯席談話會，當時宏漢紹元兩兄以太夫人壽終梓里密告，不勝哀悼！曾共同商定：對兄暫守祕密，對外暫不發表，對中央暫不報喪（只由禧面報委座，經已照辦），俟兄病愈回桂，再行訃告追悼，以表哀忱。因兄正在病中，且孝思素篤，若遽以告，則勢必哀痛，增加病症，故不得已而有上述之從權處置也。今幸貴恙已痊，回桂主政，希望節哀應變，移孝作忠，運用民眾武力，協助國軍作戰，驅逐倭寇，還我河山，太夫人必含笑九泉也。謹此函唁，並叩禮安！白崇禧敬啟。二月四日。」我讀完後，悲痛萬分，對白副總長和省府幾位同事這樣的愛護我，我不知是感激，是怨恨？即循俗成服、報喪、訃告、追悼，電容縣家中將靈柩淺厝，待敵寇平後路通，我再歸禮葬。今敵寇果平，我得歸洽葬，在我，可以說：這是我母親在天之靈所默佑的！

八月廿五日晨，檢拾行裝後，往問孫委員、闞廳長的病；訪白委員、張司令官、甘參謀長、李議員等告以回容葬母；在第二方面軍司令部遇夏副司令官、孫立人和闕漢騫兩軍長，他們正會議討論赴粵接受日軍投降問題。午刻偕家人乘汽車離邕，夜宿貴縣。據縣長劉玉懷報告：貴縣各鄉村公所尚未悉數恢復辦公，縣城最繁盛一條街已完全被焚，商店業店的尚少，治安還好。次早渡江，江水大漲，公路被淹十餘里，用船渡車。十一時到興業，下午一時到鬱林，三時到北流，所經各縣，地方官紳都來迎候，我詢問地方情形，並告以中央及省中要事。北流縣長梁朝玠和公路局副局長潘超在高車河督工修復公路，剛能通車。五時到容縣城家中。廿九日近城戚友開會追悼母親。九月一日葬母於故鄉東華村松坡山，戚友來會葬者甚多。窀穸既安，回想她在病中避敵，轉徙流離，病以增劇；退歸村中，醫藥缺乏，終至不起，假使日本早降一年，吾母何至於此？國仇家難，都令我對日寇深為憤恨。

二十三、鎮鬱得人、東南告靖

私事了，復治公事。九月四日偕省府委員朱朝森視察鬱林。省府第一行署和第三區行政專員公署原都駐此，行署自邕柳敵退時撤銷了，專署八月下旬也遷返梧州了。

行署主任梁朝璣，北流縣人，為地方軍界前輩，得到軍隊的協助，故對協白、興業的共黨暴動，剿辦迅速，地方安寧；當位高望重的李濟深院長旅行各縣到處演說提倡自治自衛時，他能鎮靜善處，並未鬧出亂子；又堅持不許各縣用開賭方法來籌款；這些都是很難得的！五月八日以後，朱朝森繼任主任，也維持得很好。一般比柳州區好多了。

自貴縣以下沿河的縣城，都有日軍據守，其往來的船隻，為地方團隊所襲擊，常受損失。桂平曾俘獲日兵一名，囚於木籠中解交省府行署。

邕柳收復後，鄧龍光總司令率第六十四、四十六各軍經鬱林赴高雷瓊崖，有突擊隊先到，非常跋扈，騷擾地方，鄧嚴辦後才無事。四十六軍到廉江，韓鍊成軍長以缺兵萬餘，來函請我設法速補，並代其追還各縣所借的槍枝，及借款安置軍官的眷屬，因該軍即須開往海南島。新一軍也經鬱林往梧州，先與專署接洽令所經各縣備糧出售，紀律尚好。

我留鬱三日，博白、陸川、北流、興業各縣縣長、參議會議長、縣黨部書記長都來報告地方情形，我指示他們以處理共黨要領，自衛隊借用軍糧報銷辦法，和縣應注意整理財政。

返容縣又住了三日，曾和地方父老討論過教育、經濟、政治各方面的問題。縣人口三十萬有奇，分二十八個鄉鎮；每鄉人口多的三萬餘，少的六千左右，各鄉鎮收入很是懸殊；縣公務員待遇比省府低，但若想追上省府，卻須增加重稅，又將妨礙生產。這也是各縣大致相同的情形。

廣西通志館封祝祁館長，自桂林疏散回容，工作即已停頓，他感修志成功的艱難，採納秘書呂集義的建議：先將已成的稿件付印；編纂工作，由擔任者在家撰述，方便而且費省。我即發款就地恢復工作。

我在容縣，公私事務忙了半個月，乃赴梧州視察。因容蒼公路尚未修復，遂於九月十日乘民船下駛，夜宿長河墟，十一日夜宿潘洞墟。沿途只自良、竇家兩處有小平野，餘外兩岸皆山，林木蒼翠。沿河船家，衣服多是襤褸。魚價卻越下越便宜。十二日早經金雞墟，人說：日軍去年曾由此經過。晚四時到藤縣，縣長張承芳、參議會副議長吳某、縣黨部書記長魏迅鵬來謁，即相偕登岸，行大街一周，見被燒毀一半，據說是：梧州陷後，敵尚未到藤時，被盟軍飛機轟炸的。縣城八月五日收復，但鄉村長現在還有未恢復辦公的，因公所中已一無所有，籌經費極難。因維持會黃濟漢殘餘力量尚待解決，故自衛隊還未全裁。縣財政極窘，甚望省能借助。張縣長為備住所在陳家祠，我不欲其煩費，仍宿船中。

二十四、擊退梧敵、九人成仁

十三日開船很早。四天來都遇逆風，雖非甚猛，以船大而輕，時時被吹得橫起來，搖槳都難前進，只得傍岸篙撐，想不到順流而下都如此吃力！下午三時到梧，泊西門碼頭，沿途鄉村電話都未修復，無人知是我來，登岸逕到第三區專員公署，專員歐仰羲八月廿一日由鬱林到梧，大部分職員尚未回到。各機關首長聞訊，陸續來謁，報告過去情形，請示今後工作，夜深始息。

梧州市去年疏散，秩序比桂柳好得多，物資損失不大。市中房屋，自西門口以下到蒼梧郵局止，在日軍將到前，被盟軍飛機轟炸，完全焚毀。我召集有關人員討論市政改造問，決定乘機將主要五坊路、九坊路、竹安路加寬為六十四尺；按工程處原定計劃疏通水渠；撥水位碼頭為市有，以收租巨款供市政建設。

淪陷期間，市內有維持會，自衛隊長王烈生曾將縣長羅紹徽拘禁。後來歐專員將藤縣附敵的黃濟漢召來，令其自行繳出所有武器，地方得以無事。王烈生部由蒼梧縣長陳汝楫處理卻辦得不好，漏網不少。

湯恩伯司令官派石覺的第十三軍由桂林向梧州前進，到達大湟口時，日本已宣布投降，但據梧日軍，仍然不動，八月十五日石部由梧州警察局長盧英龍等為嚮導，攻擊梧州，被日軍白雲山上的炮兵炮擊，第八十九師二百六十五團第一營陣亡官兵九人，相持到次晨，敵才下船向粵退去，石部於是收復梧州。各處聞訊，所謂別働隊、自衛隊等紛紛趕來，商號有被指為漢奸通敵，門上被貼上幾個部隊的封條的，歐專員到梧後，將地方團隊立刻遣歸，被封商號和貨物，由縣府悉加封條，再分別按法審理，糾紛才息。

經梧下粵的部隊，有第十三、五十四、新一、新六、新八各軍。軍或師多有劇團，在梧開演時，每請軍警督察處派兵一連保護，非有民眾搗亂，實恐友軍胡鬧。

二十五、李之行動、蔣極關懷

李濟深院長一年來的言論行動，極為蔣主席所注意。他自卅二年末軍事委員會委員長桂林辦公廳撤銷，調長軍事參議院後，仍寓居桂林。卅三年二月，曾出席南嶽軍事會議，旅行柳州和中渡參觀水利、農場、礦業。六月桂林疏散才回蒼梧原籍的。梧州淪陷後，戎墟也駐有日軍，距李院長所居不過四十里，歐專員憂李或將受敵脅迫，曾勸其赴百色，但未得其同意。十二月，李院長旅行桂南粵南，彭澤湘（中央設計局熊式輝秘書長派來迎接李氏赴渝的）、尹時中、舒宗鎏等十二人隨行，聞一切都是彭所策畫。所經各縣的東道主，到岑溪寓黃炳桐家，容縣寓黃紹竑家，北流寓孔繁琨家，鬱林寓謝信洲家，陸川寓處未詳。沿途各處均有演說，由黨政到軍事，由中央到地方，都痛快淋漓地論及。卅四年一月我在渝接其由鬱來電，首對政治設施有所評論；次建議兩點：一、尊重民權，促進人民自治；二、創造武力，提倡人民自衛；主張非常正大，但用意或別有所在。又擬有組織粵桂邊區政府草案，原定在鬱召集各縣人士會議進行，以省府行署主任梁朝璣不表同意而罷；後來改以岑、容、鬱、博、北、陸、興七縣紳士陳樹勳等十七人出名，電我分轉李德鄰、白健生、張向華三公轉請中央：「在粵桂南部區域，仿戰地黨政委員會先例，設一機構，以李濟深主持。」他由鬱經廉江、茂名到羅定。稅警團吳營在羅定叛不歸隊，蔡廷鍇和李揚敬等正苦無法使叛軍離羅，因將吳營介紹給提倡創造武力的李院長帶回蒼梧的廣平墟駐紮，強要縣府撥糧給養。他回到廣平墟，在歡迎會場發生手榴彈案，實非刺他，乃地方利益為李氏族人佔去，有人藉此作個警告而已。

李院長的行動，使蔣主席很關心，曾兩次面囑我（卅四年一、二月，在重慶）：「回省後設法接任潮出來，免人造他的謠言。」我將此意轉達後，李卻表示不願赴渝。四月廿三日彭澤湘由蒼梧返渝過色，帶來李致我函道：「現交通不便，未能即行入京。」五月我赴會到渝，兩次見蔣主席，都向我問及李氏情形，並說：「他不會加入共產黨，但他自已不大清楚，容易被人利用。」再囑我：「望你回去勸任潮，勿受人包圍，隨意批評政府。」

我此次到梧，特去訪候，九月十六日偕歐專員、呂梁兩秘書、黎民任（任潮的外甥）夫婦由梧乘電船到戎墟，改坐竹轎，下午三時到廖純村，李院長和其兄少軒、其子沛金幾位都在家。他患惡性瘧疾愈後尚未復原，我不願其太勞神，略談後，出訪其寓客李維源（號菘圃，梅縣討人）、舒宗鎏兩先生；李先生因老病，思鄉甚切；舒先生談廣平刺客案，話很長。歐專員和少軒、民任、偉群（任潮族姪，管地方事）幾位討論如何處置吳營問題。院長夫人待客異常殷勤，令人難忘。次早，歐黎兩位將我們商定處置吳營的意見（廣西不能收編中央的叛軍，應請由廣州行營收編，調往廣東）報告李院長，承其同意（後來行營收編吳營調粵，行到都城，即將其繳械遣散）。我再和李院長詳談中央及本省近情，本省今後不擬標榜甚麼政治主張，只想實行六全大會的決議，誠心實現民主政治。他聽了為之首肯；並表示：國民大會開時，當即入京。我們辭歸梧州，他贈我陳酒、梨子、柚子多品。不久，李氏到梧小住，即往香港，都由歐專員為之照料。

二十六、溯江越嶺、水色山光

我要離梧往八步了，歐專員他們為我計劃，坐船到長發地起岸，比之經信都、梅花街可省一天的旱路。九月廿一日他們借了梧州海關楊明新稅務司的電船拖一四柱艇溯撫河而上。經過倒水墟，盧英龍、歐治清（梧州軍警督察處處長）兩位指點戰場舊跡，曾在此與據梧日軍相持數月。電船馬力小，又遇打頭風，黃昏才到古道口下一個灘，灘高水急，拖四柱艇不動，解艇上灘，不料上一灘水淺，電船不能過，只得下灘宿於四柱艇，時值中秋剛過，月朗河清，灘聲夾雜著岸邊草木的香氣送來，惜好夢屢為蚊擾。廿二日晨起，以薑粥為早餐，乘電船到古道口登岸，與送者（歐專員、盧局長、歐處長、陳縣長）握別。乘轎行廿里到長發地，梧紳黃玉培來談：「梧州的軍政機關，戰時多向撫河疎散，開賭收捐，長發地墟場，頓形熱鬧。」昭平縣長韋瑞霖，由馬江墟電話，約在獅寨謁見；黃玉培說：「這倒是一位好縣長。」又行四十五里到獅寨，梧州女子中學校長何予淑戰時將校疏散來此，現尚未將書籍家具運完回梧，何校長胞弟何棟材為梧州水電公司經理，此次同來，因招待我們宿女校舊址；晚餐菜很精美，說是女中師生在此曾開茶酒館以度生活，怪不得在這荒僻山間竟有這種高尚的飲食文化！韋縣長先到，寓鄉公所，我邀其同住女中，談地方情事：「日軍今年二月自蒙山攻昭平，縣政府及國民中學均被燒毀一部分，現在治安良好，古袍口的金礦很繁榮。」獅寨河名龍江，沿江多水碓，撫河小船上通到此為止。獅寨鄉何姓最大，現任鄉長也是何族人。廿三日何鄉長請早餐於鄉公所，八時偕韋縣長起行，何棟材夫婦送到村外而別。三日來所經都是山嶺地區，樹木葱鬱，路轉峰迴，行過樟木墟，抵達公會後，才履平地，豁然開朗。第一區行政專員李新俊、賀縣縣長徐居、議長梁瑞生等都來此相候，住大公中學。廿五日晨七時，對官紳學生講「認識時代、趕上時代」，離公會時已將十時，剛過午，到八步。由撫河到此，乃是從日軍曾經蹂躪過地域的夾縫中穿過。

二十七、賀縣平靖、名流樂居

八步為賀縣一個市鎮，廣西第一個錫礦區（錫為主，尚有煤、鎢、鈾等），第一區行政專員公署所在地。戰時日軍雖不曾來犯，卻因地方富庶，為桂林、平樂兩區的民團指揮官所覬覦，興兵來奪，都為李專員得地方的協力，將其打敗驅逐，才平安過去。蔣如荃在昭平假各民團指揮官、各專員名義集會擬組桂東軍政委員會以割據稱雄，各區專員起而反對，第四戰區也駁飭不准，事乃寢息。

第一區除賀縣外，其餘恭城、富川、鍾山、平樂、荔浦、修仁、蒙山、昭平、信都、懷集各縣全被日軍踐踏過，平、荔、修的一部分地帶，且被敵軍經常佔據。

李專員乘我到來的機會，召集全區縣長來開行政保安會議，使我直接瞭解全區的情形。擊敵成績，以修仁為較佳；賭博以恭城為最盛；平樂縣長吳耀，堅持不開賭；荔浦秩序最壞，縣長莫忠曾被暴民所驅逐。我曾問一位年紀最輕（二十五歲）的信都縣長黃贊明：「在任內得些甚麼經驗！」他答：「修養不足，用人失當，看事太易。」

我留八步一週中，幾乎每日都有參加集會。地方的歡迎會，大家都想由我口中知道些戰後政治（中央、省、地方）的動向。機關職員談話會，我要知道地方的實情，他們要我答覆所詢問或請求的事項。此外，還有對學校的講演及其他的應酬集會。

八月廿九日我到賀縣視察，地方人士邀請往遊浮山。那是賀縣的名勝，在城下五里賀江與臨江合流點下江中，有點像梧州城下西江中的鷄籠洲，但規模略小。小石洲上，蒼翠林木中露出一幢廟宇，內祀陳王，地方人流傳：陳王屢次顯露為縣人擔災禦寇。此次日寇進犯本省，環賀各縣莫不受禍，獨賀縣晏然無事，雖也不想居功，於是大家以為又是神佑，仍歸美於陳王。山上宴酣之餘，我留題一聯以誌感：聯云：「八載干戈，塵幾經民已瘁；一杯濁酒，江山無恙我重來。」

水岩壩為錫礦場，西灣為煤礦場，八月三十日往這兩處視察。水岩壩的光明化工廠，從高山上用鐵管引水下注衝動輪機而發電，以製造白藥，設備非常簡單，這是廣西用水力發電給工業用的第一家。西灣電廠，以當地的煤為燃料，電力的成本也很廉，供給各礦場使用。

八步又成為當時名流的避難地方。何香凝先生或者是在廣州抑香港淪陷時去的，因八步的廣東同鄉很多，有人照顧，他表示不日將赴梧會晤李任潮先生，順便回粵，或去香港。另外幾位是桂林疏散時候來的。梁漱溟先生住在芳林的臨江中學，年來在此鼓吹民主同盟，加入的很少；人以為他專心學術研究或比政治活動貢獻更大。李民欣先生是李任潮先生的親信，他以所擬的中國國民黨促進民主同志會章程草案示我，這或者就是後來在香港組織「民革」的底本。陳劭先、萬仲文兩先生都是廣西建設研究會的會員。梁朝鈞先生是廣西通志館的編纂，八步的容縣同鄉也很多，所以他不回容縣而來八步。

二十八、劫後歸來、復興定策

離八步，沿途視察而返桂林，陳劭先、萬仲文、王贊斌幾位先生偕行。

十月二日朝暾初上，汽車動輪西行。過西灣，踐第一區礦務管理處主任韋奮揚夫婦（夏應葵）早餐之約。十一時到鍾山，敵蹄曾踏此而過，幸未成為戰場；今天逢街日，頗為熱鬧。下午二時半到平樂，中學都已復課，各機關工作照常；走看全市，房屋被毀的達四百餘家；湖南楊幼炯、少炯昆仲流寓在此，順過北門訪候。三日早七時，對公務員及中學員生講「今後建設」。十一時渡江西去，午到荔浦。縣立初中正在路側，先入一看，規模宏大，遭戰魔肆虐，已百孔千瘡。過橋，桂北行署主任尹承綱偕地方官紳候於道左，相偕到廣西銀行，聽他們報告地方情事；巡視城內外，據云房屋被毀七百餘家，佔全數三分之一，此地為交通孔道，敵軍盤據甚久，損失特大。進麵點後，與尹主任同車而北，他報告一年來的艱苦經歷。下午五時抵桂，別了經年，重歸懷抱，陳廳長和省府幾位同事在街口接著，握手相勞，百感紛來！我原定十月一日回到的，因第一區行政保安會議一日才開幕，我須參加，而忘記電知桂林，沿途電話尚未修復，臨時無從聯絡，累得大家連候了三天。省府的廳舍全毀了，借用文昌門外開元寺西側中山紀念學校高中部為臨時辦公處所。我進去略坐後，趁天色尚早，偕陳尹兩位乘車去看了市區一周，五萬七千多家房屋，在收復時，完整的僅得四百七十餘家，不到百分之一，現已過了三個月，仍然觸處都是敗棟斷垣，也分辨不出何處是敵毀我毀？真是河山依舊，風景全非！翌晚，在桂林市各機關歡宴席上我說：「我在柳時，已知桂林殘破更甚於柳，故在邕會議，決定還省桂林，若非如此，恐桂市復興，更加不易了。」

桂林以北的靈川、興安、全縣一帶，淪陷最先，敵據最久，我總想親往一看，但還省伊始，無暇分身，剛得半月，軍事委員會委員長廣州行營又召集赴粵開兩廣綏靖會議，使我桂北之行終去不成。據陳廳長與中央黨政工作考核委員會徐家齊專員十一月下旬視察歸報：「由桂林到全縣一百三十公里的長途上，所見牛隻僅僅十餘頭，病人卻多得驚人。」光是這點，也可推想光景是如何的淒慘了！

桂林不獨地方受毀厲害，風紀也敗壞不堪。王季文（乃昌）先生被人向日軍推薦其組織偽桂省府，逼得自桂走避百壽，展轉於五月間到渝；據其告我：「吳良弼（似是陽朔自衛隊長）蔣鐵民（似是桂林區民團副指揮官）合夥趕走黃瑞華後，葉振文又聯合吳良弼去攻擊蔣鐵民和唐坤（臨桂縣長），結果，葉得臨桂縣印，吳得桂林區民團指揮官印，時人稱這幕劇為雙搶印。」但黃蔣受這挫折後，似又言歸於好，兩人再行合作。還省後，此輩自知為法律所難容，早已遠走他方，潛踪匿跡。

因全省所受的戰災太慘了，我於還省同時，即派教育廳長黃樸心向中央陳述情形，請求救助；他初時函報：「中樞現正專心於接收收復區問題和中共問題，至於吾桂損失慘重情事，未易引起其注意。」過了兩個月，才獲核給本省今年復員費三億元，教育復員費一億二千五百萬元。全省抗戰損失的統計，十一月中旬即已辦妥，連同需要救濟物資的數量，送致行政院善後救濟總署；總署派黃榮華為廣西分署署長，也已到桂，關於救濟工作，遂由分署負責。

戰後本省如何重光舊業、肇造新基的方策，還省後，曾召集省內賢達及聘請省外專才不斷研究討論，作成廣西省復興建設辦法要領，逐步實施。

民族戰爭的創痕未平，然而共黨的階級鬥爭又起了！

貳拾壹、抗戰回憶之三：崑崙關血戰記

抗日戰爭第三年冬間，桂南和粵西被日軍侵入，過了一年才告光復，我在〈廣西南寧第一次淪陷與收復〉文中曾詳記其經過，惟關於部隊作戰實況，敘述粗略，極感遺憾。此役戰況，可分六個段落：一為最初敵攻邕城，一夜之間，我軍不支而棄守；二為敵據邕後，以一部往襲龍州、憑祥、鎮南關，因崑崙關敵被我圍攻甚為危急，焚掠龍州而撤走回邕；三為我軍大舉反攻，演成崑崙關血戰，我大獲勝利；四為敵在崑崙關慘敗後，由粵增兵，圖聚殲我軍大部，未達目的，只蹂躪了永淳、賓陽、上林、武鳴數縣，仍退守南寧；五為敵須鞏固南寧守備和補給線，民廿九年二月至四月間，數次出動鄰近各縣，驅逐我軍，不使接近；六為最後敵以兵臨越邊，威嚇法人簽約許其駐兵越北，在交涉期間，襲據龍州以至鎮南關。第一段歷時只一夜功夫，第二、五、六各段戰鬥經過簡單，不擬細述。只第三、四段兩軍的主力戰最為重要。尤其是第三段崑崙關會戰，敵人稱之為整個戰爭中最大的苦戰，我軍對保衛民族戰爭的英勇忠烈，在這一次發提到了最高峰，安得不予表彰，以資後來觀感！爰草此篇，稍補前闕。至資料的取給，除採自我自己的日記外，敵方的行動，多依據日人可靠的著述（惜鈴木醇美的《廣西會戰記事》未得寓目參考，何處可得此書？倘荷讀者惠示，至所感盼）；我方的行動，主要的依據，為當日參加此役的第十六集團軍總司令部參謀處中校參謀盧玉衡先生的口述，和第五軍司令部編印處李誠毅先生的手記，並此聲謝！

一、敵奇襲南寧、圖斷我外援

日本軍閥迷信其歷次的經驗，總以中國為一受威嚇即行屈服的，想藉蘆溝橋事變而在華北製造第二個滿洲國，滿以為不消幾個月便可償其大欲。不料，首都陷落了，漢口和廣州也失了，戰爭已進展到第三年，中國依然繼續抵抗，毫不氣餒。敵以我方並無現代化的軍需工廠，又在各處戰場損失了大量的武器，然而，新銳的武器卻陸續出現於各戰場，不消說，這是由歐美所供給，經過越南而運到長沙和重慶各處的，中國所恃的完全是戰略物資不斷的外援，這條路如果不斷，則日本的泥足只有愈陷愈深，但因美英法的關係，不敢從外面的越南來封鎖，於是冒險攻襲南寧從我們裡面來阻斷。

敵人這一行動，是採用極祕密的奇襲方式。使用的部隊，只一個師團，是善於上陸作戰的第五師團。師團長為中將今村均，參謀長為少將玉置溫和。這個師團經歷過中國好幾個戰場：民廿六年夏在山西作戰受了大損失，調到青島補充訓練；旋參加台兒莊和徐州戰役。廿七年十月，任攻粵的主力。不久，調往東北救援諾門罕。諾門罕停戰後，乘船南返廣州，在途中接到命令往襲南寧的。

敵軍上陸時的情形是很冒險的，可惜我軍當時完全不知，不及給敵方以絲毫的損失。敵軍船團進入了欽州灣，正颳著風速廿六公尺的暴風，浪湧如山。南支艦隊司令官高須中將電致廣州方面軍司令官安藤利吉云：「海軍當然掩護上陸。但上陸與否，應由陸軍方面決定。」安藤立刻轉電今村。今村已被風浪搖撼得迷迷糊糊，姑且問各部隊長的意見看。各部隊長竟然一致決定上陸。民廿八年十一月十六日午前三時，敵用大馬力的汽艇駛向海岸前進。欽州灣並無港灣的設備，從雲隙的月光看見了岸邊的沙灘。汽艇被大浪拋得上天落地，卻一隻也沒顛覆。第一線的部隊，上午十時將最初上陸的地點金沙龍門灘確實佔領，敵人全軍就陸續地安然上陸了。

二、弱兵守孤城、早知無勝算

當時任桂南和粵西守備的部隊，為夏威總司令（副總司令為蔡廷鍇）的第十六集團軍的兩軍六師。總司令部在貴縣的南山，以何宣的第四十六軍任第一線，韋雲淞的第卅一軍在第二線。第四十六軍以黃固的新編第十九師守欽縣和防城，馮璜（在陸軍大學受訓，由副師長何次三代）的第一七五師守合浦，軍司令部和蘇祖馨的第一三五師駐南寧。

日軍先在廣東四邑方面蠢動，第卅一軍奉令向西江應援；先頭部隊剛行抵桂平，而北海和防城有敵上陸的警報接連飛到，又奉令趕急回師；黎行恕的第一七〇師在橫縣，先趕到邕，闞維雍的第一三一和魏鎮的第一八八兩師隨後西上。

軍事委員會以日軍在湘北新敗，何能再有餘力新闢戰場？對北海和欽防敵人上陸的情報，當初似未重視。但十六集團總部的參謀們以南寧為對外交通的要道，戰略上的要點，必為敵方所注意，敵人如在粵西方面有所行動，則其目的必在南寧，而到達南寧的路程，以由欽縣為最短，故北海情報初來，他們即疑為敵人的假做作，而注視欽縣方面有無消息？過了一天，敵在防城上陸的情報，果然飛來！

夏總司令因丁母憂在容縣原籍，聞報，以固守南寧北方那條險峻山脈的高峰隘和崑崙關兩個要隘，以待兵力集中後再與敵決戰，最為上策；其次，為在邕江擊敵的半渡；而不主張守南寧城。他知道十六集團各師多是新兵，訓練期間既短，裝備又劣，守不易固，徒供犧牲而已。但軍委會或另有其理由，和第四戰區都一再嚴令：必須固守南寧城。又令由邕龍雙方夾擊敵人，不知龍州方面只有一教導總隊，裝備固劣，人數也少，何能對付強敵？後來守邕部隊，受敵猛攻，果然損失很大。

三、敵以一敵四、敵驕伏敗機

敵軍上陸時雖僥倖未遭到我軍的妨阻，但邕欽公路已被我事先完全破壞，敵軍四十八門野炮和許多騾馬，想要前進，就須等待公路的修復。十一月十九日衝破我在小董的前哨線後，廿四日進抵南寧近郊，從欽縣携帶七天的糧食已經吃光，看見了城中的燈火，更引起了他們搶食的狂慾……雖隔了一道邕江，但江水並不很深，江面也不很寬，又沒構築有永久性的強固工事，所以我軍在抵拒敵人強渡和攻城時，遭受了很大的損失；加以敵人一部從邕城下游偷渡過江，繞出邕賓路上的三塘、五塘，斷我退路，遂至支持不住，一夜功夫，邕城便淪入敵手。敵人當天只追擊了十餘里便停止下來，布置其第一線的臨時陣地。我軍向高峰隘和崑崙關方向逐步退卻。

到了十一月廿九日，敵人為偵察我軍的情況，派一小部隊來攻崑崙關，被我擊退，雙方互有死傷，但敵方損失比我為大；十二月一日，我攻擊前進直到八塘。同這一天，我在敵後的部隊攻陷邕欽路上的小董，作短期的佔領；但敵也同日攻佔我高峰隘。十二月四日，又攻佔我崑崙關。這是大會戰前的小接觸。

隨敵軍到邕的特務機關長中并增太郎，戰前曾在南寧中央軍事政治分校當過兩年教官，被其訪查到從前在校所用的隨從，間悉城中居民避難情形，和我軍正準備大舉反攻的消息。但敵軍很驕，瞧不起我軍，以為自己雖只二萬五千人（第五師團二萬，後增加台灣鹽田旅團五千），我軍縱有十萬，他們也不放在心上，依然每個大隊分散出去，卻料不到在崑崙關碰上了勁敵——我們的機械化部隊第五軍。

四、機械化部隊、進攻崑崙關

南寧落於敵手，我對外交通運輸被其阻斷，軍委會決心要去收復它。我軍由北方進攻，中間被一座險峻山脈所阻隔，而山脈上高峰隘和崑崙關兩個隘口，又已為敵人所盤據，非先破這兩處則無法通過。而敵人的重兵，卻在崑崙關方面，故我軍攻邕的部署，第一步是奪取崑崙關。

崑崙關是怎樣一個地方呢？論險要它實在不及高峰隘，但因它位於自古南寧通桂林省會和中原的驛道上，加以歷史上流傳宋朝名將狄青元宵破儂智高部於此而克邕州，遂使它遠比高峰隘為著名。西南距南寧約五十公里，東北距賓陽三十餘公里。將舊驛道改建的邕賓公路，正經過關中；此公路像一把弓，弓兩端的南寧和賓陽，地勢平坦，拔海都在三百公尺以下，崑崙關位當弓背，其附近高聳，拔海常在六百公尺左右。此處群山疊嶂，綿延不絕，人煙稀少，村落不多，高山深谷，隨處都是陷地絕境，而崑崙關更是無數險要的要隘，有高屋建瓴之勢，以「一夫當關，萬人莫敵」來形容它雖略感誇張，但南寧有事，則此處為兵家所必爭，卻為無可否認的事實。

蔣委員長對收復南寧的作戰非常重視，調集了許多部隊，並且動用了不輕用的唯一機械化部隊第五軍，以之為攻崑崙關的主力。第五軍轄榮譽第一師、新編第廿二師、第二百師等三個步兵師，和裝甲兵團、汽車兵團、騎兵團等直屬部隊，由杜聿明軍長統率駐在全縣、東安、零陵各縣，奉令南下到達崑崙關北面地帶。十二月七日軍委會決定反攻後，第五軍各部隊從十二日起便忙著開始進攻的部署；十六日軍委會陳誠政治部長和桂林行營白崇禧主任同到第五軍前線指揮所視察，對軍隊部署都表滿意；預定十七日攻擊開始。

五、守堅攻更猛、四野漫煙硝

當時的敵我雙方形勢是：邕武公路方面，相持於高峰隘；邕賓公路方面，相持於崑崙關。

敵人也明白崑崙關的重要，故以一個旅團任邕賓路方面的防守。在崑崙關以北的仙女山、老毛嶺、四四一、六五三、六零零、羅塘南等高地，以及立別嶺、枯桃嶺、同興堡、界首等地，都築有據點式的堡壘，周圍都有數重鐵絲網，構成無異銅牆鐵壁的防線，並附有機械化部隊和砲兵協同防守。

我方以鄭洞國的榮譽第一師擔任正面攻擊；邱清泉的新廿二師繞出敵後的六塘、五塘，以斷絕南寧與崑崙關的交通；戴安瀾的第二百師，由東面繞過崑崙關，以形成前後夾攻之勢。另外組成兩個支隊，從事奇襲：一個是由團長熊笑三率領的熊支隊，由一個團和一個加強營構成；一個是第二百師副師長彭璧生率領的彭支隊，由兩個新兵補充團構成。

十二月十七日，攻擊開始的日子到了，第五軍的三位師長，拂曉便齊集杜軍長所在的山上，攻擊命令發出，各線一齊出動。攻擊還不到一小時，敵人的空軍真快，一群一群的飛機，像烏鴉般，飛到我軍陣地上空瘋狂轟炸，隨時又用機關槍掃射，槍聲連續不斷。此時，各師長已趕返自己的陣地，杜長長仍在原地和大家身插松枝做偽裝，觀察敵機的行動，和我軍攻擊前進的情形。

我軍的步兵，已經向仙女山、羅塘南的敵陣地開始攻擊，機關槍、步槍、迫擊砲、手榴彈和擲彈筒響成一片，喧天動地，四野瀰漫著煙硝。當天上午，我軍即躍入敵人陣地，發生猛烈的肉搏戰。不旋踵間，仙女山即被我鄭師首先佔領，但羅塘南的攻擊卻受頓挫。

早飯後略事休息，各攻擊隊部再度開始行動。第二百師的團長鄭廷笈受命進攻六零零高地，那時他正發著瘧疾，可是他並不氣餒，還是勇往直前去完成他的使命。杜軍長和他約定：一經佔領了六零零高地那個敵人重要的據點時，即刻放起煙火來，支援的砲兵見到煙起，即超越發射，實行火力追擊。鄭團長展開攻擊後，即瘋狂地冒著彈雨躍進，破壞了敵人各層的防禦工事，滾進鐵絲網，剪開了電網，前仆後繼地衝上了六零零高地。在中午十一點多鐘，山頂果然像瑞靄般冒出煙火來了。杜軍長望見，一躍而起歡呼道：「六零零高地佔領了！崑崙關大門打開了！」

六、進軍第一日、捷報已頻傳

崑崙關西南地區的制高點是四四一高地，必須把這一制高點同時取得，才能和六零零高地形成攻略崑崙關的兩鉗。擔任攻擊這高地的是榮譽第一師，為久經戰陣的傷癒官兵所組成，休養了數年，自然都有髀肉復生之感，剛好碰上了大顯身手的機會，還能把它放過嗎？所以，十二月十七日攻擊展開後，全師官兵無不冒著敵人的火海前進。敵人也確是頑強無比，他們據守在堡壘裡面，任我們的砲兵如何轟擊和機關槍如何掃射，就是死不肯退，與陣地共存亡。這一場戰事打得真是非常激烈！這樣膠著血戰了整整一天，雙方死亡在四五千人，屍積如山，血流成渠，直至殲滅了最後一個敵人，才把四四一高地完全佔領，這是十七日最慘烈的一場血戰。

這天，從早晨到黃昏，敵機如穿梭般在我們上空盤旋轟炸掃射，正當我戰車向崑崙關正面進攻時，其中一輛被敵砲擊穿，連長趙志華洞胸而亡，後面的戰車因之被阻，不能前進，到黃昏後，才用其他戰車把這輛打壞了的戰車拖走。

此時的季節正是冬天，下午五時即行日沒，故敵機活動時間較短，因之我方所受的損失也不太大。飛機的殺傷破壞力，前方不如後方，但對精神上的威脅，在前方卻也不小。

當晚，我軍發動夜襲，進展神速，老毛嶺、萬福村、六五三等高地，相繼佔領，這接二連三的捷報，使官兵勇氣百倍。這些高地，都有敵軍強烈的火力來防守，我軍是在寸土寸血的情形下才能爭奪下來的。

以上是攻擊第一天所獲的戰果。

七、叩開石橋門、砲斃敵旅長

崑崙關正南的石橋，由新廿二師擔任攻擊。石橋是崑崙關的大門，叩開了這大門，才能進入崑崙關口。在這以前，杜軍長曾多次請求軍委會以空軍協同攻擊，已得批准，因此，天天擺著對空通訊的布版；可是，左等右等總不見飛機到來，為恐躭誤攻擊，乃不再等，以步兵單獨攻擊；事後才知道是中央覺得我們的空軍太劣勢了，如果派來不能達成任務，反而會被敵機擊落，將影響到我地面作戰部隊的士氣，這是不得已的苦衷。新廿二師以劉俊生團攻這重要據點，這是一個攻堅的任務，因敵人盡全力來固守。崑崙關的敵炮兵以最高火力來壓制劉團，而地形上周圍的制高點都由敵人佔領了，劉團完全處在卑低的形勢從事仰攻，這就不免特別吃虧，所以一次再次的攻擊都受到頓挫。攻到這三天，劉團官兵傷亡極為慘重，邱師長迭請另派部隊去替換，事實上也不能不調下來補充整理。可是敵人方面，此時也到了再衰三竭的地步，其傷亡之重，也是很難恢復原來的作戰力。杜軍長以彭璧生支隊去替代劉團。彭原以副師長兼第五軍新兵訓練處長，支隊便以他自己訓練的兩個補充團編成，這樣的生力軍，作戰當然勇猛，打了兩天，就把石橋攻下了。這一役，彭支隊官兵傷亡過半，這個部隊已成為名存實亡了。

死守崑崙關之敵，初為第廿一聯隊，後又把第四十二聯隊增加上來，在拉鋸戰中，死亡至重，其旅團長中村正雄及率部強行經由公路正面向崑崙關增援，被我砲轟死於九塘崑崙關之間，敵人從此後援不繼了。

當石橋佔領成功時，敵後六塘一帶，又被我騎兵襲擊，破壞敵人運送補給的汽車四十餘輛，給敵人以極大的損失。敵人的補給線既被我截斷，崑崙關的敵方守軍，成了懸命絕援之勢，我軍便利用這一機會展開攻擊。

八、截斷敵後路、初次入關口

十二月二十日那天，正面惡戰開始，我戰車部隊循公路直衝崑崙關，因道路狹隘，施展為難，終被敵人的戰車防禦炮所擊退，這一攻勢略受頓挫。到廿二日我正面攻克同興堡，斃敵三百餘人，這地方是崑崙關的肘腋。卅三日我實行強力側擊，圍崑崙關南十里的九塘，斷九塘與崑崙關的道路，並以一部攻九塘南十里的八塘，敵人後路全斷，只靠空中接濟了。

敵軍第五師，不愧為頑強的敵人，後路斷絕，仍不退卻。他們的指揮官戰死後無人統率時，其後方即用飛機運送新的指揮官來，以降落傘降落到敵軍陣地，接續指揮作戰。糧食和彈藥，也是由空中投擲。陣地裡的敵人沒有水喝，便用橡板袋載水，自飛機上投下來。有一次，一大批乾糧從敵機上投下，剛巧落在敵我陣地的中間，於是我軍以重機關槍火力封鎖敵人的出口，讓我方士兵去把乾糧奪過來。這些乾糧做得很精緻，餅乾、肉食、蔬菜、罐頭，自不用說，就是食鹽也是用機器壓成方塊，從這些地方，可見敵人對軍隊補給的重視。

我軍廿六日旋又佔領了崑崙關西面的仙女山，然後順山衝下，直入崑崙關口，佔領敵指揮所。這方面是榮譽第一師的戰鬥地區，所以榮譽第一師是首先攻進崑崙關的部隊。但我軍只佔領了崑崙關口，關外若干高地尚在敵手。不過，敵人挽大砲的騾馬，已被我軍完全殺絕，敵炮兵於是也無法動彈了。

九、快樂聖誕節、敵在苦中過

崑崙關方面是熱鬧到極點了，南寧城裡的敵人情形怎樣呢？那是人人都愁眉苦臉，焦急欲死！

敵人佔領南寧後，今村即派及川旅團於十二月廿一日攻佔了龍州、憑祥、鎮南關，掠奪了汽油一萬罐，正在揚揚得意。不料，崑崙關方面，卻大吃苦頭，今村急急把乃川旅團調返。及川廿五日將龍州焚毀而逃，沿途又被我方截擊，到南寧時已是年底，崑崙關敵人已被我軍消滅，及川雖趕不上去救援，卻藉以保住了南寧。

聖誕節到了，快樂並未降臨到敵營。廿五日晚上，今村和他們的參謀們討論生死關頭的最後處置，決定作孤注的一擲，即：師團長親率所掌握的戰略預備隊一個聯隊，穿過山脈，進出於敵軍（指我軍）背後，依日軍傳統的突襲戰，擊退一部分敵軍（指我軍），然後將防禦陣地重行編配。這計劃預定在元旦日實施。

正在這時候，敵華南方面軍參謀長根本博、副參謀長佐藤賢了、大本營作戰部的荒尾興功等由廣州飛到南寧來了，他們是為瞭解作戰實況和商量以後的行動而來的。敵方面軍的意思，是要第五師團努力吸引我軍到南寧方面來，然後加以重大的打擊。佐藤大聲禁止今村出擊的行動，說是軍部截獲我方的密電，確知我方調動卅二個師，再加戰車和航空隊，以第五師團為目標，正在前進攻擊中；你若出擊，無異小孩子持小刀去刺大象，象鼻只一捲，就把擲碎了。這批參謀們要第五師團將前方部隊撤收回來，而集結在南寧附近的丘陵地帶，構築堅固陣地，作持久抵抗，以待援軍的到來。但今村辯說：「各隊正被敵軍隔斷包圍，想撤退集結已不可能，除了斷然做一大反攻，別無打開困境的善策。」爭論很久不能解決。軍參謀們要今村在廣州命令到來以前，第五師團須中止出擊，這樣妥協而歸去了。除夕，廣州令到：「第五師團無論如何不可取攻勢，應維持現狀，以待友軍來援。」今村只好服從命令。

民廿八年十二月廿七日，敵台灣守備師團的渡邊、林兩個聯隊，又向崑崙關增援；因為這是生力軍，其勢銳不可當，我已攻入關口的鄭師，遂不得不撤出，而轉攻東北面的界首一帶高地。廿九日，鄭部把界首東、北、西三面高地全部佔領，至此，敵人主要的堡壘全失，陣勢亂。三十日，我繼續猛攻，正面再作入關的突擊。卅一日，崑崙關口南二里的六扒、六成兩山為我佔領，這兩山間的公路交通，也完全被我掌握，崑崙關的敵人，除戰死者外，已全部成了孤軍，再經我四面夾擊，殘餘的敵人才豕突狼奔地向南寧方面退卻，崑崙關的要隘，才確實為我所有了！這是民國廿八年十二月卅一日正午的事。

十、血戰兩星期、崑崙關大捷

這一場大血戰，接連打了兩星期，到此才告結束。事後從敵人遺落的日記中知道：旅團長中村正雄被我炮兵擊斃於九塘崑崙關間；廿一聯隊長杉木吉之助陣亡；四十二聯隊長坂本元一重傷垂危，想已在慌亂退卻中死去；大隊長陣亡三人。廿一、四十二兩聯隊和一炮兵大隊，幾乎全部都被殲滅。官長陣亡達百分之八十五以上，士兵被殲滅者約五千人，俘虜少數。其殘存部隊，狼狽退走，旅團和聯隊部九大箱文件都來不及毀滅，成為我方最有價值、最重要的戰利品。另有炮兵觀測器和大炮附件也來不及毀壞，完好地埋藏地下，都一一被我掘出。敵遺棄的武器，有戰車防禦炮的炮彈數千發，大炮彈兩三千發，步槍千餘支，輕重機關槍、山炮、迫擊炮各百餘門，步槍彈十餘萬發，以及軍刀、刺刀、鋼盔、毒氣罐、防毒面具等無算。

這是我軍抗戰中打下的一次大硬仗，也是一次大勝利！

第五軍將俘虜的傷者治療、病者治癒後，審訊了口供，才送往重慶集中管理教育。將虜獲的各種文件，整理編印為敵人文件彙編，呈送中央並分贈全國友軍，這是一部極有價值的敵情研究資料。將戰利品滿載廿一輛卡車，開往柳州、桂林、全縣去公開展覽。

十一、我盲目打仗、敵心理動搖

從俘虜的口供和敵人的文件中，我方才清楚敵人侵入南寧的前後情形，以及敵軍兵力、番號，與其尚未實現的種種企圖；更知道敵軍普遍的厭戰思家情形。在此，才感到前方的軍事情報，實在做得太不夠；對敵情太欠明瞭。官兵作戰，勇則勇矣，可惜打的是瞎子仗；這種打法，太近於賭博了。

敵人日記有寫著：「一個很好的月夜，敵軍陣地突然用擴大器向我們廣播，甚感動！」當時我方的政治宣傳工作，時時將日文宣傳品送到前方散發。有次特請當時日本反戰作家鹿地亘到前線廣播了一個多星期。他在我陣地的擴音機喊話，要日本兵放下武器，不要為軍閥作侵華的犧牲品。起先敵人聽到這種講話，還向我擴音機方向射擊，一天，鹿地亘喊道：「我在這裡，你們要開槍就開罷！」但敵人竟未放槍，反而沉寂下來。這是宣傳上打動了他們的心弦，對敵人的心理作戰收到了極大的效果。

崑崙關和高峰隘都攻克了（高峰隘十二月十八日即為我改克），但我收復南寧的目的還未完成，要繼續進攻。而敵方的企圖，在吸引我大軍於南寧附近予以殲滅。第二次的主力大會戰，遂由此而發生。

十二、二次主力戰、四縣遭蹂躪

我方參加這大會戰的部隊，有第十六、廿七、卅五、卅八等等好幾個集團軍，因機械化部隊的第五軍，在崑崙關會戰雖獲大勝，傷亡卻也很重，調回全縣整訓去了，此等以步兵為主的部隊，力量比之第五軍便差得多了。

蔣委員長特為對邕作戰於民廿九年一月七日由渝來桂、九日夜乘火車赴柳州、十日到遷江和白崇禧主任面商方策，十一日返桂飛渝，還令李任潮、陳辭修、張文白三位多留一星期，與白氏繼續研討，他們由崑崙關會戰所得的教訓，決定採取慢打、穩打、整打三個原則。

敵方自崑崙關慘敗，退回南寧，情勢頗為危殆，幸其及川旅團由龍州回到，驚惶得以稍減；敵方面軍又令今村維持現狀以待援軍，敵遂在邕附近拼命死守。我軍數量雖多，為南寧北方的險峻山脈所阻，不能全數用上前線，只得一部分圍攻敵人，這也是令得敵人容易守禦的原因。

當我軍繼續圍攻南寧附近邕賓路上敵人陣地時，敵人發動向我反撲了。廣州敵華南方面軍司令官安藤利吉親率第十八師團和近衛旅團共三萬人於一月十五日在欽縣上陸，廿五日到達南寧。他採用大迂迴的包抄戰法，以部隊從東面繞過崑崙關，再左轉西向掃蕩賓陽、上林而到武鳴，想把我軍大部一網打盡。敵迂迴的部隊從南寧出動後，一月廿八夜陷永淳，卅一日陷甘棠墟，二月二日陷賓陽，崑崙關以南的敵人此時也從裡面打出。敵將到賓陽，夏威總司令把部隊向西撤入大明山下，這樣，敵如進攻柳州，既可擊其側面，也可斷其後路，更可與柳方部隊前後夾攻；但敵人目的不在柳州，由賓西向上林、武鳴，然後停止。

沿途此役，兩軍交戰，結果是我軍敗了，在邕賓路上，損失較多，第九師師長鄭作民陣亡。但敵人也並未成功，我軍隨處由敵包抄網漏出，未受打擊。到了二月十二日敵已先後由賓、上、武各縣盡撤回邕，連崑崙關和高峰隘都放棄，只固守南寧近郊，邕賓路守到四塘；廣播飾說是「膺懲」目的已達，安藤率部回廣州，仍由第五師團獨據南寧。

蔣委員長在柳開會檢討此役，發表獎懲，已詳前文。

十三、長期相對峙、時作小行動

經過了這兩次主力大會戰，在我則知己知彼更加深刻，不欲再作無謂招損的硬碰；在敵則只據南寧，無意深入，也不復作積極的行動；遂成長期對峙的狀態，以至敵人撤出桂南。但在其間，也發生過幾次小行動：

一、敵由賓、上、武向邕撤退後，我軍復進襲到崑崙關以南；二月廿三日敵向我進攻，廿七日在七塘停止，旋退歸四塘，從此不再向這方面出擾。

二、三月十四日敵第二次擾永淳，旋又退去。

三、粵桂邊區游擊總司令蔡廷鍇部在靈山，威脅著敵後邕欽路的補給線，三月十六日敵由小董攻靈山，蔡撤走，敵廿五日退返邕欽路。

四、我以第十六集團軍守左江北岸（由果德、隆安、同正、左縣、養利直到龍州），以掩護新桂越路線（公路由越北的高平連接桂越邊界的隴邦、經靖西、天保、田東、萬岡、東蘭、河池和桂黔連接），敵四月六日由扶南、馱盧兩處北渡左江，攻擾同正、左縣，八日向邕撤退。

九月間，我因敵人壓迫法人禁絕戰略物質由越運入，曾決定派兵入越作戰，先在天保、靖西、鎮邊一帶集結部隊，擬以陳烈第五十四軍由桂西、關麟徵部由滇南進出；蔣委員長九月十日曾電桂林辦公廳李主任（濟深）、林副主任（蔚）、張司令長官和我，令在桂林先行設法墊付五十四軍向越前進時的給養經費及越幣；但後來敵撤離桂南，陳關兩部似均未實行入越。

十四、敵得據越北、遂放棄桂南

日方在攻襲桂南以前經向法國要求禁止戰略物資由越入華，交涉經年，迄無結果。民廿九年六月十七日，法在歐戰敗降於德，無力顧及越南，日遂乘機壓迫法與訂約，六月廿九日，日派軍官三十名、外交部員十名為「物資輸送停止狀況監視委員」，在河內設管理部數處，實行盛視禁運。但不久，法更換了新越南總督，其人態度反日，日慮禁運不能澈底，要求駐兵越北，並陰懷以越北為基地作進攻雲南以根本塞斷我外援路線的企圖；交涉進行期間，令第五師團由邕派隊攻佔龍州、憑祥、鎮南關，以兵臨越邊，法方如不就範，即強行進攻；法人終於屈服，九月廿三日日軍由鎮南關進越。安藤利吉由廣州派近衛師團的西村支隊又於廿六日上陸海防，且派機轟炸，以威嚇法人。

日軍既駐越北，達到了斷我外援路線的目的，南寧的佔領，已失去了意義。十月廿八日晚上，敵方廣播：「日軍準備退出南寧。」龍州的日軍，也在廿八日晨間向憑祥撤退。當陳公俠的第六十四軍聞訊，趕急於三十日晨進入南寧時，已無敵人踪影，想當廣播時即已退盡。但敵人退走很是從容，並未受到我軍猛烈的追擊。欽縣是十一月十四日才為我軍收復，鎮南關收復更遲，是在十一月三十日。敵由欽縣上船往上海，第五師團入越部分後來也由海防上船赴上海。

桂南戰役到此是結束了。敵終不敢由越以攻滇，我外援路線依然未斷。而日本反因據越導致日美談判的無成，演變到與中美英蘇為敵而覆亡了。

貳拾貳、抗戰回憶之四：柳州百子坳殲敵奇蹟記

抗日八年戰爭，廣西兩次淪陷（民國廿八至廿九年和卅三至卅四年），敵人固師老兵疲，然我竟無力驅逐，兩次都是日寇自動撤走，廣西才告光復的。我軍真是將惰兵頹，全無作戰能力嗎？卻不盡然。在前一次，則有崑崙關連續兩週的浴血苦戰，殲滅了敵軍一個旅團，我獲大捷，我已專文記之。在後一次，又有柳州百子坳之役，我一步兵團獨力伏擊三日，斃敵千人以上，而我僅傷一兵，創從來戰爭所罕有的奇蹟，是安可不特為表彰呢！

這是第四十六軍第一七五師第五二五團盧玉衡團長的卓越成就！當時地方上曾盛傳其事。此數奇將軍，今漂淪憔悴，執教鞭於九龍城陋巷間，休假之日，每與煮茗縱談往事，當其描摹殺敵情景，猶心遊神往，色舞眉飛。自覺記力日衰，深恐久而復忘，則此保衛民族戰爭的奇功偉績，將湮沒而不聞於世，故不辭譾陋而亟為之記。

一、湘歸過全縣、遇奪槍友軍

在記述百子坳戰役殲敵奇蹟之前，且略敘盧玉衡團長在那次桂柳大會戰中的種種行動，更可瞭解其為人的機警果斷，成功殊非偶然。

盧團長的五二五團和周禹的五二三團、夏越的五二四團同隸屬於甘成城師長的第一七五師。民國卅三年八月，第一七五師和新十九師入湘參加衡陽的反攻戰，盧團剛到前線即奉命撤退，乘火車回桂。

火車到全縣暫停，盧團長穿上和士兵同樣的服裝，配著手槍，帶一勤務兵，入市內理髮。有一遊蕩的散兵，故意闖入盧和理髮師的中間，向理髮師要這要那，盧很客氣地請他讓開些，那兵卻不理會，仍在和理髮師胡纏，盧的勤務兵已忍不住，把那兵拉開，誰知那兵是懷抱詭謀的，巴不得你動手，他好乘機奪你的槍，但勤務兵也敏捷，立即拔槍自衛，盧團長還制止勤務兵勿放槍，說：事情要好好商量，而那兵已呼集同群圍攏來喝打搶槍了。適盧團有一排長和好些人經過看到，才把他們打走，並傷了幾

個，抬回替他們敷藥。盧不願在此多留，回去令即開車，但站長以未得車站司令（屬第九十三軍）允許，不開。盧以被打走的散兵，聲言回去拉隊出來，部隊在車上豈不受制？乃下令全部下車上附近高處警戒。九十三軍得報，使人請盧團長到司令部，盧不知來意如何？為防萬一，欲使副團長先去，一看究竟，而副團長推諉不敢去，盧乃自去，而囑咐副團長：倘遇變故，你即指揮全團相機應付。團政治指導員倒很有胆，自陪盧往。九十三軍胡棟成副軍長出來接見，他是廣西修仁縣人，性情和善，說：「這些士兵常常鬧事，應受懲戒，望勿發生誤會。」盧也對傷及友軍表示歉意。於是收隊上車離全。事後才知道這個部隊見著人家的武器便要打主意的，新十九師經過全縣，一個特務排的槍，全被其劫去，誰會把友軍當作敵人去防範呢？就吃他的虧了。後來九月十三夜，九十三軍軍長陳牧穠擅自放棄全縣而被正法，上派甘麗初繼任，軍中三位師長以陳在廣西遭此不幸，而甘又是廣西人，心裡很不舒暢，都不與甘合作，使得甘軍長無法指揮。桂柳撤守後，九十三軍退入貴州；有位第一三一師的陳副官，桂林城陷被俘，押往湘邊修築機場，得脫逃回東蘭歸隊，他經過黔桂邊境時，見路旁石上寫著：「先打卅七軍，後打九十三軍，再打敵人」的標語，可以想見這些部隊是如何地被民眾所痛恨了！

二、北牙巧避敵、龍頭大露營

卅三年十月杪，日軍進據桂平縣城和蒙墟，第四十六軍奉調往助第六十四軍抵禦，盧團同往。我軍雖有空軍武力，猛炸蒙墟，敵卻堅守不動。因左翼武宣不守，蒙墟我軍後方受到威脅，也就撤退，盧團隨同撤回柳州。

那時候，柳州已不能支持，各部隊和機關，都向黔桂路西移，第一七五和一三五兩師奉命在柳州宜山中間三叉附近防守。盧團接近一三五師，架有電話線互相聯絡。第一七五師先被攻擊，師部和周夏兩團最先敗走；第一三五師也乘夜悄悄地撤走，並不通知盧團；於是盧團和他的師部失去了聯絡。盧團長以為敵人將會沿公路和鐵路前進，自己不如繞出公路南邊，相機襲敵側面，較為有利，遂率部越過公路，向北牙前進。

北牙為宜山西南境上一個小墟場，盧團到此，和師部失聯絡已是第四天，突然和一股敵人交叉遭遇。這股敵人似是從欣城縣方面上來的，看見了盧團這樣整齊的部隊，不免為之疑訝。當然彼此都是只見著對方部隊先頭的部分，並不明白彼頭究竟還有多少。當時盧團長依常識來判斷，敵人敢於遠離黔桂路而單獨行動，最少也該有一個支隊，是比我優勢；而我們的進路，又須經過長很狹隘的山谷。於是他毫不猶豫，立刻令前衛部隊展開向敵攻擊，而大隊卻迅速通過山谷前進。敵人人地生疏，我軍敢於向其攻擊，敵自不敢輕視，定會按照常規，將後面大隊展開，然後對我攻擊前進；而盧團大隊在這段時間中，走離敵人已經很遠，對敵那小隊也就撤收趕來。盧團長遇到強敵，就是像這樣機敏地安全脫離的。

盧團由北牙走了一天，在半夜裡十一時到龍頭墟。有卅七軍的工兵營和一個保安團先已在此。工兵營說是奉命在此警戒的，但盧團半夜進來，警戒部隊問也不問。盧團長通知他們，敵人尾追而來，最遲明晨必到。盧團進入墟門，各營多已造飯，但墟團長以墟內各部混雜，若黑夜敵到，彼此都難指揮，將至不可收拾，下令全團退出墟外露營；飯已造好的，搬出墟外再食，已煮而未熟的，留伙伕煮好即搬出，米未下鍋的，出墟外再煮，全團排好行軍序列再食飯，飯後就地握槍而睡。盧團長派人找鄉公所想查問情形，夜深了竟找不著；又向工兵營借電話想打向各處探問一七五師部所在，見電話機已經拆卸，想是聽了敵人追來的話而打算先走了。第二天，天剛拂曉，敵人已到，盧團一切已有準備，不慌不忙，從容離去，但工兵營和保安團卻出現在前頭。

三、側防鉗足坳、意外護後方

盧團長揣測師部、軍部、總部等，多半是循黔桂公路行動，故由龍頭墟向北走以挨近公路。到達六墟南邊數里的鉗足坳，敵人仍尾追而來。坳附近地形很利拒守，盧團長將部隊部署妥後，向公路上的六墟而來，打探情形。問著一個後方勤務部的機關，裡面的職員，看起來神態很是悠閒，想是公路方面的敵人距此尚遠；盧自我介紹身分，說有極緊急的情況向上頭報告，想借電話一用，他們並不追問是何情況，愛理不理似的；旋有人說：隔壁是四戰區長官部辦事處，他們的電話和部隊聯絡或者容易些。盧遂轉往長官部，遇著一部吉普車由河池方面來疾馳而過，認得車中人正是張司令長官；盧在追望之際，後面又來了一部車，車上有人高叫：「老盧、老盧。哈！你在這裡？」盧朝著一看，才認得是舊時同班同學現在四戰區長官部的張應安高級參謀！盧心中一寬，急對他說：「正好，我有極緊急的情況要報告長官。」這位高參真性急得可以，聽說是極緊急的情況，竟也不問個明白，逕直趕上張長官去了。盧為之茫然，只好進長官部辦事處打電話，找著了第一七五師師部，這才重複聯絡起來。張長官回來了，盧即報告自己的職銜姓名，張長官聽了便道：「我認得你！我認得你！」盧心裡在想：「我已經很久沒工夫刮臉，鬍子蓬鬆，面目黃黑，你真的認得我？」盧當時感覺長官畢竟是長官，絕不同那位高參，更不同後勤部那些人，他只聽了盧說「有極緊急情況」幾個字，便要盧一同對著牆壁上的地圖指點著來報告。盧把從三叉、北牙、龍頭到鉗足坳的經過情形簡明扼要地報告後說：「敵人距離六墟只有七八里了。」剛巧盧的副官正在趕來報說：「敵軍已經到了鉗足坳下，請團長趕快回去處置。」張長官聽了，便令盧團長固守鉗足坳。盧受令，並報明他這團因和師部失去聯絡許多天，給養缺乏，可否請長官設法補給？張長官道：「我交代後勤部一總都給你。」

敵軍慣用大迂迴包抄的戰法，這一次幸虧有盧團意外地來到鉗足坳，掩護著金城江的側後，否則後果如何，真難想像。後勤部、長官部、十六集團軍總部等等所有各種機關，趕著連夜撤向河池方面而去；但逃難的民眾，依然是塞滿公路的兩旁。

四、將勇復兵強、退軍屢殿後

第二天晚上，盧團長奉命率部在六墟附近固守三天。他因前面金城江江邊一帶，地勢平坦，無險可憑，須稍後退，才有良好地形可供利用。但須公路上的難民走了，部隊才能夠著手布置，遂出動全體政工人員勸導難民，要他們即刻向河池移動；然而，勸者說得舌敝唇焦，聽者卻像風吹過耳，就是不肯動彈。實情上也怪不得難民們，長途跋涉，疲累已極，許多還拖男帶女，又在黑夜之中，不是敵軍打到，誰不想歇到天亮才走呢？盧團長召集幾位幹部來商量，萬一敵人今夜襲來，像目下這種狀況，怎麼辦好？敵不逼近，難民今夜是無論如何也不肯走的，我們也只好從這點去想辦法了，心裡雖然覺得不安，但這是無可如何的事。他密傳命令到全團每一官兵：「過一會，若聽見槍聲砲聲，並不是前方有敵到來，也不是後方發生甚麼事故，而是故意藉此使得難民以為敵到，自動離開此地，好教本團布防的，大家切勿誤會！」他這法子，果然靈驗。依限防守三天，完成了任務。

上面以盧團長幹練，所部又很完整，由六墟調到河田公路上車河附近，擔任撤退各部隊的收容和掩護。再西調紅水河東岸，掩護卅七軍殘部西渡以入東蘭；羅奇軍長來電話託他指點卅七軍渡河事宜。盧說：幾處渡河點都架了浮橋，隊到即可通過。羅又告盧說：已把工兵營長槍決。盧莫明其故，後才知是工兵營長謊報盧在龍頭墟不戰先逃，羅初信以為真，故對盧抱著歉意。

以上所述，自桂平起，都屬卅三年十一月間的事。

到了民卅四年五月中旬，黔桂路上的敵軍漸往後撤，盧團長奉命率領所部和另一團圍攻河池，盧自己擔任正面的攻堅，而令那一團繞襲敵後，如此，則收效較易。但那位團長欠缺膽量，推諉不敢往，故攻擊數日，未能得手，後由第三方面軍湯恩伯的部隊來接替。盧團隨同其一七五師到都安方面，師令夏越的五二四團向隆山，盧團向那馬前進。時為五月下旬，南寧的敵人已開始向柳州撤退，為使其撤退安全，派一支隊由武鳴向隆山的我軍掃蕩，夏團適當其衝，被敵擊潰而退避山峒中，消息斷絕。師部因夏團情況不明，令盧團在那馬停止，勿再前進，並派副師長陳耿前往指揮；陳以盧歷來行動，都極合機宜，加一人去指揮，有時如果意見不同，影響其正確的見解，反為不美，遂不果往。盧判斷敵圖驅我暫時遠離而已，志不在深入，擊潰夏團後，必將退兵，在敵歸路上要擊之，實易奏效；遂不照師令，而向舊思恩前進；果不出盧之所料，但盧團到達舊思恩時，敵早已退過，截擊不及，失卻一次好機會。

五、追敵任前鋒、迭次行奮擊

第一七五師繼續追擊南寧退柳之敵，以盧團果敢，派任前鋒。經上林到遷江的石陵墟，有敵在此據守，盧圍攻，敵頑抗，急切未能下，而敵最後的部隊由賓陽退到，盧以將受敵內外夾攻，不得已解圍。但賓敵過後，敵已退完，不復再守石陵，而退往遷江城。

盧不知敵人是否守遷江城，遂派一小部隊前往夜襲，敵人不多，倉皇棄城而渡紅水河。後據居民說，敵人一船，渡時船沉，悉數溺斃。

敵渡河後，據守對岸，對峙了一天，師派盧團從上游河里墟附近渡河，另一團從下游渡過，擬左右夾擊之。旋師部發覺敵力尚強，地利亦優，我無勝算，令兩團仍退回南岸。盧團長以敵前退卻，後臨大河，實為危險，乃前進攻擊一次，使敵退縮後，才安全退歸。

在遷江隔河既不易攻擊，於是想到敵後遠些的北泗坳，地形險要，也是截擊敵人的好地方。盧團奉派由上游數十里北泗墟附近渡河，到了北泗，知敵人剛在數小時前過完，又攔截不及。再前進到思練墟，探悉前頭十二公里的大塘（邕柳和黔桂兩條公路在此連接），尚集結有戰車和砲兵的敵人數千，盤據未退。

盧團長以大塘敵勢比我優越，強攻徒招損失，送行心又不甘，還是選個地方截擊，定有所獲。大塘到柳州這段公路，他走過多次，知道大塘前頭約莫廿餘公里即里高墟前面百子坳一帶，公路從石山的狹谷中經過，起伏轉折，兩旁多是樹林，最便埋伏；他團裡第三營副營長覃仲豪，正是里高人，對這帶的地形，尤其熟悉；除了此處，再莫想有這樣好的擊敵處所了。盧團長率領全團輕裝祕密趕往百子坳一帶埋伏，士兵盡量攜帶子彈和兩天乾糧，伙夫和行李都不帶去，只團長和副團長乘馬，乘夜取捷徑前進。

六、百子坳設伏、最後建奇功

到了里高，盧團長先向地方人士宣布：「現在南寧到宜山兩方面的敵軍，都已完全退盡，大塘部分大約三千人，這是最後的了。我們打算在百子坳到牛屎坳一帶埋伏部隊，等待敵人退到，便齊起攻擊。敵是退兵，在三都和柳州的，決不回頭相救，大塘後面，後援已絕，所以這一仗一定是我們勝利。我們的部隊，只帶子彈趕來，未帶伙食擔，盼望大家幫忙代辦，方便作戰，合力去收拾這批日本鬼，將來戰場上敵人遺下的武器用品，任你們要，決不向你們追繳。」大家聽了高興非常，鄰近各村，紛紛自動煮飯送給部隊，為從來所罕見這樣好的軍民合作。

盧團長把全團兵力都用在第一線，竟不留預備隊，以兩營埋伏百子坳到牛屎坳公路的兩側，一營近在出口那頭。伏兵離公路近到幾乎可以不用開槍只用肉搏的光景。

陷阱既布置妥當，只等待猛器踏進來了。人民自動去偵查敵人的行動十分熱心，由大塘直到戰場，中間每處適當的地點，都有義務的偵察隱伏著暗中瞭望，把敵人行動情況傳遞到部隊來。這幾千敵軍，卻分作三天走，所以前後共打了三天。三天的仗，是越打越起勁，越往後成績越高。第一天殺傷敵人不多，而且傷者都被敵抬走，死者加以火化。第二天有了經驗，戰果比第一天大得多，敵人已無火化死者的機會，只把死人的手割了回去。第三天知道是最末一批敵人，把子彈和手榴彈都盡量使用，殺敵最多，敵人連割死人手的機會都沒有，能逃出生天的，實已萬分僥倖了。對不能抬走的傷者，敵人必補一槍使之畢命，故戰鬥三天，終未獲一俘虜。敵人用戰車作開路先鋒，我本有打它的機會，但在場指揮的營長禁不准打。統計三天的戰鬥結果，斃敵千人以上，遺屍遍地。死傷的戰馬二百餘匹，人民割取馬肉，一擔一擔挑回去享用。敵人遺下槍彈和種種用品，任由人民取去。

這一役，敵人是死亡得極其慘重了。然則我方的損害如何？說起來真是奇妙，僅僅是傷了一名兵士！原因是地形太好了；襲擊時，是號砲一響，眾槍齊發，敵人並無還擊的機會，所以得此結果。

與盧團同屬第四十六軍的第一八八師曾派一團躡大塘敵人之後，盧團長不知，未與聯絡，而那位團長該是知道百子坳這方面有戰事的，卻毫無動作，否則戰果會更加偉大。

七、美軍官被俘、殊勳膺薄賞

第三天戰事完結，盧團長即將此役經過和結果報告上師部，但未見有特殊獎勵的表示。敵屍太多，團衛生人員少，無法把戰場清理，曾請師部加派衛生隊來協助。又請迅速補充子彈；師部已派員解送，且有一位美軍聯絡官同來，不料，在途中他們誤信「前途有警」的謊報，又折回去；所以師部始終無人看到戰場的實情。

第三方面軍駐宜山部隊的美軍聯絡官某上尉，聞此大捷，趕來戰場視察，認為單獨一團步兵，並無大砲和空軍的協力，而殺敵如此之多，不特為整個中國戰場所未經見，也為別處戰場所少有，不勝驚奇！看完後，攝了許多照片，很高興地回去報告。一位上校階級的美軍聯絡官，聽了那位上尉的報告，也趕著來看，同車的還有一位中尉副官和兩名衛兵。那時，盧團長已奉命將這一帶移交第三方面軍部隊接管，只第三營營長林紹棟還駐在里高，這位上校對林營長道達來意，林即報告盧團長，盧即來第三營部，但這上校急要和林營長去看戰場，盧到，他們已先去了。這上校看後，歡喜欲狂，把林營長抱上他的車上，不由分說，開出戰場向三都而去。戰場北端附近，只有第三方面軍某部隊的哨兵，雖阻止車勿開出，但這上校不理會，禍事便出來了！車到距三都不遠的小山口處，突然一排槍聲響起，敵人出來，把車上的人俘去了。後來解去桂林，到修仁時，林營長逃脫回來。那位美軍上校未有消息。

盧團長以湯恩伯部的美軍聯絡官兩次到來，正可彌補自己的師部無人來看的缺憾，由他們的報告，總可證明自己所報的戰果是實在的，私心頗為寬慰。不意，他等了很久，總不見林營長和他們同來；問過許多人，都說不知道；心知不妙！到了夜裡，美軍方面不見某上校回來，來問盧團長要人。盧說：「我們一位營長，倒是被你們那位上校弄失了呢！我看彼此都無謂做這種爭論，不如姑且等看有何消息吧。」盧想候過今夜看有無消息，明早再報上去，但上面查問的電報已先來，遂據實電覆：「一、某上校因誤入敵人陣地，被敵擄去；二、戰場一帶地方，當時已由湯軍接管負責；三、某上校未待職到相晤，而逕自行動，故職對此事無法防止。」因某上校的意外事件，影響了百子坳的戰績，即沖淡了上級的注意，便失去此有力者的證明。到了抗戰勝利，中央對全國文武人員，論功行賞，盧團長僅獲得尋常有功的陸海空軍獎章，這不是所謂「數奇」嗎？

這一戰為盧團長得意的傑作，戰後，他在百子坳的岩石上刻上「鬼子坳」大字的橫額；旁綴七言對聯，寄摧堅憫死之思；並附短文，敘戰事概略，他至今還記得其中幾句：「……本團端午抵此，截擊敵人三千，激戰三日，斃敵千人，戰馬二百，遺屍遍野……」云。

里高人以覃副營長參加此役，為國爭光，梓里亦與有榮，特為其建亭於墟上以為紀念。

在人人為戰勝而歡忭中，有一老人獨感憂慮，以敵遭此敗辱，或將荼毒柳州以為報復。敵臨撤離柳州前，果然放火大燒兩日，全城只剩下可住的房屋三百餘家。

八、砲走百朋敵、重演奪槍劇

柳州至來賓鐵路中間的百朋站，尚被敵據，一七五師的五二三團，久攻不下，調盧團由里高往助，協同又攻擊了兩天，敵依然不動。率帶師部配屬五二五團山砲兵連的彭副營長。很有胆識，隨盧團長到敵後的高地上窺察，以為若由此處砲擊，敵人必不能支。遂運來山砲一門，剛放列，敵連發數砲打過來，大家靜伏不動，彭副營長道：「正好！敵人教我知道了他砲兵的位置。盧團長，請你回去吧！」

這一著果然厲害，其效如神。當夜，敵向我軍攻擊，盧判定今夜敵人要走了，這是退卻前必有的動作。盧團繞出敵前截擊，因路程稍遠，被敵先行逃過向三江門渡江往桂林去了。盧團進抵柳州，第三方面軍已先到。

盧團在柳，又演一幕類似前在全縣那樣的活劇。時值六月下旬，天氣炎熱，盧團某連到民生碼頭河中泳浴，全官長佩手著槍、班長帶著手榴彈都在岸邊監視。第三方面軍的士兵在此遊蕩的，突然來搶一位長官的手槍，有一班長瞥見，即刻一手榴彈擲出，把這群無賴都嚇得飛跑，這一連兵也就停了泳浴準備回去。誰知那被嚇跑的回去報告，他們的營長竟把全營開來圍困整個碼頭，架起機關槍來掃射，雖打不到下邊，卻害了對岸，盧連官兵憤極，班長們一齊上前一輪手榴彈擲過去，炸死了對方六人，對方那部隊的士兵作惡雖兇，卻不能打仗，立即鷄飛狗走逃回去，即下令全軍戒嚴，斷絕交通；盧團為防意外，也就令全團戒嚴。盧團有一連長聞碼頭方面有機關槍聲，前往察看，被對方打傷拘去。情勢太嚴重了！第三方面軍的副參謀長親來盧團訪問，主人說是姓盧，來客便想起是百子坳那位英雄，談起來彼此還是同學。客道：「我方死了六名兵。」盧說：「將來查明如果確屬被我方打死的，那我將非常抱歉；但我有一連長正被你方打傷扣留呢！」客道：「的確是你方打死的；但這不要緊，我們的部隊太壞了，應受一次警戒。至於你那位連長，經敷藥裹傷，我保證平安無事送還給你。」談到戒嚴，盧說是對方行在先，他在後，他無命令，部下絕不敢亂動，可放心。那位副參謀長請盧同訪第廿九軍陳金城軍長，盧亦以在情理上應往一晤，見面之下，出乎盧的意外，陳軍長不特毫無責怪盧部之意，竟說有了這次事件，他以後約束部隊容易多了，這部隊（似是第一六九師）是在黔收集各部殘兵編成的，沿途騷擾，如何嚴厲的命令全無效果，這次實在給他們以最好的教訓，胡來自己先要吃虧。於是雙方解嚴。從此第廿九軍在柳紀律漸好。

柳桂收復月餘，日本宣布投降，盧團隨第四十六軍調往海南島，遂結束其抗戰的生活。

貳拾參、從舊報紙中看幾位抗戰將領

抗日戰爭是中國歷史上一件大事。從開始距離現在已三十二年，從結束到今天只二十四年，時日不算太久。但因遭逢著大陸變色驚天動地的困擾，一般人士對抗日苦戰的情景，多已淡焉若忘。偶然翻檢塵封書堆，發現殘篇《珠江日報》，讀來舊事恍似新聞，特摘錄數則重行刊布，雖屬明日黃花，但足以助關心抗戰往事者的參考。

一、第五路軍的榮譽

（載民國廿七年四月十六日《珠江日報》）

第五路軍第四十八軍第一七三師第一零三三團團長李紹安，自去年奉命到上海參加對倭作戰，不幸腿部受傷，先後回到南昌、長沙療治，稍好後，同時並奉命在永州整理傷兵團。最近他在永州對於傷兵團事務已經整理就緒了，特呈准請假兩星期回南寧軍醫療治。記者獲悉，特走訪李團長於軍醫院，茲將李團長敘談的一席話約略的轉告讀者：

甲、戰勝敵人的方法

當我踏入李團長居住的病室，由看護的介紹，我對這位為民族受傷的英雄李團長鞠躬致敬並說明來意之後，李團長便滔滔地將他作戰的情形乃一切問題，如數家務似的談了起來。他說「以前，我們看了中日戰爭及日俄戰爭的歷史，說日本帝國主義者先後打敗了中國和俄羅斯——世界上最大兩個國家，委實了不得的，其實日本帝國主義是個紙老虎，一戳就穿了。關於這，等我把事實來告訴你。我們是去年十月奉命到淞滬參加殺敵，起先是中央×師在陳家行的陣地，由我們接防，剛到布置當然難免遲滯，可是敵人很胆怯，並不冒險衝犯。敵人每次衝過來，我們跟他肉搏，勝利總是我們握著，因為敵人步兵很是脆弱，不堪一擊。每次他們要前進，最先是用飛機飛到我們的陣地來轟炸，同時指示目標給他們的大砲協同夾擊，等到飛機飛遁了，大砲停轟了，這才派他們的步兵和坦克車來衝犯。敵人步兵衝犯時總是分批的，第一批是最少數衝過來探我們的虛實，第二批則較多，最後一批更多。假如這時候，你能探視敵情清楚，敵第一批衝過來，你要沉著些，馬上報告自己的步兵砲兵協同動作，戰壕裡的對付第一批，機槍掃射其第二批，大砲轟炸其第三批，使他們失卻聯絡，阻止他們的前進。到他們敗了下來，這時候你就乘機衝殺過去，包你能將他們像斬瓜切菜般的殺個痛快。我在前線指揮作戰，都是用這個方法勝了。可是有時候敵人的詭計很多，當屢次衝犯都佔不到我們的陣地時，就把少數的步兵衝過來，引誘我們衝鋒出去，等到目標暴露了，敵便用在高處預先架好的機槍掃射過來，或用大砲轟擊。然而這時候，你卻不去理他，他是無所施其技的。他們的飛機不足怕，大砲也亂轟，漫無目標，也沒效力，步兵更不足道，上海××作戰三個月，我們沒有一點給他突破，陣地固若金湯。假使敵人沒有偷登金山衛，使我們自動的撤退，即使半年或一年都可能支持的。」

乙、上海抗戰的檢討

停了一會，他又繼續興奮的說：「我們從上海三個多月的經過檢討看，我們的物質不如人，裝備不如人，而且以陸軍一種兵種，抵抗敵人海陸空三種兵種，以一個打三個，假如說是各個對搏的話。可是敵人雖有犀利的大砲，機械的裝備，飛機的協助，因為師出無名，士兵怯戰，徒仗著物質是不中用的，這是其最短處。我們呢，短處當然是在物質，可是我們的將士都富於犧牲的精神，都能夠把熱血作保衛民族國家的長城。總括一句話是精神戰勝物質，所以能夠以一個兵種抵抗敵人三個兵種，使國際間的視聽轉移了，對我驚歎了。假如我們的物質如日敵一般，就十個日敵也不足怕的。」

丙、兩件榮譽的事情

接著李團長告訴我兩件極有趣而又極榮譽的事，他說：「我們在前線作戰，當然免不了傷亡這回事。最初我們前線的傷兵，由蘇常運回南昌醫治，一時的傷兵太多了，醫院當然不夠供應，臨時醫院隨著產生。臨時醫院的一切設備，當然是不完備的，這時候，有些受傷的官兵就表示不滿，或許有些恃著自己的戰功而橫行的。南昌維持地方治安的負責者，於是開會商討傷兵善後問題，想從物質方面慰勞，當時各軍師的傷兵都派代表參加。在主席宣布開會理由後，各傷兵先後起立發言，許多人對於民眾用物質慰勞傷兵都說是應該的，並且有些對現狀不滿。可是我們第五路軍的傷軍代表，卻主張把這慰勞傷兵的錢，轉移去購買飛機和大砲；並且以為軍人到前線抗戰去，現在受傷回到後方治療，反正有藥敷、有飯吃、有地方睡覺，何必斤斤要求豐衣足食、消耗國力呢！大家聽了都鼓掌讚許，『模範傷兵』的名便傳開了。這是南昌的。在長沙方面，有些傷兵也影響社會秩序的，我們第五路軍的傷兵同志，眼見不平，曾經替吃虧的民眾出口氣，故此又得到『打不平的傷兵』的榮譽。總之，我們第五路軍的將士，在前線已經奮勇抗戰，把熱血粉碎敵人侵略的險謀，就是傷了下來，也都是安分守己的。故此，無論任何戰線的第五路軍傷的回到後方來，各地民眾沒有不表示敬佩親熱的。」

最後他對著記者表示，等到他的傷全愈時，決再到前線殺敵去，這更使人懷著無限的欽敬！

二、李品仙將軍印象記

（載民國廿七年四月二十六日《珠江日報》）

甲、抗戰的心是一樣的

在我們從前線返回的第二天，我們冒著微雨，踏著泥漿，通過幾道衛士的警戒，謁見了第×戰區副司令長官第××集團軍總司令李品仙將軍。

李副司令長官現在駐節於淮河西端的某一重鎮上。淮水從這兒緩緩地往東流去，流遍了皖北各縣，而將軍的命令也從這兒傳達出去，頒布到淮河南岸的健兒手中。

我記得將軍說過這樣的話：「我們現在的生活不算苦，以後是要一天比一天苦的，現在有著布衣穿，將來也許連布衣都穿不到，也許布上要加上補釘。但是我們抗戰的心是一樣的，有布衣穿的時候要抗戰，布衣服加上補釘，我們仍舊要抗戰，說不定到那時候抗戰的心更加堅決一點。」這幾句堅決自信的話，時常在我的耳邊縈迴著。因此當我要去謁見的時候，立刻又記起了，而且又記起了那張沉毅果敢的臉，和淡淡兩撇鬍鬚。

乙、南段的敵人進退維谷

當我們走進房間的時候，將軍正批閱著電報，見我們來了，遂招呼我們坐下。等我們說明來意，他含笑的詢問我們到前線的感想怎樣？

他的房間裡懸滿著地圖，桌上有些很簡單的文具和不少的文件紙張，幾張椅子隨便放著，寫字枱斜橫在窗子下面，角落裡有一張小几，上面放著一具電話機。

我們先從津浦北段戰事談起，因為這是與南段戰事有密切關聯的。

將軍很輕鬆的回答說：「這一回打得很好，前次在臨沂方面，我們殲滅敵人兩聯隊，這次在台兒莊方面，又殲滅敵人幾萬餘人。」他說著，走向掛著的大地圖面前，指點給我們看。

我緊接著問：「我們損失也很大吧？」

「那當然，敵人憑著優良的武器，我們不能不有損失的。不過，就算我們犧牲兩個，他犧牲一個，那還是值得的。」

這時有位參謀拿著一份地圖和一疊公文走進來，將軍接過去看了一下，叫把地圖張掛起來，我看到那是×××軍在淮河北岸的配置圖，於是我接著問：

「北段戰事既如此激烈，南段的情形何以如此沉寂呢？」

「戰事有一個是主，一個是助的。北段現在是主，南段現在是助。敵人是希望合攻徐州的，但是南段的敵人，給我們包圍得動彈不得，進退維谷，所以我們可以從容去殲滅北段的敵人了。」

丙、為民族生存而戰

我問：「南段的情形是怎樣呢？」

「民眾是起來協助軍隊作戰了。在鳳陽、城、定遠、懷遠這一帶，民眾是在敵人的後方時刻襲擊敵人的。我們的正規軍是和敵人隔河對峙，民眾的游擊隊，則配合我們正規軍所編的游擊隊，常常使敵人受到打擊。」

「副司令長官對於已經起來的民眾覺得怎麼樣呢？」

「這種力量當然是偉大的，不過還要堅強嚴密的組織，進一步的意識和技術的訓練才行。好像這許多民眾起來殺敵，大多是因為身家受到迫害，有一種為個人復仇而起來的心理，今後我們要把他改為為民族生存而戰的心理才對。」

丁、全民起來是我們勝利的時候

我們本想繼續談下去，但是看到桌上那麼多的文件，我們知道一個指揮幾萬人作戰的將軍，他的時間是多麼寶貴，於是我們稚氣的問：「副司令長官以為抗戰結果是怎樣呢？」

「抗戰的勝利是有把握的。不過我們須有衝破任何困難的勇氣與忍耐，並儘量運用我們特具的有利條件。」

「副司令長官以為什麼時候才是我們勝利的時候呢？」

「全國民眾都起來的時候，就是我們勝利的時候！拿鳳陽、定遠、懷遠一帶民眾的情形來說，僅僅這幾縣的民眾，已經使敵人手足無措了，倘使山東、山西甚至全國人民都動起來的話，就是敵人再添二百萬也是無用。倘使敵人一朝失敗了，保管一個也跑不出中國國境，就算軍隊捉不到他們，民眾大概也不會放他們走的。」

將軍笑了，我們也笑了。

三、李宗仁將軍會見記

（載民國廿七年五月六日《珠江日報》）

甲、李將軍德威感人

誰都明白魯南殲滅戰的勝利不是偶然的，而是督率第五戰區的司令長官李宗仁將軍的德威感人之深，能使徐海民眾聞風景從，上下將士樂於用命；而計劃的周密，指揮的靈活，都構成了奏功的因素。不是嗎？張自忠將軍自平津失敗之後，國人都以另眼相待，幾乎不再相信他還能參加民族解放的鬥爭了，然而他此次秉承最高軍事領袖的命令在李將軍指揮之下，居然衝鋒陷陣，殲滅巨寇，建立了驚天動地的奇功！戰區老百姓，在東戰場上我們所見到的只是一種倉皇失措，忙於逃命的狀態，而在魯南的卻是一個個挺起胸膛，提起標槍，逕走疆場去殺敵。這不是李將軍德威感人，那裡能夠起頑立懦，豎立這樣可歌可泣的奇蹟？其實這次在魯南建功的不止是張自忠將軍如此英勇，就是于學忠、湯恩伯、孫連仲、龐炳勛、曹福林各部隊都是奮勇直前，不避犧牲，一改以往國人恐日的心理。固然這些部隊，各有他們過去光榮歷史，可是能夠以如許複雜的多量的軍隊，完全作集體行動的，這確是在第五戰區特有的現象。

乙、加緊組織民眾

李將軍是那麼和藹、謙恭，叫人一見不能不肅然起敬！他在淮南、在魯南，明明已經有了轟動全中國、全世界的功績，可是他始終功成不居，對記者很謙遜地表示：「小有所成，全仗中央的德威。」尤其是當著我們問及各部隊的抗戰情形時，李將軍很公平地說：「我軍個個英勇，人人善戰，不但各部隊的官兵如此，即淮南、魯南各地的民眾也都是如此的。」談到了民眾，李將軍特別地感到興奮，說：「淮南、魯南各地民眾的力量完全和軍隊配合起來了，在戰場上搶救傷兵的是民眾，當間諜的是民眾，幫助軍隊輸送砲彈、糧食的也是民眾。這些民眾完全是赤誠地表現他們的愛情熱情，充分地擔負起救亡的責任來了。」所以他認為目前的民族解放鬥爭工作，最要注意民眾的組織與訓練。他說：「時候到了今日，政府不但不應該害怕民眾起來，而且需要用種種方法去扶助民眾起來。因為已往大家太不注意到民眾的力量了，在在限制他們的活動，弄得民眾不夠起來的條件。現在我們要加緊幫助廣大的民眾起來，使他們有健全的組織，發揮最大的力量！在第五戰區，我已經通令各地總動員委員會趕緊著手組織民眾，希望後方各地工作同志也加緊地把民眾組織起來，參加抗戰，爭取最後的勝利。」

丙、婦女上火線的功效

「司令長官對於婦女上火線的感想怎樣？」我這樣地對李將軍發問。

「啊！婦女上火線，好極了，好極了！」李將軍的臉上充滿了笑容，充滿了興奮，他特別提高嗓子說著：「她們工作的效力是很大的，士兵們見了她們就更加提起勇氣來作戰，常常聽到許多弟兄們說：『女人都到火線上來了，我們還不努力殺敵嗎？』由鼓勵士氣這一點來說，女人上火線的力量也就不小了！」

剛聽到這裡，我快樂得臉上像火燒一般，我忍不住內心的壓抑，我想大笑幾聲，但李將軍還在繼續著說：「她們來到前線，可以安定民心，使婦女們不害怕，至於救護傷兵，宣傳群眾，組織婦女，自然更收到了很好的成效。」李將軍這個解答，簡直使我高興得跳起來了，起初我還以為婦女在火線上的貢獻，是不大能夠引起高級將領注意的，那裡料到李將軍便是一個最能瞭解婦女在火線上服務功效的人！於是乎我又滔滔不絕地談了許多關於怎樣發動廣大婦女參加抗戰的問題。但因急於要曉得第二期會戰勝利的把握，所以截斷了我們的談鋒，提出了我所要問的問題來。

丁、勝利有絕對的保握

「司令長官對於第二期大會戰的展望，也可以告訴我們一些嗎？聽說敵人已抽調晉南及津浦南段的四個師團來增援，擬作最後的掙扎，我們這方面的新配備如何？究竟這次的勝利有沒有把握？」

「可以，可以！敵人這次在台兒莊慘敗，國際間的威信一落千丈，國內的民氣也因之而騷動嘩變。這樣的一個大打擊，實在不是他們始料所及的，因此焦急萬狀，企圖挽回頽局，於是向津浦北段增援，藉以解救嶧縣殘敵的危急，計有由滬陸續開往青島的加藤三郎一師團，由關外及平漢方面調來約一師團半以上，由國內抽調開往青島登陸的一師團半，總數約在四師團以上。這都是我們早已預料他會惱羞成怒地用大力量來掙扎一下的，但這毫不足怕，我們前線官兵殺敵的興味正濃，魯南又有天險可恃，況且戰爭的勝利決定於戰略，我們已經有了精密的新布置，只愁敵人的增兵不多，打得不痛快，取得勝利是有絕對把握的。」李將軍不慌不忙地說著，臉上堆滿著笑容，其實只要這副笑容，便足夠保證勝利的把握了！

最後我們想要知道一點李將軍在這戎馬倥愡時間裡的個人生活，他說：「在平常總是早上五點多鐘就起來了！在戰事緊張的時候，便不能一定，有時一連幾晚卻沒有睡覺，飲食也往往沒有定時，可是健康卻日益進步。」有了這一句「健康日益進步」的話，便可以使我們萬千的群眾安心了！

——一九三八，四，二十三號，於徐州。

四、白崇禧將軍印象記

（載民國廿七年五月七日《珠江日報》）

甲、可以出兵一百三十萬

這是多麼高興的事，在同一天裡，我所要會的第五戰區三位抗戰統領都達到目的了。白將軍的記憶力真好，當記者走進司令部的會議室脫帽致敬時，他突然微笑著問：

「你不是有病嗎？怎麼也到前線來了？」

「是的，我常常害病，所以特地到前線來休養。」

在歡樂的笑聲中，我們都坐下來了。

記者和白將軍第一次見面是在南寧的樂群社，記不清是一九三六年一月的那一天，馬哲民、陳望道等四先生約我和他們去龍州、安南一帶遊覽，白將軍就借了他的小汽車給我們坐，還希望我們多搜集些文章材料歸來。時間已過了兩年多，而白將軍的豐采，除了頭上的白髮多脫掉了一些外，精神比以前更康健更興奮了。

白將軍很忙，從早到晚沒有片刻的休息，記者是知道他的個性不喜歡接見新聞記者的。但為了有許多問題需要請教，所以只好很抱歉地耽擱了他半點鐘時光。

也許大家都沒有想到這位埋頭苦幹以主辦廣西民團、精神戰術、善於指揮，國人尊為「諸葛」、外人讚為軍事家的白將軍是這樣和藹可親的。雖然表面上他是寡言笑，非常嚴肅，不像李德鄰將軍那樣像一個母親對孩子似的慈愛，但談起話來，他除卻了使你感到親切外，一點也不感到威嚴可怕。在那間貼滿了軍用地圖的房子裡，記者提出了下面兩個問題：

「這次貴省出發參加抗戰的隊伍實數有多少？」

「已經參加第三戰區和第五戰區的有四十多萬，如果再需要的話，立刻可以再調四十萬出來，萬一這八十幾萬都犧牲完了，還可以再調四十萬來，因為廣西的人口共有一千三百多萬，以十分之一的人數來計算，是可以出來一百三十萬的。」

聽到這裡，記者的血液都沸騰了，以廣西一省出兵有四十萬之多，已經駭人聽聞了，何況還有第二個第三個四十萬出來，記者除了深深地欽佩廣西的將領和民眾這種為國家民族奮鬥犧牲的偉大精神外，還希望全國的隊伍和民眾都為爭取祖國的生存而鬥爭！

乙、為國犧牲是應當的

「聽說在淞滬火線上，第五路軍犧牲很大，但報紙雜誌上很少看到這方面的登載，這是什麼原因？」記者又提出了這個大家所關心的問題。

「八一三抗戰開始後，各部隊的傷亡大都很大，本路軍自然也不能例外，其所以沒有宣布死傷多少的原因，一來為國犧牲是應當的，沒有宣布的必要；再則本省現正在徵兵，如果將大量傷亡的消息登出，多少有點不利。」

剛談到這裡，有電話來了。

「對不起，請等一下。」

白將軍接電話去了，××特輕輕地對我說：「副總長很忙，我們改天再來吧。」但我覺得機會難得，還想多領教一些我想知道的，所以他剛踏進門，我又發問了：

「副總長這次指揮魯南作戰的經過，可以簡單地告訴我們一點嗎？」

「這在我與國內外新聞記者的談話上已經說過了，想必兩位都已看過。」

「副總長對於民眾運動應當怎麼開展，可以指示一些寶貴高見嗎？」我又換了一個話題。

「過去的民運工作，可以說完全失敗了，其所以失敗的原故，因為負責民眾工作的人，並不是在那裡喚起民眾，而是相反地做著壓抑民運的工作，抗戰已進到第二期，而政治的力量還不能與軍事的力量配合起來，這確是民運工作的一個大失敗。我們要救濟這個失敗，首先就要開放民眾運動，加緊民眾組織與訓練，使民眾在抗戰期間內充分地表現出力量來幫助軍隊。……」

丙、廣西的特色

「開會的時間到了。」白將軍的話還沒說完，副司令長長說著走進來了。李司令長官和黎副參謀長也從裡面房走出來，準備開會。我連忙拿起照相機要求他們九位將領拍個照留作紀念。

「好的，好的，就到後面花園裡去照吧。」

李司令長官連忙把武裝帶掛上。白將軍笑著說：

「這樣嚴重，還要全副武裝嗎？」

他們愉快地笑著向花園的假山走去，合照完了，還每人來個單相。

「今天充分地表現出我們廣西的特色來了，四個人都是穿的布鞋，哈哈！」

李司令長官說著，大眾都低下頭來望一望那雙廣西的布鞋，在一陣快樂的大笑聲中，我們很高興的告別了這幾位辛勞地指揮抗戰的將領。

——一九三八，四，二十四，於徐州。

五、錄後記

《珠江日報》這四篇短文，當時其他刊物也曾轉載，目的在鼓舞人民，增強抗戰意志，作用雖為宣傳，但所報導卻屬事實。後兩篇的文章尤為動人。

文中的三李一白，李紹安的現狀未悉，白崇禧和李宗仁已先後逝世，只李品仙在台灣頤養，健康甚好。

抗戰因全國一致堅持到底而勝利，中國在國際的地位因此提高，海外僑胞尤其青年，願勿望記此點。

貳拾肆、追憶抗戰後期的諸般景色

前月偶然檢視書簏。發現藏書多被蠹魚所蝕，民國卅二、卅三兩年日殘缺特甚。順便翻閱一遍，其中所記除我個人私事以外，關於時事，有尚未經近時人道及的。這些現代史料遺珠，似不宜任其埋沒，因按時日次序摘要鈔存，得若干則，送請《春秋》雜誌刊布，或可備留心史事者的參考。

我那兩年的日記是在桂林寫的。時代已到了抗日戰爭的後期。

一、李將軍擅長統雜牌

軍事委員會風紀第四巡察團主任委員石敬亭於三十二年初由重慶到桂林接任，一月七日我設午宴為其洗塵，席次石談：「第五戰區的部隊最為複雜，而團結合作比任何戰區為好，這由於李德鄰司令長官主持該戰區幹部訓練班精神教育所得的結果。他在班裡和受訓者同起居飲食，擔任鐘點三分一之多。」

二、抗戰使桂林有工業

桂林在抗日戰爭前只有幾種手工業，到長江各地相繼淪陷後，才有人陸續設立各種工廠。據桂林交通銀行李鍾楚經理一月十日在晚餐會中談：「桂林現有工廠大小六十餘家，資本約共二千萬元。雖生產量不大，卻幾乎應有盡有。現促各工廠組織桂林工廠聯合會，並由交通銀行融通各工廠的資金，指導其分工，設置公庫屯備材料云。」

三、市民不守信為難僑胞

兩廣監察使劉侯武和軍政部駐桂辦事處主任涂思宗一月十八日告我：「華僑由港逃難到桂，須租屋、買屋或買地，因賣主不守信，臨時加價，發生困難，對政府很不滿，望加注意，予以方便。最好能指定地段由僑胞集合建築新村。」

四、本地人不當工人可憂

工業家沈宜甲一月廿日談：「桂林工業最大的隱憂為本地人不願當學徒和工人，恐戰後他處工人相率歸去，則工廠將難以維持。主張政府用政治力量強迫改變此種風氣，以為之備。」

五、中條山國軍最壞又最好

美國駐華大使館主任裴克二月十四日到省政府見訪，我問他前在鄭州和昆明的見聞，承告在鄭州兩事：

甲、在中條山的中國部隊，官兵都和離人通商，因此，中國軍隊較高級指揮官的住處，敵方莫不熟悉，以致被離襲擊一舉而盡殺所有指揮官。部隊無人指揮，悉行逃散。但不久，散兵竟能自動組織部隊，復對敵抗戰。這是最壞而又最好的一事！

乙、平漢鐵路的黃河鐵橋經由日軍修復，任何車輛都可通過，頗為可慮。

關於昆明的三事：

1、昆明衙署以每日下午三時至六時為辦公時間。

2、省政府藉口實現限價，而將公糧每擔由四百元提高至八百元，以牟私利。

3、昆明城內徵兵，有一次實需三百餘名，而竟征萬餘民以事勒索。

裴克又云：桂林一切比昆明、重慶好。

六、兵無錢買柴只到處砍樹

桂林黨政軍聯席談話會第八十四次於二月十六日舉行。建設廳報告：「據靈州縣報稱，傷兵砍伐水源林，無法制止，請軍事委員會桂林辦公廳出示嚴禁。原因是傷兵副食費少，無力置柴。到處的軍隊也是一樣，士兵都是自行採薪，見樹便砍。」

七、省政作風鄂黔異趣

廣西省政府顧問程星齡考察湖北、貴州兩省政治，二月廿三日歸報云：「鄂政為軍人作風，率性而亂法。但其扶植佃農的土地改革，頗足稱道。黔政為商人作風，不得罪於中央要人，不得罪於當地巨室，故政令敷衍。經濟為銀行家打算，非為國家打算。」

八、幣值日低非物價漲

江西省政府建設廳長楊綽菴自渝返贛過桂，三月四日見訪，據談：「各處限價都少成績。現在不是物價高，實在是幣值低。必須紙幣在市面上不太過多，幣值才可不跌，物價乃可安定。故政府應設法把紙幣收回一些。但這談何容易！」

九、重慶尚有大量煙土運出

劉侯武監察使三月廿一日告我道：「重慶尚有大量煙土運出，恐經過桂境。」

十、中國為英所不滿

一位新聞記者三月三十日對我談道：「蔣委員長新著『中國之命運』一書，英國最表不滿。最近邱吉爾首相演說絕不提中國，且有『戰後問題，僅英美蘇可參與』的話，此事極可注意。」

十一、缺地駐兵多餘糧區難運濟

中央振濟委員會委員長屈映光四月五日視察江南各省後返渝過桂，據談：「浙江和廣東兩省糧食均有困難。不產糧地區要多駐兵，而餘糧地區因運輸困難，無法濟人。」

十二、軍隊走和戰意失官吏貪污風氣狂

諮議劉雯卿四月九日由江陵、公安到桂，據談：「前線我軍走私很猖獗，放鴉片入來，放棉花出去。士兵也有金戒指數枚，故不願打仗，敵來便退。公安縣長某在任六個月而獲六百萬。我親見一位鄉長請年酒筵開百餘席。」

十三、值得參觀的一間兵工廠

軍政部第四十三兵工廠成立周年紀年，趙達廠長五月一日柬請我們參觀。廠設桂林郊外桂馨園，有工人二千名。分為砲廠、槍廠、彈廠、兵工器材各部分。有銀行、郵政、合作社、員工小學、托兒所、醫院、農場、露天茶園等福利設備。

十四、重慶太拘束桂林較自由

蔣委員長命蔣經國專員偕美國記者福曼由渝赴贛，四月下旬經桂時來訪，我約福曼歸時願更一敘。五月十一日福曼歸晤，我問他以蔣專員在贛南的情形。福曼說：肯認真做事，有成績。我問他對廣西的觀感，並請他作坦白的批評。福曼道：「重慶拘束太過，不如桂林較自由，戰時雖應緊張，然太過也不易持久。」他又道：「中國有一部分人不知此次戰爭的危險，即是不知愛國。如桂林人對美國空軍的租屋和買物，未免苛刻，似少友誼；昆明當局且以美國租借得來的汽車賣給美國空軍作人情，便是實例。」

十五、因不明習慣美軍遭不便

美國空軍為便利轟敵，特在桂林建根據地。五月十四日，美駐中緬印陸軍總司令部中國區供應處長陸軍少校普愛士（Chas. F. B. Price Jr.）、少校陸活（Lyman B. Lockwood）、駐華美國空軍情報參謀及聯絡官上尉柯地（Frank R. Otte）來訪，他們表示：「過去到桂林，因不悉地方習慣，沒知會當地政府，致發生不便的事。此後望多予協助。」我即指定省政府秘書長經常和彼方接洽。他們需用就地購用的物品很多。

十六、中南工協分會成立顯示工業發展

全國工業協會中南分會八月一日假廣西省政府禮堂舉行成立會，請我觀禮。中南區為湘、粵桂三省。共有工廠、礦場三百二十八家，以機械業為最多。

十七、書刊審查煩苛無理且有害

葉青先生九月二日來訪，他表示：現在政府對出版物審查太苛，實足妨害思想的發展。如書的重版三版均須審查，如審查三民主義著作要以唯生主義為標準等等，均屬無理，望有機會提請中央改正。

十八、展覽工程兩會同時在桂舉行

桂林展覽會十月二十日下午一時在文昌門外忠烈祠開幕。浙、閩、贛、粵、湘、川、黔、滇、桂各省均有交通和工業產品陳列。會期十七天，參觀的人很多。

接著翌（廿一）日，中國工程師學會第十二屆年會在省政府禮堂開幕，由經濟部翁文灝部長主持。會員到一千二百餘人。交通部長曾養甫被舉為本屆會長，他於廿六日由渝到桂主持年會閉幕式。

十九、漢文非難識拼音窒礙多

廣西企業公司黃子敬、曾其新、李重毅、陳傑夫等十月廿五日柬邀翁詠霓、譚伯羽（經濟部次長）等晚餐，我也參加。席間，譚次長談起中國文字問題，他力闢主張廢棄漢文改用拼音字的非計。其理由有五：一、方言儘管各殊，但對字的認識卻歸於一，何等簡便！二、通用的字數約為三千，如國民教育普及，則兒童每年認識五百字並不為難，只患在不教，不患在字的難識。三、若改用拼音字，古書將無法再讀。四、拼音字無平上去入之分，實屬退化，如遇「媽媽罵馬」一類句子，用拼音來寫，人將不懂。五、方言不同的人，對拼音字不能互懂。

二十、中學種菜養豬以助營養

新任福建省政府教育廳長徐箴由渝過桂赴任，十一月廿五日來訪，我告以本省中學近多種菜養豬以助營養情事。徐很感興味。

二十一、國營業加價商貨限價難

廣西省物價管制委員會十一月廿七日遵照通令成立。但人料其難有成效，因國營事業的物價和運費都時有加倍增加情事，故對商民的貨物限價，自然困難。

二十二、軍心難維繫由省助眷糧

第十六集團軍和廣西綏靖主任公署所屬保安部隊的軍官生活太苦，軍心難於維繫，都希望我能由省設法津貼軍官眷糧。我於十二月十日、十二日兩次邀集軍隊、糧政雙方負責者夏威、韋雲淞、周祖晃、呂競存、王遜志、嚴海峰商討，結果決定：一、每一軍官應給眷糧每月四十市斤，與普通公務員所得相仿，以示文武平等。二、糧的來源，由省向各縣碾米盈餘酌提撥充。三、十六集團軍官人數以五千員計，保安部隊軍官約二千五百員。四、此項眷糧，由省自三十三年一月份起，一年分三次或四次撥交十六集團軍總司令部及綏靖公署轉發。

十四日雙方商定幫助集團軍增加三事：一、軍官眷糧，年增為三萬擔。二、由廣西銀行貸款一千萬元給其經營業務，所得盈利為補助士兵教育費用途。三、驛運管理處每月幫助該軍婦孺工讀學校六十萬元。

二十三、貪官調部了事示人如此

梧州海關監督鮑公任卅三年一月十七日回贛經桂來訪，據談：梧州直接稅局局長楊亨華貪污所得超過五千萬元，竟調部了事。

二十四、代軍辦副食月虧千餘萬

廣西省政府奉令辦理軍隊副食和馬乾，月須賠墊一千萬元以上，四月十五日決照中央規定舉辦生產合做事業以資彌補，擬與第四戰區長官部合資經營。十九曰得張發奎司令長官同意，即事進行。省方資金向廣西銀行借取。

二十五、無戰耗多兵竟有請必補

我七月廿八日主持廣西軍管區司令部會報，悉第四十六軍一年間曾徵補二萬餘人，幾成徹底翻新。第卅一軍也補充八千多人。但軍政部只是有請必備，並不問該部隊何以不打仗而消耗兵員如此之多。又第五戰區遣歸本省官兵，往往到了桂林即不管，而由廣西綏靖公署處理，衣衫襤褸，鳩形鵠面，對待前線歸來戰士若此，殊背人情，我因建議：由省黨部發動慰勞，歡送回籍，以變觀感。

二十六、餘話

以上所抄，只寥寥廿餘則，每則文字又非常簡短，但內容卻關涉很廣：軍事、政治、經濟、文化、各方面的事項都有。記軍事的有前線、後方、士氣、軍紀、給養、補充；記政治的有中央和地方的政風、對外關係；記經濟的有工業、糧食、物價等等。每則都屬當時特別顯著的實事，雖未分類編整，但瀏覽之後試一回想，也許這一束零星錯雜的素材，會自然在心目中匯集形成抗戰後期景色的一幅銀幕。

貳拾伍、南寧攻防戰、舊事又重提

一九五九年六月，我曾在《春秋》發表〈南寧第二次圍城戰親歷記〉一文，敘述民國十九年春閻錫山、馮玉祥、李宗仁、汪兆銘聯合反蔣；五月，李舉兵離桂北上，期與閻、馮會師長江；蔣即令雲南省政府主席龍雲派兵襲攻李的後方根據地南寧；因守將韋雲淞防禦有方，滇軍攻城死傷很重，撤往郊外休息整理；七月，李由湘敗歸，將部隊在柳州整編，派我由柳乘隙入邕主持防務；九月，滇軍再來圍城；十月，白崇禧率軍由柳來解邕圍，滇軍敗走回滇。此事已距今四十年了。

近得當年和我共同防守南寧的某同志（他不願披露姓名）從海外來書說，他的親屬在舊書店偶然買了一帙數十年前的《倫敦週刊》，發見其中一文記述吾人當年困守南寧之役頗為詳細，而且附有照片數幅，對於吾人所築防禦工事砲樓電網，一目了然。我函詢他，可否抄寄或將原本借來一閱？不久，承他將原件一整頁攝影，並將全文譯好加以詳評寄來，難友厚情，實深感謝！以下是某同志從海外寄來的譯文（所譯《倫敦週刊（*Illustrated London News*）》，出版日期是：一九三〇年十一月廿九日，英文原標題為China's Plague of the Siege of Nanning可惜照片四幅，因影印模糊，不可能製版刊出）：

英報紀事譯文

此文及照片是方才由華南廣西省梧州寄來的，所描寫的是內戰混亂情形。我們的通訊員在十月十五日[1]寫來下面的報告：

南寧是廣西的省會，被雲南軍隊二萬人[2]由七月二十二日開始圍攻[3]，到現在仍然被抵抗著。守城的廣西軍隊五千人[4]是黃紹竑鐵

[1] 以下為本文譯者附註八項，對於該篇通訊報導中，不盡不實之處，皆加以更正，今日讀之，仍屬最佳掌故也：指一九三〇年。

[2] 滇軍共三師，約三萬餘人。

[3] 是六月底合圍，不是七月二十二日。

[4] 桂軍只有正規軍一團，約一千二百人，另警察三百人，共計約一千五百人。絕對沒有五千人。

軍的殘餘部隊[5]。南京中央政府，對於此等叛徒，決意將其消滅。蔣介石曾下命令，無論如何，不計代價，總要將南寧城攻下來。他的軍隊、砲艦和飛機，是從廣州沿西江前往協助雲南的軍隊[6]。

南寧的城牆原來是很鞏固，周圍有四十尺高的城牆。因為建馬路，現在這個堅實的防禦城牆只有三分之二仍然存在。其缺口的地方，另外用石頭築成很堅固、二十尺高、並可作縱射的牆壁。靠近該石牆外邊四十碼以內的房子，一概拆平，另外建築防禦鐵線網兩重，一重是有刺的鐵線網，另一重是有生電的。在這一段城牆上，每相隔五十碼就有一座掩蔽很好的機關槍位。在舊的城牆上，架有三吋口徑大砲五座。

該城幾乎每天都有由廣州來的飛機轟炸，傷亡的人，大部分都是老百姓，被炸死的人大約有六百之多。因為糧食缺乏，城裡也曾發生過暴動一次[7]。

英國教會在南寧的醫院，是我本人（通訊員自稱）所管轄的。雙方受傷的人，都在被收容之列，故常有人滿之患。各個病房也曾被砲火擊中，炸傷病人，逼不得已遷到別的臨時地方來安置他們。到最後，南寧城變了紅色[8]。我們也被迫離開了。

敵人飛機幾乎每天都在上午十時至十二時即來轟炸，但八月初旬有一天，敵機改變路線及時間，在下午三時前來投彈，而且比較往日更多，當日在街上的老百姓，因逃避不及進防空洞而被炸死的，一百六十多人。同時滇軍由城外加緊進攻，並攜有竹梯甚多，準備登城，守軍在城上向下掃射，有如獵人掃射鷓鴣鳥一樣，死傷敵軍不計其數。守軍方面因掩護工事做得好，傷亡不多；但某連長在城牆上巡視指揮射擊，不幸中彈陣亡。這是敵軍陸空兩軍合攻南寧最猛烈的一次。

經過這一戰後，敵軍無法靠近城牆前來收屍及救傷，所以他們託外國傳教士持白旗來向守軍請求停火三日，以便收屍及救傷。守軍方面也因老百姓被飛機炸得血肉橫飛，沒有空閒清理，而天氣又

---

5 守城桂軍是直屬於護黨救國軍管轄。

6 粵軍佔據梧州，沿大河到貴縣及賓陽。砲艦只到過貴縣。但飛機則由廣州直飛南寧，幾乎每日都來轟炸南寧城。

7 適是敵軍所放出的謠言，南寧守城軍隊和老百姓，向來未有過搖動或暴動。

8 桂軍援兵於同年十月十三日下午由柳州到達郊外，守城軍隊由城內開門衝出，敵軍因前後受攻，無力抵抗，沿右江向百色撤退。敵人方面，又一口咬實指由柳州來的援軍為共軍；南寧恢復，敵軍又指稱變為紅色，絕非事實。

熱，以至城裡城外，臭氣逼人，死者盡葬在孔聖廟周圍空地上。在此情形之下，為人道計，所以一口答應了敵方停火的請求。敵人方面也還守信用，在停火期間未曾前來轟炸。守軍利用這些時間，盡量搶運糧食進城，不足的糧就用黑豆補充。黑豆是老百姓準備做豆沙過八月節用的。

在停火期間，最出乎敵軍及守軍意料之外一件事，就是黃軍長旭初輕騎簡從，趁機偷進南寧，負擔指揮防守責任。自他進城後，守軍軍心益加堅決。

又因為經過這一次大戰後，守城軍耗費子彈極多，有缺乏之虞，乃向舊軍械倉庫裡去搜尋，看有無可用的軍械。真是想不到，搜出舊迫擊砲、小鋼砲和子彈不少。某軍械處處長乃集中有修理槍械技術的人才，日夜打磨和修理。從此以後，敵人來攻，守軍盡量使用迫擊砲和小鋼砲，火力愈來愈猛，甚至敵軍營房也被擊中。日間不敢來攻，夜間又因為守軍用舊汽車的車頭燈改成照空大燈多座，裝在城上，敵軍夜襲，守軍一按電制，照空燈齊放，有如白晝，敵軍無法接近城牆，敵軍不知守軍軍械和照空燈的來源，所以一口咬實說是共產黨供給的。

譯者的日記，因在二次世界大戰中燒毀，故對當年滇軍與由廣州飛來的飛機夾攻南寧，及黃旭初軍長進城的日子，不甚記得清楚，其他的日子及事實都是極確實的。至於當時對方一口咬實守城軍為共產黨，譯者於讀本文後始知之。兄弟鬩於牆，萁豆相煎，何其相迫一至如此之甚也！然此役較之法軍一九五四年守奠邊府與美軍前年守祈山，則南寧守軍為無愧軍人了！

貳拾陸、抗戰初韓復榘被處極刑經過

韓復榘原為馮玉祥西北軍的部將。民國十九年馮玉祥反蔣，韓復榘歸附中央。是年九月，中央任韓氏為山東省政府主席，在任直至民廿七年一月被處刑時。

一般人對韓氏在山東的觀感，說他是行伍出身，識字不多，政治觀念更是落伍，中央以其主持省政，非因事擇人，表示酬庸而已。韓氏非中央系統中人，對中央只作有限度的服從，平時和反抗中央的西南各省信使往還不絕，國內遇有紛爭，他的態度總是模稜的。正是這樣，中央對於山東省政很少干涉，韓的主席一直做了八年。他雖不是理想的行政人才，但因省政安定，人事無甚變動，黨政軍各部間很少摩擦，故治安也差強人意，共黨無法生根。政治和經濟的設施也有可觀之處云。

在抗戰中，高級將領被處死刑的，韓復榘是第二人。

一、李宗仁入京出長五戰區

抗日戰爭時，第五戰區司令長官李宗仁因善於指揮雜牌部隊，先後獲得臨沂、台兒莊的捷報。但有一例外，韓復榘卻不遵守李宗仁的命令，不事抵抗，即向後撤，希冀保存實力，以遂私圖，終受法辦。

自七七變起，當時蔣委員長知抗日戰爭勢已不可避免，先來電邀請，繼派員到桂，敦促李宗仁和白崇禧入京共赴國難。白氏先往。蔣面囑白勸李出長第五戰區。李辭之不得，乃於是年雙十節離桂林，十月十二日到南京。那時的戰場，北方在山西，南方在上海，津浦路一帶無事。蔣委員長令李氏派參謀長徐祖詒先到徐州組織第五戰區司令長官部，而留李氏暫在南京協助籌劃。迨至上海撤退，蔣於十一月十一日為商討南京應否固守的問題召集在京將領會議，李應召參加。十二日李便乘火車到徐州執行第五戰區司令長官的任務，指揮保衛津浦路的防禦戰。

第五戰區的範圍很廣，南達浦口長江北岸，北至濟南黃河南岸，東自長江吳淞口向北延伸至黃河口的海岸線，包括山東全省和長江以北江蘇、安徽兩省的大部。最高統帥部為集中力量起見，規定司令長官有權直接指揮轄內的黨政機構。

就戰略上看，上海和南京戰事結束後，津浦線必然是敵人攻擊的次一目標，且敵人將由南北雙方來夾擊。故第五戰區設兩位副司令長官以便應付：一以第十一集團軍總司令李品仙兼任，駐蚌埠，負保衛津浦路南段任務；一以第三集團軍總司令韓復榘兼任，駐濟南，負保衛津浦路北段任務。但兩副司令長官的動作完全不同，茲分述如下：

二、津浦路南段阻敵於淮南

先說南段方面。

南京於民廿六年十二月十三日失守，敵軍屠我軍民十餘萬。敵主將松井石根竟在我國民政府前舉行規模極大的「入城式」，以為我軍主力已經被其消滅，若揮軍北上津浦線，徐州可以傳檄而定，驕狂無比。那時我津浦南段完全空虛，無兵防守。李宗仁即將原駐海州劉士毅的第卅一軍三個師調到滁縣、明光一帶，作縱深配備，據險設防。由明光以南為湖沼和小山交錯地帶，防守容易，而敵人的機械化部隊卻難發揮威力。第卅一軍雖是廣西新成立的部隊，但班長以上各級幹部多是北伐前後的班底，作戰經驗還好，士氣也很旺盛。碰巧有一桂籍排長在上海戰場被俘逃脫來報說，他被俘時偽稱是炊事兵，日軍遂令他挑伙食擔，他在路上見敵兵將肥胖的人殺死後，割取肘上的肉放入飯盒裡，到宿營時取出烤食，吃得津津有味。據說，這部分敵軍是日本蝦夷族，有吃烤人肉的癖好。卅一軍官兵抗日情緒原已激昂，聽到敵軍食人獸行，更加髮指，誓和敵人一拚到底。

津浦路南段的敵軍指揮官為畑俊六。十二月中旬，敵軍約有八成先後由鎮江、南京、蕪湖三處渡江北進。在津浦路正面的敵軍便有三師，兵額當為我第卅一軍的數倍。敵軍原意，顯然是以旅次行軍的方式直趨蚌埠，不料行到明光以南即被我軍所堵截，血戰經月，雙方打成平手，敵軍竟不能越雷池一步。敵軍遇此意外，遂由南京調集援軍和坦克車、野砲等傾巢來犯。李長官宗仁深知我軍無論就人數或武器來比，都難和敵軍硬碰；到了敵軍主力已被我軍吸入明光一帶時，他便命令坐鎮蚌埠的副長官李品仙將第卅一軍全部於廿七年一月十八日自明光迅速西撤，把津浦路正面讓開；他事前已將原守青島的于學忠第五一軍南調，布防於淮河北岸，憑險拒敵過河北進。敵以獅子搏兔之勢向明光，結果撲了個空，沒能捉住我軍的主力；後雖連下定遠、懷遠、蚌埠，但被我軍阻於淮河南岸，一無所得。這時候，我西撤的第卅一軍忽然自敵軍的左側背出現，向東出擊；

一舉將津浦路截成數段，把孤立之敵逐處圍殲。淮河前線敵軍因後路突被切斷，乃迅速將主力南撤，沿津浦路和我第卅一軍展開拉鋸戰。敵人雖出盡力量將我軍壓向津浦路以西，但敵進我退，敵退我進，我軍對津浦路的威脅，敵終無法清除。加以參加淞滬會戰的廖磊第廿一集團軍此時已經由浙西北調到合肥，我軍力量更厚，使敵增加後顧之憂，不敢貿然北進。因此，津浦南段戰事遂形成雙方膠著隔淮河對峙的局面。

三、抗戰有前途勸韓勿洩氣

再說北段方面。

這方面的抗戰，由副司令長官韓復榘指揮。他的第三集團軍轄孫桐萱的第十二軍和曹福林的第五五軍，訓練和裝備都還不壞，兩軍都駐在山東境內。

韓復榘和中共素有隔閡，抗戰開始後對最後勝利也無信心，所以自始至終只想保存實力。日軍既佔平、津，沿津浦線南下時，即有傳說韓復榘祕密派遣代表與敵方華北派遣軍總司令小磯國昭和津浦北段指揮官西尾壽造接洽，希圖妥協。敵方要韓復榘宣布山東獨立，正式充當漢奸。但韓的本意，只希望日軍不犯魯境，以遂其保存實力的目的。雙方條件距離太遠，一時當然談不攏來。但敵人總還希望韓當漢奸，而不願逼其抗戰，故津浦北段的日軍遲遲不渡黃河，以期韓氏的叛變。這樣，反給我方以充分的時間來從容部署。

李長官宗仁由南京到徐州時，即顧慮著韓氏的抗戰意志不堅定，於是親往濟南一行。這是李、韓兩人第一次見面。李氏對韓的印象，覺得韓雖識字不多，言談也很粗俗，但卻長得眉清目秀，皮膚白皙，驟看起來，儼然是一位白面書生。

寒暄過了，韓氏便問：「長官！你看我們抗戰有把握嗎？」

李說：「抗戰有把握，最後勝利必屬於我！」

韓招待李下榻於他的總司令部中，兩人聚談竟夕。李對韓反覆解釋「最後勝利必屬於我」的道理，李說：「我們的抗戰是不得已的。日本人逼得我們無路可走，只有『抗戰』和『亡國』兩條路。我們選擇了抗戰。須知日本侵略中國，不是單純中、日兩國的事，它是有國際性意義的。日人侵我東北，國際聯盟無力制裁，鼓勵了日本，同時也鼓勵了西方德、意兩國的侵略集團。西方侵略勢力現在的增漲，吸引了英、美、法的注意力，也增加了日本侵華的勇氣，才有今日的戰事。所以東、西兩個侵略勢力是相互為用、相互影響的。今日日本侵華得手，世界各國莫奈他何。你等著看，德、意兩國一定要步其後塵，如法炮製的，歐戰的爆發，只是時間問題而已。歐戰一起，英、法、荷各國自顧不暇，他們在遠東的殖民地便成了俎上肉，聽任別人宰割了。到那時，日本這隻貪狼豈能坐視肥肉在側而無動於中嗎？」

接著，李就分析日本必然南進的道理，李說：「我認為日本的南進不僅是國際間的利害問題，同時也是日本國內問題發展的必然結果。日本陸軍和海軍原即互相嫉忌，彼此水火。現在陸軍在中國大陸橫行無忌，揚威一時，大小軍人都得了好處。但是，以英、美為假想敵的海軍卻原封未動，當此時機，能不躍躍欲試？根據我在華南所得日本在南洋活動的情報，日本將來必然南進無疑。那時英、法、荷各國無力東顧，則美國必挺身而出和日本作戰了。那便成為歐亞戰爭合而為一，就是我們抗戰轉機的時候了。」

李繼續又說：「根據我的分析，我們抗戰的戰略重點便是以空間換取時間，以等待世界局勢的轉變。我們能拖得愈久愈好，千萬不可洩氣。我們如果洩氣了、投降了，侵略者勢力東西相呼應，則可能西方被侵略的國家也不敢蹈我們的覆轍再作不量力的抵抗。如果歐戰因之不能爆發，或爆發後不旋踵即為德、意侵略勢力所撲滅，第二次世界大戰不能實現，那我們就永遠做日本的奴隸了。」

四、圖保存實力竟違令撤防

韓復榘聽了李宗仁上面一番分析，如大夢初醒，也認為抗戰是有前途的，前途是建立在歐戰和世界大戰上面。所以他一再追問：「長官！你看歐戰甚麼時候可以爆發呢？」

李說：「遲早總歸要爆發的，至於確定的日期，則誰也不敢說了。」

翌日，李宗仁離濟南返徐州。據李氏說：「當時韓對時局的看法，便完全以我前面所說的那番話為依歸。韓也認為抗戰是長期的，是有前途的，漢奸是當不得的。但是，他那愚而好自用的簡單頭腦終於誤了他。他認為『留得青山在，不怕沒柴燒。』他那兩軍部隊，斷不可在長期抗戰的局面下於短期內便被消耗了。他不能和日軍死拚，保存實力仍為第一要務。」

日軍既攻下南京，遂強迫韓復榘攤牌。韓氏不肯。日軍即於民廿六年十二月廿三日由青城、濟陽間南渡黃河，廿七日侵入濟南。韓復榘不戰而退。卅一日敵軍陷泰安。民廿七年一月二日韓部放棄大汶口。敵軍遂於一月五日佔濟寧，沿津浦路長驅直入。李長官宗仁在徐州得報後，即嚴令韓復榘循津浦線後撤，擇險防守。無奈韓氏不聽命令，竟率所部兩軍捨棄津浦路而向魯西撤退，且不向李氏報告，以致我津浦路正面大門洞開。大批敵軍乘虛而下。若非沿途少數部隊拚力死守，大局將不堪收拾了。

這便是韓復榘在津浦路北段行動的實況。

五、歸德開會議韓復榘就逮

民廿七年一月中旬，最高統帥部忽然傳出命令，要第一、第五兩戰區師長以上的軍官可以暫離陣地的，齊集歸德，參加由蔣委員長親自主持的軍事會議。李宗仁說他心知這一會議是專為懲治韓復榘而召集的。韓氏本人也生疑慮，特派專人來徐州長官部請示，問他應否親自出席這次會議。李長官宗仁告訴韓的使者說，「應該去！」韓乃如命前往。

會議是一月十一日舉行。蔣委員長偕副總參謀長白崇禧已先一日到歸德。據李宗仁說：「事實上這一會議是會而不議。共到師長以上軍官八十餘人。首先由委員長訓話，鼓勵大家奮勇作戰。其次面囑第一戰區司令長官程潛和我分別報告戰況。報告完了，委員長即宣布散會。與會眾人正在紛紛離去的時候，劉峙忽然起立大呼道：『韓總司令請慢點走，委員長有話要同你講！』韓復榘聽了便留下。離會眾人遂議論紛紛，都說『韓復榘糟了，韓復榘糟了！』當散會時，我走在最後，只見會傷內尚留有委員的便衣衛士四、五人。劉峙便指著衛士對韓復榘說：『韓總司令，你可以跟他們去。』韓氏臉上頓時發青，蹣跚地跟衛士去了。」

李宗仁談到此事的最後情形道：「同日下午，蔣委員長在他歸德行轅召集一小規模談話會，出席者僅委員長、程潛、白崇禧和我，共四人而已。大家剛坐定，委員長便聲色俱厲地說：『韓復榘這次不聽命令，擅自行動，我要嚴辦他！』程潛應聲說：『韓復榘應該嚴辦！這種將領不辦，我們的仗還能打下去嗎？』白崇禧和我在一旁默坐，未發一言。我回徐州後不久，即聞韓復榘已在武昌被槍決。此舉確使抗戰陣營中精神為之一振。這是後話。」

六、求軍政合一長官兼主席

「此次小規模談話會另一問題，便是實施軍政合一。」李宗仁說：「委員長認為抗戰以來，地方行政機構未能切實配合軍事上的要求，影響作戰很大，故提議以戰區司令長官兼轄區內的省政府主席，並即提出以程潛兼河南省主席，我兼安徽省主席。程潛當即附議，認為是最好的解決法。我卻以為無此必要。因為司令長官應集中精神籌劃軍事，那裡還有時間兼管全省的政務？如果只是擔個名義，那又何必多此一舉呢？至於省政和軍事未能密切配合，雙方都有責任，如只責一方，實欠公允。雙方如能設身處地，互相諒解，則閒言誹語自可消弭於無形。此事，我請委員長縝密考慮，然後決定。但是委員長仍說：『我看還是兼著好！』白崇禧也以為然。談話到此即告結束，並未作具體的沐定。不意，我回徐州不多時候，中央即明令發表程潛兼河南省政府主席，我兼安徽省政府主席。程氏當即就職。我電辭數次都未照准。最後白崇禧從漢口打電話來，勸我就職再說。我不得已乃赴六安就職，在省政府只住了一星期。」

貳拾柒、記抗日力戰殉國的張自忠將軍

張自忠，字藎枕，山東臨清人。一八九〇年生。

張將軍在七七事變前後一段短時期，被人誤認為漢奸，幾乎成了國人皆曰可殺。但其心跡光明，為當局所洞察，使之繼續統兵抗日。他激於個人雪恥與民族義憤，終於決心必死，力戰成仁。完遂了心願，成民族英雄。

張氏生平事實，他的同鄉、同事兼密友秦德純先生曾寫〈我與張自忠〉一文載於一九六三年七月三十日《傳記文學》月刊。張復受命統兵後不久，即撥屬第五戰區歸李宗仁指揮，李氏屢談張的情況。本文主要資料，即根據秦文與李談，並參酌其他寫作。

一、喜峰口破敵抗日著成名

張自忠原屬馮玉祥西北軍的幹部。他在馮部的情形，據秦德純氏〈我與張自忠〉文中記述：「民國十七年春天，那時我們都在開封服務，他擔任西北軍官學校校長，不久即調充廿五師師長；我由二集團軍十四軍軍長，調任該集團軍副總參謀長。我到總司令部後，因業務關係，與張自忠將軍常常接洽。知道他辦學治軍十分嚴格。對於違犯紀律損壞軍譽的官兵，一律依法嚴懲，決不寬貸，因此，他的部下給他一個綽號叫：『張剝皮』。但遇部下有困難的事情，他都為他們一一解決。所以部屬對他，既懼怕他的威嚴，又感念他的恩厚。我當時即斷定他的隊伍一定能打硬仗。」

張自忠在北伐戰役的情形，秦氏文中未及具述。對長城戰役記云：「廿年九一八日軍侵佔我遼、吉、黑三省。廿一年侵佔我熱河。廿二年復由熱河南下，企圖突破長城線窺伺我東北。宋哲元將軍所部奉命編為第三軍團，宋任總指揮，我任副總指揮，督率廿九軍由北平近郊向嘉峰口、羅文峪兩地馳援。一日夜急行軍一百八十里，抵嘉峰口以南三十里的三屯營。適得日軍逼近喜峰口情報，張自忠、馮治安兩將軍所部遂跑步急進。三月九日午刻抵喜峰口時，適我友軍萬福麟所屬五十三軍由熱河退出。日軍尾追跟進。我張、馮兩張即在喜峰口與敵遭遇，展開爭奪戰，各高地山峰，我軍得而復失、失而復得者數次，戰況至為慘烈。血戰三日，敵我已成僵持態勢。我與宋將軍密商，改守勢為攻勢、變被動為主動的擊敵計劃。我即由薊縣總部馳赴喜峰口前線與張、馮兩將軍會商。張、馮均極端贊成。張將軍更主張即日實施，立即決定抽調有力部隊由戰線兩翼夜襲敵人側背。遂於十一日當夜派趙登禹、潘家口攀越險峻山峰抄襲日軍側背。是役計殲日軍步兵兩聯隊、騎兵一大隊，並破壞其野砲十八門。從此日寇攻勢頓挫，始終未能越過長城線各隘口，平津賴以安定。我最高統帥迭電嘉慰，並頒發立功將領以青天白日勳章。全國各界團體及各地僑胞，紛紛馳赴前線慰勞的絡繹於途。此為自九一八日寇侵佔我四省以來所遭遇的第一次嚴重打擊。事後得承德方面的情報，敵在承德舉行追悼陣亡將士大會席上聲稱，認為是日軍侵華以來所未遭遇的失敗與恥辱。」

二、忍痛棄北平自到京請罪

長城抗日的英雄後來為何被誤認為漢奸呢？那是由於中央令他們忍辱負重維持華北而起的。請讀下面秦文：

「廿四年七月底，我由廬山奉蔣委員長傳諭宋將軍，忍辱負重，維持華北危局，返報宋將軍，即遵此原則，妥為運用。同年十月中央發表宋將軍任冀察政務委員會長及北平綏靖主任，並發表我任察哈爾省政府主席。我到察不久，以外交重心在北平，中央又將我調去北平市，察省主席職務，由張自忠將軍繼任。宋將軍即先將馮治安的卅七師調駐北平一帶。

「廿五年春，奉中央令張自忠將軍調長天津市，繼將所屬卅八師調駐天津一帶。此時我與張將軍，一在北平，一在天津，負樽俎折衝的責任，忍辱含垢與敵周旋，在精神上是很痛苦的。

「日方迭施狡計分化廿九軍，陰謀宣傳把張將軍造成親日傀儡，於廿六年春堅邀張將軍赴日參觀，因此張將軍更成了全國眾知之的。

「當蘆溝橋戰爭經過廿餘日，七月廿八曰我軍在南苑失利後，宋將軍即遵蔣委員長電令，赴保定坐鎮指揮。當時宋將軍寫了三個手令：一、冀察政務委員會委員長由張自忠代理；二、北平綏靖主任由張自忠代理；三、北平市長由張自忠代理，一面電呈中央核備。立即決定當晚九時由武衣庫宋宅出發。臨行張將軍含淚告我曰：『你同宋先生成了民族英雄。我怕成了漢奸了。』其悲痛情形已達極點。我卻鄭重向其勸勉說：『這是戰爭的開端，來日方長，必須蓋棺才能論定，只要你誓死救國，必有為全國諒解的一日，請你好自為之。』遂黯然握手作別。

「七月廿九、三十兩日，張將軍接收冀察政務委員會等三機關，他的精神沮喪，意志消沉。當時廿九軍大部已離平南調，日方對他已失去利用價值。其時卅八師參謀長李文田將軍復督率部隊向天津日本兵營進攻，未能得手。日方對張將軍亦認為是積極抗日分子，正擬進軍北平，製造真正傀儡組織，供其利用。張在北平已無法施行軍政職權，悲憤之餘，決計祕密離平南下。而同時全國輿論對他更是一致痛詆，不遺餘力。張遂不動聲色，祕密騎一腳踏車由北平朝陽門直駛天津，乘英輪轉赴青島，前往濟南。此時我正隨宋將軍駐津浦路的泊頭鎮督戰前方，宋將軍即派我到濟，囑偕同張將軍先到南京請蔣委員長訓示，並堅囑萬不可先到前線部隊，致招物議。我到濟與韓復榘及張將軍分別晤洽，見韓對張採取祕密監視態度，並囑告張不可隨便他去，更不可赴前線軍隊，致生不利後果。張於此時已處於進退維谷的境地。我當即電呈何部長應欽，大意以我奉宋將軍令偕同張自忠市長赴中央報告請罪，惟各方謠諑紛傳，對張似有不利，可否前往，請電示等語。旋得覆電『囑即同張市長來京，弟可一切負責』云云。我即將此情形面告張將軍會同赴京，韓派其省府委員樾負監視任務共同前往。車到徐州站，突有學生卅餘人要到車上搜查漢奸張自忠，來勢頗為兇猛。我一面安排張將軍暫避，一面請學生派代表四人到車上談話，並到各房間查看，代表等未見張在車上，始下車而去。我們到京後，張住韓的駐京辦事處，我住廿九軍辦事處；靜候蔣委員長召見。」

張自忠在濟南曾見馮玉祥，秦氏文中未提此事。馮玉祥在其自著「我所認識的蔣介石」一書中第二十二章開頭那段記他任第六戰區司令長官由南京赴滄州的情形時說：「我到濟南，韓復榘說，張自忠由北平來見我。張請我給蔣介石寄一封信，替他辯白辯白北平、天津的事。我馬上寫了一封親筆信交給張自忠將軍，內容是說：『張自忠將軍很有良心，有血性，只要叫張帶著隊伍打日本，張一定盡本分；又說到饒恕人能有七十個七次就更好了，我引的基督教聖經上的話。』信寫完了，我對韓張兩人說：『你們能以真心抗日，無論叫我幫什麼忙，我都願意。』」

三、上以非其罪令返隊統兵

張自忠到京，結果得到當局的諒解。秦文記道：「張將軍同我到京，次日由我陪同到四方城晉謁委員長，張將軍首先起立請罪說：『自忠在北方失地喪師辱國，罪有應得，請委員嚴予懲辦。』委員長訓示：『你在北方一切情形，我均明瞭，我是全國軍事委員會委員長，一切統由我負責，你要安心保養身體，避免與外人往來，稍遲再約你詳談。』到第三天，我接侍從室錢大鈞主任電話云，委員長擬再接見張自忠將軍，請你陪同於明早九時到四方城晉見。晉謁時適逢敵機轟炸，委員長鎮靜如常，對張慰勉有加，詢問健康情形及所閱書藉，張答以閱郭沫若的日記，委員長告以應閱讀有益身心的書籍，郭的日記不要閱讀。最後告以一俟你身體恢復，我決令你重回部隊，使再有機會報效國家，並可到前方看看你的長官同僚及部下。態度誠懇溫和，儼如家人骨肉的親切。張將軍深受感動。由四方城回寓時，在車上淚流滿面對我說：『如果委員長令我回部隊，我一定誓死以報領袖，誓死以報國家。』足證委員長認人的真切，感人的深刻。」

張氏在京又有一事秦文未及的。據李宗仁氏談述：「張自忠到京請罪，當時京滬輿論指責他擅離職守，不事抵抗，請中央嚴予懲辦，以儆效尤。南京街上有貼標語罵他為漢奸的。軍委會中也有主張組織軍法會審的。更有人想乘機收編張的部隊而在中央推波助瀾。那時我剛到南京，聞及此事，及就西北軍張自忠的舊同事中調查張的為人。他們，尤其黃建平，更力為辯護，說張為人俠義，治軍嚴明，為西北軍中的勇將，斷不會當漢奸。我聽到這話，心中頗為張氏惋惜。一次，我令黃建平去請他前來一敘。不料張氏竟不敢來。只回答說，待罪之人，有何面目見李長官。後經我誠懇再邀，他才來見我。他到時簡直不敢抬頭。平劇中常見犯人見官總是低著頭說，犯人有罪，不敢抬頭，而對方則說，恕你無罪，抬起頭來。我以為這不過是扮戲而已，殊不知抗戰時期，北方軍人中尚有此遺風。我說：『藎忱兄，我知道你是受委屈了。但是我想中央是明白的，你自已也明白的，我們更是諒解你。現在輿論責備你，我希望你原諒他們。群眾是沒有理智的，他們不知底蘊才罵你，你應該原諒他們的動機是純潔的。』張在默坐著，只說：『個人冒險來京，帶罪投案，等候中央治罪。』我說：『我希望你不要灰心，將來將功折罪。我預備向委員會進言，讓你回去繼續帶你的部隊！』張說：『如蒙李長官緩頰，中央能恕我罪過，讓我戴罪圖功，我當以我的生命報答國家。』他說著時，那種燕趙慷慨之士的忠藎之忱，溢於言表。張去後，我便訪何敬之部長一談此事。何部長似有意成全。我乃進一步去見委員長，為張氏剖白。我說：『張自忠是一員忠誠的戰將，決不是想當漢奸的人。現在他的部隊尚全師在豫，中央應該令他回去帶他的部隊。聽說有人想瓜分他的部隊，如中央留張不放，他的部隊又接受瓜分，結果受激成變，真去當漢奸，那就糟了。我的意思，倒不如放他回去戴罪圖功。』委員長沈思片刻，遂說：『好吧，讓他回去！』張離京前，特來我處辭行，並謝我幫忙，說：『要不是李長官一言九鼎，我張某縱不被槍斃，也當陷在縲絏之中，為民族罪人。今蒙成全，恩同再造，有生之日，當捨此命以報國家，以報知遇。』我們互道珍重而別。」

四、急難捐私仇臨沂欣報捷

廿七年春，中央將廿九軍擴編為五十九和七十七軍，以張自忠為五十九軍軍長，返部之日，張氏對部眾痛哭失聲地說：「今日回軍，除共同殺敵報國外，乃與大家共尋死。」那時五十九軍編入第一戰區戰鬥序列。

到廿七年二月，日軍在津浦線上南北夾攻我第五戰區，淮河情勢吃緊，軍令部乃將五十九軍調來增援。張軍長大喜過望，因他和李宗仁司令長官有過南京那一段淵源，他很想到第五戰區出點力。不過，在五戰區他也有一點顧慮，因為他和現在五戰區的龐炳勛有一段私仇。原來民十九年閻、馮反蔣中原大戰時，龐、張兩人都是馮部健將，彼此如兄如弟。不意龐氏歸　中央而倒戈反馮，且出其不意襲擊張自忠師部，張氏幾遭不測。所以張一直認龐為不仁不義，此仇不報，誓不甘休。張此次奉調來徐州時，便利下向五戰區參謀長徐祖詒陳說此一苦衷，表示在任何戰場皆可拚一恐，唯獨不願與龐炳勛在同一戰場。因龐的資望較張為高，如在同一戰場，張必然要受龐的指揮，故張不願。好在原定計劃是調他去淮河戰場。

日軍板垣第五師團一月十二日在青島登陸後，沿膠濟路西進，至濰縣轉南，經高密、諸城、莒縣進迫臨沂，與津浦路南下的磯谷師團相呼應，企圖會師台兒莊。二月上旬，臨沂告急，該地為魯南軍事上所必爭的重鎮，得失關係全局。李長官處此緊急關頭，既無總預備隊可資調遣，只有就近抽調原守海州的龐炳勛軍團馳往臨沂，固守縣城，堵截敵人前進。龐部只有五個步兵團，實力當不及一個軍。二月下旬，臨沂敵我兩軍刻戰的攻防戰發生。敵一師團附山砲一團和騎兵一旅向縣城猛撲，我龐軍團長率其五團子弟兵死守。這自視為最優秀的「皇軍」，對我這個「雜牌部隊」衝殺多日，竟無法動搖，遂老羞成怒，攻擊更猛。我守軍漸感不支，連電告急。適淮南敵軍因後方被我軍襲擾而南撤，淮河北岸軍情已經緩和，此時為救臨沂龐部之急，除五十九軍外，別無可調之兵了。徐參謀長很感為難。李長官及將張自忠請來，對他誠懇地說：「你和龐炳勛有宿怨，我很為了解，很不想強人之所難。不過以前的內戰，無論誰是誰非，都是不名譽的私怨私仇。龐炳勛現在前方浴血抗戰，乃屬雪國恥、報國仇。我希望你以國家為重，受點委屈，捐棄個人前嫌。我現在命令你即率所部去臨沂作戰！你務要絕對服從龐軍團長的指揮。切勿遲疑，致誤戎機。」張聽了，不假思索更答道：「絕對服從命令，請長官放心！」李長官即令張氏集合全軍，向官兵訓話鼓勵一番。張即自率所部以急行軍出發，於三月十二日黃昏後趕到臨沂郊外。翌晨，當敵軍攻城正急時，五十九軍先和守城軍取得聯繫，乃約定時間向敵人展開全面反攻。守城軍見援軍已到，士氣大振，開城出擊，兩軍內外夾攻，如疾風暴雨，板垣師團不支，倉皇撤走。龐、張兩部合力窮師一晝夜，敵軍無法立足，一退九十餘里，縮入莒縣城內，據城死守，沿途敵軍遺屍很多，器械彈藥損失尤大。此役澈底粉碎了板垣、磯谷兩師團擬在台兒莊會師的計劃，為最大的收穫，造成了台兒莊大捷的契機。此役若非張自忠大義凜然，捐棄前嫌，及時赴援，則龐部必至全軍覆滅。龐對張的感激，自不待言。從此龐、張兩人又成莫逆，為抗戰中一段佳話。

五、徐州退殿後破敵田家集

臨沂捷音傳後，接著又有台兒莊的大捷。蔣委員長想擴大台兒莊的戰果，陸續調了數十萬兵到徐州來。日方也由平、津、晉、綏、蘇、皖各處增調十三個師團到津浦線上，先以重兵從徐州南北兩側向西合力切斷隴海路，將徐州包圍，企圖殲滅五戰區的野戰軍。李長官為打破敵包圍的企圖，五月初旬即作有計劃的向西南撤退。他命令在徐州東北方面張自忠和其他各部在運河以東擇要固守，以掩護徐州四郊大軍退向西南，待任務完成，即向南撤入蘇北湖沼地區，然後再相機西撤。張部遵照命令行動，後來到達豫東布防。九月，武漢會戰，張自忠以孤軍守潢川，迭予來攻之敵以重創，使我軍主力得以從容部署。十月，中央升任張自忠為第卅三集團軍總司令。

武漢失守後，第五戰區司令長官部移駐樊城。廿八年五月，日軍圖掃蕩五戰區以鞏固其武漢外圍，集結三個師團和一個騎兵旅沿襄花、京鍾兩公路西犯，目標似在襄陽、樊城和南陽。張長官以張自忠集團軍擔任大洪山南麓、京鍾兩公路和襄河兩岸的防務。張總司令親率兩團渡河截擊，大破敵於田家集，斃敵聯隊長三，傷敵旅團長一，斬獲無算，敵軍狼狽潰退，這是隨棗會戰。

六、菸賭惡習深全軍同戒絕

隨棗戰後，軍事委員會將宜昌以下的江防，由五戰區劃歸六戰區。五戰區的重心既已北移，襄、樊已不是中心所在。廿八年秋，李長官乃將五戰區司令長官部遷往光化縣的老河口。他到老河口後第一項設施便是在市外約五里的楊林舖成立第五戰區幹部訓練班，自兼主任，用全副精神主持其事。調本戰區校官以上各級軍官來受訓，旨在提高作戰精神，檢討作戰經驗，並聯絡感情，很著成效。此外，他為瞭解實情常到各部隊檢閱，他說：「張自忠的卅三集團軍積習很深，軍中煙賭，習以為常。甚至張總司令本人和他的師長劉振三等都有煙癖。他們染著舊社會的傳統惡習，受毒已深，戒除不易，我也雅不願當面訓斥，使其難堪。一次，我親赴荊門張部防地檢閱，集合部隊訓話，大意是說，我們軍人在此國難期間，為國家民族圖生存，個人的生命均隨時準備犧牲，難道我們還沒有勇氣和決心來維持軍紀嗎？但是煙、賭兩項，實是軍中的大忌。這兩項如不能戒絕，我們還說什麼殺敵報國呢？檢閱後我便離去，只望他們聞言內疚，逐漸改正。孰知張自忠是個血性漢子，他聽了我的話感覺慚愧萬分。我離去的翌日，他便集合他的部隊訓話，以革除惡習、誓死報國的大義勉勵全軍將士。最後，他大聲問：『昨天李司令長官對我們訓話，你們聽到了沒有？』全軍將士大聲回答：『聽到了！』他又說：『戒除煙賭嗜好，你們做得到，做不到？』將士又大聲回答：『我們做得到！』他說，我們要做，應先由我總司令和軍、師長做起。便令副官將他的煙具拿出來，當眾搗毀。並宣布，此後軍中官兵有煙癖的，若不自動戒除，即依軍法懲治。因此卅三集團軍中原已發展到無可救藥的煙賭兩項惡習，數日之內，竟根絕無遺。而戒煙後的張自忠，不久竟身先士卒，戰死沙場，可見中國軍人坦率、忠誠的可敬可愛，以及『師克在和』一語意義的重大。」

七、決心赴敵死一戰遂成仁

廿九年四月中旬，敵人集中了六、七個師團的兵力，要再來鄂北掃蕩我五戰區。我方的部署是：以黃琪翔第十一集團軍守襄花公路正面，以許紹宗第廿九集團軍守襄河以東地區；以張自忠第卅三集團軍守襄河西岸；以孫連仲第二集團軍守北線桐柏山以北地區。戰事於五月一日開始。敵對我正面只是佯攻，而以重兵猛攻襄河東峰。許部不支，退入大洪山核心。

敵遂長驅直入，圖與其北路會師包圍我正面主力。李長官令黃部迅速北撤，免被包圍。

此時防守襄河西岸的部隊尚有一部未參戰，李長官乃電令張總司令「派有力部隊迅速渡河，向敵後出擊。」以便將襄河東岸之敵攔腰斬斷。張氏於出發前致書副總司令馮治安（字仰之）云：「仰之我弟如晤：因為戰區全面戰事之關係及本身之責任，均須過河與敵一拚，現已決定於今晚往襄河東岸進發。到河東後，如能與卅八師、一七九師取得聯絡，即率該兩部與馬師，不顧一切，向北進之敵死拚。設若與一七九師、卅八師取不上聯絡，即帶馬之三個團奔著我們最後之目標（死），往北邁進。無論作好作壞，一定求良心得到安慰。以後公私均得請我弟負責。由現在起，以後或暫別，或永離，不得而知。專此佈達。小兄張自忠手啟。五、六。於快活舖。」張氏當晚即親率其總司令部的特務營和七十四師的三個團遵令渡河，在南瓜店附近一舉將敵軍截為兩段。五月十日敵主力聚於方家集，張氏率部進攻，激戰連日，殺敵甚眾。十六日敵集重兵自南北兩路向張部夾攻，萬餘人如潮而至，張部遂陷入重圍。自晨至晚，彈如雨下。隨行參謀人員等都勸張氏迅速脫離戰場。那知他已下必死決心，欲將敵軍拖住，以便友軍反攻，堅持直至所部將士傷亡殆盡，他本人也受敵機槍傷六處，不支倒地，才對身旁部屬說：「對國家、對民族、對長官，良心平安。大家要殺敵報仇！」遂壯烈殉國。這是抗戰八年中集團軍總司令督戰殉國惟一的一人！我軍雖失了一員能將，但敵在隨棗一帶終不能逞。

張總司令靈柩移厝重慶，過宜昌時，民眾不期而集於東山寺弔祭的數萬。到渝後，在儲奇門設奠，委員長親臨撫慟，軍政各界及民眾自動往祭的終日不絕。十一月十六日葬於北碚附近小鎮天生橋的梅花山，一代忠骨長埋黃土，永為世人景仰憑弔的民族英雄。

貳拾捌、我與張君勱的最後兩次談話

張君勱先生今年二月廿三日在美國逝世，享壽八十四歲。張氏生平一面辦學，一面從事政治活動。曾辦學四次：初辦蘇州法政學校，旋辦自治學院，抗日戰前在廣州辦學海書院。抗日戰間在雲南辦民族文化學院。似仿從前名儒講學盛事，但都不曾直辦下去。張氏在童年時已對政治發生興趣，二十一歲即參加梁啟超的憲政黨。無論左翼極權、右翼統治他都反對，一貫主張民主自由。民國二十年組織中國國家社會黨，後改名為中國民主社會黨，主旨是根據社會主義以改造中國。

抗日戰起，國民政府邀張氏為國防會議委員之一，民主社會黨重要分子也參加國民參政會。他又發起民主同盟，努力謀求國共的和解。第一次聯合國會議在舊金山舉行時，他是中國團團員之一。民國卅五年參加政治協商會議，受命起草新憲法，於民三十六年為國民大會所通過。他有過可在行政院以外四院中任擇一個院長的機會，但他並無官癮，始終不想做官。中共佔有大陸後，他流寓美國，以至逝世。

我在抗戰前已領教過他，抗戰間更數次相晤，非常佩服他的學問和品德，他的言行，各報刊已有記述。現在只記他和我最後兩次的談話，以寄悼念。

一、十年前在東京的談話

一九五八我旅居横濱，接李德鄰先生七月廿四日紐約函云：「張君勱先生廿一日由三藩市飛紐約，曾到舍下談兩次。廿五日飛往歐洲再轉到日本演講。他此行主要在和香港民主人士商談組織政團問題，弟對他表示決不參加任何組織，以免台方疑忌，願在局外樂觀厥成。」（編者按：以上為李宗仁當年致黃氏函。張君勵在下文談話中所稱呼之「德公」，即指李宗仁也。）

勱老於一九五八年十一月六日由港飛日，寓東京新橋第一ホテル。他託馬晉三（崇六）先生約我晤談，十一日上午我偕馬氏應約往訪。張氏說：「我由三藩市到紐約時，友人開車到機場來接，德公和此友鄰居，同車來接。與德公談過後，他囑我到日本時和先生一談。」談後馬晉三先生請勱老到田村町四川飯店午餐。羅永揚（宏）、彭君毅（昭賢）兩位和我相陪。勱老和我所談甚長，首先評述德公到美後的行動，次述其訪問各國的觀感，最後說他與台灣的近況。茲記其大要如下：（編者按：以下均張君勱於一九五八年與黃氏談話內容。）

甲、談李宗仁在美國的言動

一、李德公當時應赴台灣，不應去美。因李派溫應星與美方接洽，美方於李德公乘機起飛前，曾以電話勸李入台，美軍願全力支持。但李不聽而竟飛美。

二、德公到美後完全聽信我們的小同鄉K君的策劃。K君竟把大總統信箋隨便使用。有一次，美國務院問K君：其事是李的意思，還是你的意思呢？K君竟答：我們兩人是一體的。

三、毛邦初案並非國家大事，管它作甚？根本不應處理。

乙、談訪問東西各國的觀感

一、我由美到英，係由美國友人照料，安排在倫敦拜訪日程，英國兩黨人士都獲晤談。曾參觀英國會議員辯論。

二、到法國，為向越南駐法大使請簽赴越護照。

三、經比利時，完全為看展覽會。

四、到德國，是我從前留學的地方，熟人也多。國府曾令駐比利時汪大使設要求德國承認，但不得要領。原先有德國某將軍也為此事進行費過力量。但德與英美蘇有邦交，而英則承認了中共，國府則反共抗俄，所以與國府恢復邦交，頗有困難。我對他們說，英一面承認中共，一面派領事駐台灣，德國可否照樣派領事駐台？但德方也願，只答允在台灣恢復同濟大學。

五、向印度駐德大使館辦赴印度手續，初慮不能如願，因印度總理尼赫魯訪問北京時，曾與周恩來約定，印度不容留反對中共分子，中共也不向印度做慘透。但印度外交部竟覆電歡迎我去。中國反共者也可在印度居留，但不能活動，獄中也還囚有台灣方面的官員。印度准共黨公開參政，而印共反因此碰著實際困難而不能發展。國府昔年不許中共加入中央成立聯合政府，遂管不到共區。

往年我赴印度，蔣先生為我餞行，我問：對印度應講些什麼？蔣先生認為印度忘恩負義，不記得中國曾幫助其獨立。我遂終席不復提此事。尼赫魯對中共、蘇聯都不惜刻意交歡，處兩大之間所不得不然。然尼赫魯實為反共者。

六、南越總統吳廷琰請我講演孟子，因吳服膺孟子「民為貴，社稷次之，君為輕。」那幾句話。吳向我說，他的祖先是中國人，至今仍完全尊重儒教。

國府雖不同意越南華僑入越籍，但至今已有百分之六十加入越籍，照常做生意。在當地出生的入該國籍，將來不是多幾個中國人的國家嗎？印尼總統蘇加諾曾問我：「華僑不肯入印尼籍，怎辦？」我答：「沒有的事。有誰不願，你告訴我，我來替你辦。」蘇加諾大喜，和我乾杯。越南教育部長對我說：「僑生不肯入西貢大學，查因不懂越語或法語所致。」這是不對的，在該國就應學該國的語言。

七、先說日本，回頭再談香港。日本亞細亞問題研究會作主人，邀請我來講演，會員和日本國會議員多來聽演。該會也曾邀請國府駐日大使館參加，但被拒絕，謂張某講演，我們不去聽。然而昨晚畢竟請我宴會。日間遊京都後即返美國。

八、香港友人搞反共運動，從前因勇氣太大、考慮欠周到、人事安排不好而失敗。幹部支薪，難以為斷，也難公平。有幾位來我旅寓坐談，出去不到一小時，即到處宣傳說我是官僚，反對開會選舉。不知在外國地方，何能許你如此做？我向來主張十來個人負責，我因遠在美國，我將我的名字交給你們，遇需要時發發宣言，行之多年，主張自入人心。組織無錢便太平，有錢反易搞不清。

丙、國府數次派人邀我赴台

我到越南時，國府駐越大使袁子健即奉命請我赴台。在此以前，台方曾派陳啟天赴美邀我。我對袁說：「如當局認為國事危急，自己力量不夠，應先擬好方案，再請人參加意見。」袁電報去後，一週未有回音。到香港後，國府又派孫亞夫來請我，我也以此態度告之。孫氏報告後，辭修（指陳誠）覆電謂他不能做主，要十一月十二日國民黨中央開會後方能有所決定。又說，國是會議恐與立法院的決定權有衝突。那決不會的。

二、五年前在九龍的談話

一九六四年勱老由美回港講學數月，我疏懶成性，尚未訪候，是年四月十九日他託羅永揚先生來約，翌日下午二時半在九龍美麗華酒店茶廳晤談。我依時到，把晤甚為愉快。在座者除羅先生外，尚有劉裕略先生。

甲、籌巨款放息辦一研究所

勱老很關心李德鄰先生的近狀，謂李氏現為張歆海所利用，他說：「為中印邊界問題，歆海在德公家中打長途電話到三藩市給我，要我共同署名致函報館。我不同意。歆海要德公向我再說，我乃不允。有甚麼方法使他（指李宗仁）疏遠歆海呢？」又說：「德公因不懂英文，不能看英文報刊，不能問路出門，身邊無人相助，很是苦悶。」

談及將來，勱老以為：「過去的組織無不失敗，現應從頭做起，先籌得三十萬美金，以之生息，勿食老本，以其利息辦一研究所，出版書報，持之以久，必可影響海外及大陸。這筆本錢可向本港賺錢商人說服捐助，交給可靠的人如陳光甫、張公權輩管理。」

我說：「這個辦法很好，是否須有嚴密的組織？」

他說：「先籌得款，再將主張公開，贊成者簽名，絕不相強。」

此老報國心腸，老而愈熱，真為他人所不及。但此議後來是否進行，我未有所聞。他對過去組織的幹部，也略有月旦。

張向華先生前數年遊美，親見李德鄰、孫哲生、張君勱三位老年人住在美國並不舒服。李德鄰須自已打掃屋內屋外。孫哲生每天早晨要自己煮咖啡、烤麵包，孫的夫人也一樣，因兒子和媳婦一早要起身上班，孫子也先上學去了，兩老無事自較後起身，無人照料，一切自理。勱老自言半年三文治，他們都僱不起工人，不如我們住在香港方便云云。這是那年農曆新歲時張向華先生對我談及的。並說：勱老已返香港，應不再去美國；對於國是問題，希望勱老能邀集少數幾位談談。但勱老仍然回美國去了。

乙、去秋遊台時曾談到勱老

去秋我初遊台灣，國民黨、民主社會黨、青年黨的朋友都得晤談，他們似有一共同感覺：因侷促在台，政治局面展不開，各政黨不論在朝在野，都難振作，日趨消極。有位立法委員，屬民社黨藉，又是同鄉，說曾寫過不少信請君勱先生回台一行，對黨務國事才有希望，但結果都不能如願，他因此很誠懇地請我替他打打邊鼓，寫封信給勱老勸駕。

當時我曾轉問那位立委同鄉：「勱老不肯回來的主要原因是什麼？」他只笑笑，卻說不出所以然！

勱老是一貫主張民主自由的，今天的自由中國如何民主、如何自由？勱老終於看不到了！

貳拾玖、國軍戰敗避入越南經過補遺

民國三十八年華中軍政長官白崇禧所部在廣西作戰最後的情形，我曾寫〈國軍戰敗避入越南經過詳情〉一文在《春秋》發表。敗殘國軍分為兩路先後入越的：一路是黃杰率領其第一兵團於十二月十三日經思樂縣的愛店先入；另一路是武鴻卿統率由各部敗散官兵臨時倉猝編成一師一旅越南建國軍於十二月廿一日經龍州的水口關後入。黃杰一路的情形在第一五二期文中已詳，現特補述武鴻卿一路的情形。

一、將入越南前的桂局

廣西局面，自華中軍政長官公署於三十八年十月七日由衡陽撤退至桂林，繼以十月十三夜廣州放棄後，逐漸吃緊。共軍注意在消滅我軍實力而不急在攻城略地，企圖從通道和曲江、賀縣向我柳州左右包抄，又不急於進入廣州而先向西江，意向更為顯然。十月廿八日廣西省政府由桂林移駐南寧。十一月一日夜間，黃紹竑在北平向廣西人民及各機關袍澤廣播，勸廣西從事局部和平，否則人民應起來打倒李、白。十一月十三日李代總統在桂林決定赴美檢查身體，藉以與美當局商洽援助。我以廣西又復進入軍事時期，因向李代總統、白長官建議：此時一切行政必須配合軍事要求，以利作戰，最好由廣西綏靖主任李品仙兼任廣西省政府主席，庶幾順理成章，運用靈便。經兩度陳說，承兩位同意，我乃於十一月十七日電渝行政院辭本兼各職。廿三日行政院准辭，以李品仙繼任。我請李品仙十二月一日接任，但因共軍來攻，我軍十一月廿二曰放棄桂林，廿五日同時放棄梧州和柳州，三十日共軍追擊魯道源第十一兵團已過興業，賓陽和上林也發現敵蹤，情況危急，白長官派他飛海南島有緊急任務，未能如期來接。十二月二日黃杰第一兵團由崑崙關西退，廣西省政府遂決定遷往龍州，由省府警衛大隊長黃循富親率所部護送乘船溯左江西上。

二、統軍入越來根去由

武鴻卿、黃南雄、劉德忠三位越南人當時流寓廣西。武為越南國民黨領袖，歷史頗長，且有若干武力；黃過去追隨親日的阮祥卿，日本向盟軍投降時隨日軍在台灣，後請何應欽將軍援救，才得恢復自由，人尚老實；劉曾事保大，後為所棄，其人有江湖氣。十月十九日，白長官在桂林，曾約武鴻卿、黃南雄、鄧紫峰、雷殷、李品仙、杜從戎、黃中廑和我到長官公署討論越南問題，決定兩項：一、由旅桂越人組織「越南民族反共救國大同盟」以資號召；二、從外交上請美勸告法國容許這個組織協力對付越共，並派人勸告保大採取同樣態度。廿一日午後，白長官再約我們討論越事，決定援助旅桂越人成立反共大同盟，從事宣傳號召。廣西省政府移駐南寧後，武鴻卿等越僑也一同到邕。外交部歐洲司司長袁子健十一月四日隨白長官由渝到桂，五日隨李品仙主任由桂到邕，他說：曾薦武鴻卿於保大，雙方均已同意，現在等候法政府批准。六日我囑省府秘書長黃中廑招待袁司長和武鴻卿、黃南雄、劉德忠三位晤談，說明越南根本敵人為蘇聯與胡志明，其次才是法人，現應忍耐暫時和法人妥協，以全力先把胡志明打倒，不可同時對付兩個敵人。武、黃對此表示贊同，惟劉尚在懷疑。省政府由南寧遷往龍州時，各越僑領袖也隨同到龍。這是武鴻卿等與廣西的關係情形。當時流寓廣西的越南僑民人數並不很多。

武鴻卿統兵入越的起因，由於敗戰各部渡海赴瓊不成功，只好往越，十二月八曰白長官遂決定將這些殘餘部隊組織越南志願軍，以武為總司令，徐啟明副之，政治上擁護保大，軍事上與法軍合作，求胡志明主地而攻略之。但黃杰所部被共軍追迫甚急，未接到改編命令，已入越向法軍繳械。徐啟明在上思戰中被衝散，未能到龍就職。所以武氏只將第三、第十、第十一、第十七各兵團以及華中長官公署直屬部隊、國防部突擊總隊、桂西師管區等逃到龍州的零星部隊收容整編。未經參戰尚屬完整的廣西省政府警衛大隊也被編入，且成為這一路的主力，由武鴻卿個人統率入越。

三、黃供糧款武受虛名

先述省府警衛大隊離邕到龍的經過。根據的資料，以該大隊長黃循富事後的憶述為主要。

在軍事上既不決定堅守南寧，十二月二日上午八時我主持廣西省政府委員會第一〇〇六次會議，決定省府遷移辦法。午間，南寧市面已現不安，店鋪關門。我再召集省府各廳處長會議，省府職員即日下船前往龍州。我率各廳處長於是日黃昏乘搭飛機離邕到海南島。情況惡化如此，殊非初料所及，在機上回望邕城，為之感慨萬端。

我行前令省府秘書處將現存銀元八千元發給警衛大隊為經費。大隊長黃循富向王主任秘書領收款項後，立即顧用電船按照委員會所決定的辦法進行。他還機警，知龍州方面並無糧食械彈可資利用，於是將省倉存穀四百多石，財廳購存各種彈藥卅餘萬發，步槍四百餘桿，被服數百件，漏夜趕搬上船，準備在桂越邊區打游擊用，此項船費用去銀元五千二百元。三日晨，白長官召黃大隊長面詢情形，告黃以最近軍事消息，黃即率兵一連送白氏到機場飛往海南島後，令所部各中隊上船，下午二時啟碇。夜宿老口渡有土共來襲擊，均被打走。從此曉行夜宿，因軍紀良好，沿途都有民眾肩挑雞鴨魚肉來賣，並將所知匪情見告，得以早為適當的部署，未被擾害。十四日，我在海南島海口市和龍州第七區行政督察專員伍宗駿通無線電話，他說：「省府職員到龍州的僅十餘人，警衛大隊也已到達。」

黃大隊長到龍後即往訪伍專員，交換情報，知此處糧食彈藥均感缺乏。他為要明白地形及一船概況，和伍專員同向各處察看。路上三五成群的散兵，陸續而來。問明說是在前線作戰被衝散後，無法和原來部隊連絡，各人只剩隨身携帶一桿槍，此外已一無所有，捱飢受餓，掙扎到此。那時候武鴻卿已接白長官電，令其將國軍敗殘部隊組織越南志願軍率領入越，但他無糧無錢，大家合商後，黃大隊長慨然將由邕運來的稻穀和銀元二千元為收容這些散兵伙食使用。白長官十五日接武鴻卿電：「決率五個團入越，請給一個月經費。」數日間收集國軍官兵、地方團隊、軍眷、義民等並原有省府警衛大隊計共一萬五千餘人。白長官曾數次派飛機空投糧款，而天不助我，連日陰雨，均無法進入龍州市空。故從開始收容、編隊以至入越期間，所需概由黃循富完全負責維持，不僅他個人平曰私蓄為之一空，連他妻子的戒指、耳環、手鐲也一概變賣用去，為國效命，公爾忘私，殊為可敬！

四、離龍州抵越南邊境

共軍向國軍窮追，龍州漸成被其包圍的情勢。十二月十八日下午，武鴻卿等趕急完成編組部隊工作，將那一萬五千官兵編為一個師和一警衛旅；以鄧善宏為師長，黃循富為警衛旅旅長，黃南雄為軍參謀長。十九日晨，武氏即統率這個部隊離龍向越。他既無親信的基本部隊，又無餉械發給官兵，所以他的「總司令」銜頭，有點類似「名譽職」。同行的有監察院監察委員王贊斌（王的家人一起同船由南寧來，但到龍州後，家人不願入越而就近回家了，王遂獨行，現在台灣）、及第一二六軍軍長張湘澤、蕭兆鵬、歐震聲等。

軍行十餘里到下凍即被共軍襲擊，戰兩小時，將共軍擊潰，繼續進向水口關。關外便是越南地方，既要進入，於是派代表到東溪和法軍接洽，請其同意，並接濟糧彈，我軍助其攻擊越共。交涉非常順利，法方對我方所提各項一概答允。十二月廿一日武鴻卿按照雙方協商的約定，將部隊開入越邊的東溪，預定到達七溪宿營。由東溪至七溪，沿途馬路兩旁都有越共埋伏，前衛一面將其驅逐，大隊才繼續行進，到七溪時已是深夜。法軍在此給與武部三天的糧食，約定待到那岑再行繼續發給。廿四曰武部到那岑，法軍由諒山開來百輛大卡車，迎接武部赴諒山，卻未按約發給糧食。武部疑慮法軍或企圖在諒山將其脅迫繳械，當地華僑也傳說蒙陽方面的中國軍隊已被法軍解除武裝，經高級將領共商，祕密決定部隊不去諒山而往陸南，以免陷入法軍的圈套。廿五日晨雙方又協商，武方首先致謝法方以汽車運送的盛意；次即表示：一萬五千餘人員和械彈、行李，計須大卡車六百輛才能運完，沿途越共又多，為安全計，這百輛車專運病官兵、老弱者、軍眷和一部分徒手的先到諒山，武裝官兵由部隊長官率領徒步前往，何如？結果，法方同意了。當日下午三時汽車隊出發直往諒山。武裝部隊接著動身，行了約二十里，已是黃昏，即就地宿營，

五、防法繳械奔向陸南

十二月廿六日晨，武部離去馬路轉向陸南，行經一越共巢穴附近，被越共襲擊死傷數人，逼著進攻將其毀滅，將所有雞鴨和少數猪牛宰殺充飢，存糧不少，得意外解決了軍食的困難。法軍發現了武部自由行動，立即派出飛機跟踪偵察，投彈轟炸。但武部不顧一切，仍舊冒險前行，沿次和越共、法軍遭遇，一致決定對越共則進擊，對法軍則忍耐避戰，如是者數日。

三十九年一月一日，武部行抵一處，法軍大舉來攻，整日以九架飛機輪流轟炸，並投燒夷彈燒山，連珠砲不斷射擊，武部始終不予還擊。最後，專員伍宗駿、旅長黃循富等被困在一獨立房屋內，法軍用機關槍掃

射，伍以與其困而待斃，不如冒險逃生，遂由後門衝出，不幸被犧牲了。黃等固守待機，旋尤其司號長在側門用卡賓槍將法軍機關槍射手擊斃，黃等乘敵火停歇間隙中，趕急率領隨員奔出；他隨身携帶的圖囊突然帶斷失落，雖然內藏重要文件，此時已不敢再回頭拾取，一瞬間法軍機關槍恢復射擊，圖囊竟被完全毀滅；人員躲入一小溝中幸免於難。入夜天黑，法軍收隊，黃乃派人掩埋伍專員，拔隊復行。

二日拂曉，武部進入東摩馬路左邊的森林中休息，以避免法軍飛機偵察。不料馬路右邊正是一個越共巢穴，越共也知道武部經過地方紀律還好，他的頭子親自率領持卡賓槍和俄造衝鋒槍的士兵一班前來訪談，請求武部共打法國，倘需要一切補給，都可供應。武部方面佯表同意，以免糾纏。他即辭去，其後也無動靜。此處是一山谷，越共所佔那邊為陡峭的高山，武部這邊卻盡是矮小的土山，越共佔了居高臨下的地利。但若論力論，越共是只有數百桿槍的烏合之眾，不足以妨礙武部的前進。因此，武部決定續向陸南推進，是日下午四時許，全部集合在馬路上作候命出發立即偵察前往陸南的方向和脫離法軍的路徑。

姿態。此時越共又派人向武部聲稱：「你們如果離開此地，須將武器先行放下，否則會對你們不利。」但武部已知道對方的實力，不理會它的恐嚇，只作好萬全的準備，以對付其來襲，派一加強營作後衛，部隊於夜九時開始出發。越共待武部大隊過去後，才呼嘯吶喊，用土槍土砲對後衛進攻，結果被武部一網打盡。武部安然前進，穿過一崇山峻嶺，到了摩根山麓村莊，天已放明，遂行休息，等待黃昏時候再進。但這村莊已全無人煙，且空無一物。所帶地圖也到此為止，嚮導更無覓處，行動煞費躊躇。在此地捱了三天草根樹皮日子，終究不是辦法，一月五日逼著硬向陸南再進。

六、無路可行放下武器

武部在越南境內活動了十多天，法軍對它一切都已了解，一月五日這個部隊剛前進了十餘里，便遭法軍強大部隊截住去路，並向武部的前衛說：「近這幾天我們的飛機不對貴軍轟炸，就是準備在此迎接貴軍到來商量，貴軍如能依照國際公法放下武器，我們絕對保證把你們送回台灣，彼此互訂合約，並可請越皇保大擔保。貴軍是否同意，請於今日下午四時以前答覆，」武鴻卿總司令部接到前衛報告後，即將部隊折返原地，召集各部隊較高級官長徵求意見。大家以處此窘境，已無別路可行，法方既保證送返台灣，自可表示同意。武鴻卿、黃南雄兩位越籍領袖，此時不管有無不同意見，已無置議的餘地。於是雙方共同商訂約章十條，各執一紙。並請法方派機共同乘往河內請求保大擔保。六日，武部按約實行，除官長每人保留手槍一支外，其餘所有武器悉數集放一處，交給法方。全體官兵徒步到興安搭船下駛，法方安置他們於來姆法郎。幾位高級將領由法軍招待乘機於七日飛抵河內，驅車經過保大皇宮門前稍停後，卻被送入監獄中，經過十天的訊問，才於十六日放出來由河內送到宮門交給黃杰司令官。來姆法郎、蒙陽兩個營區統由黃司令官管理。不久，兩營區遷往富國島，直至四十二年夏間全部才得返回台灣。

參拾、粵桂閩三省聯盟內幕與經過

國民政府自完成北伐、統一全國後，不數月即召致一連串的地方對中央的反抗，也就是國民革命軍各將領對最高統帥的抗命。這些反抗者，有以一省或一個部隊單獨行的，有聯合數省或幾部軍隊一致行動的，試列舉如下：

一、從地方反抗中央說起

一、民十八年二月武漢事變，係武漢政治分會指揮鄂湘兩省的行動，實際上是廣西第四集團軍的單獨行動。

二、民十八年五月馮玉祥以所部在河南行動，只遙遙和廣西在電報上取得聯絡而已。

三、民十八年九月張發奎部在鄂西和俞作柏在廣西的各自行動，因俞作柏失敗太快，張發奎無法和俞聯絡。

四、民十八年十月宋哲元、石敬亭等廿七將領由陝攻豫，為西北軍的單獨行動。

五、民十八年十一月李宗仁等和張發奎以桂、張聯軍攻粵，係以廣西一省為基地而聯合兩軍作一致的行動。

六、民十八年十二月石友三在浦口、唐生智在鄭州的行動，僅唐通電與石友三相呼應而已。

七、民十九年四月閻錫山、馮玉祥、李宗仁以舊時的三個集團軍聯合作成大規模反抗行動，嗣更有「擴大會議」之召開，地域包括冀、晉、陝、豫、桂等數省。

八、民二十年四月粵與桂和，旋在廣州成立黨政中央機構，與南京中央對峙。

看上列事實，其中聯合行動的，也只是互發通電，各派代表連繫，或開會議而已，從無彼此訂立盟約者。有之，則自粵桂閩三省聯盟始，本篇特專記其事。

二、粵桂閩三省聯盟背景

廣東、廣西、福建三省為什麼要聯盟呢？當然是環境上彼此有其需要。需要什麼？便是聯盟約章第一條所載：「圖三省之安全」那一句話。且先看這三省當時的環境：

廣西自從武漢事變後，一直被南京中樞視為叛徒。其間，桂粵兩軍曾數度血戰，彼此始終敵對。到了民二十年二月因立法院長胡漢民被幽居於湯山，粵籍黨政軍首要於激憤之下，粵乃與桂言歸於好，兩廣共同以實力擁護在廣州樹立的黨政中樞，與南京方面對抗。嗣「九一八」國難發生，為了共禦外侮，寧粵對抗氣氛雖較緩和，但南京方面對兩廣脫離其統馭，勢難長此容忍，時刻不忘要收歸掌握的。

福建為第十九路軍的地盤。十九路軍在淞滬的奮勇抗戰，曾引起全國人民極大的興奮和期待，但因實力懸殊，終於敗退。當時粵方中委曾通電指責南京當局對十九路軍事前事後均不作有效的支援行動。南京當局卻說十九路軍將領逕以個人虛榮心理迎接戰爭，太不考慮最高統帥部的整個戰略。滬戰停後，十九路軍對南京方面極表不滿，被調往福建剿辦赤匪。行政院於是年五月卅一日任蔣光鼐為福建綏靖公署主任。七月廿六日蔣光鼐辭去十九路軍總指揮，由蔡廷鍇陞任。十一月廿九日行政院又調蔣光鼐為福建省政府主席，蔡廷鍇繼任福建綏靖公署主任。故十九路軍的命運和蔣、蔡兩人的去留，一切須聽命於南京當局的指揮，與當時粵桂軍政首長則由廣州的西南政務委員會所任命完全不同。因而蔣、蔡兩人當時對福建局面的安全，顧慮滋多，圖謀自保頗為急切。

粵、桂、閩三省的安全既然都有問題，若能聯結互助，不僅實力增強，聲勢亦顯浩大，是彼此有利的事。

三、商訂聯盟由六人簽署

粵、桂、閩三省聯盟是由福建發起的，當是蔣、蔡兩人感覺閩省處境比之兩廣更為孤危之故。他們並將聯盟約章條文草案擬好，特派張炎送到廣州，和粵、桂兩方商討。廣西的李宗仁（第四集團軍總司令）是時適在廣州，即和廣東的陳濟棠（第一集團軍總司令）、粵省府主席林雲陔與張炎晤商，將草案略事條改，即行決定。我也是六位盟約人之一，只負責簽署，未參加討論，詳情見後附李宗仁致白崇禧和我的函中、李函云：

「健生旭初兩兄惠鑒：憬然、賢初（編者按：指蔣光鼐與蔡廷鍇）派張炎携帶三省聯盟約章草案今日到廣州，徵求我方同意。經略事修改，商定由聯盟省各軍民兩政高級長官一人署名簽字。茲將該約專員送請旭初兄簽字，仍交原人火速帶返。並編特種密碼兩本與蔣、蔡備用，總部及弟處須抄存各一份。張炎代達蔣、蔡二人意志異常誠懇，此間同志頗覺滿意。該約張炎經香港曾送展堂、任潮二公核閱。本會組織，請兩兄趕緊進行為要！耑此，即候

勛安！

李宗仁敬啟二十二年一月十四日」

四、聯盟約章的內容全文

茲將廣東廣西福建三省聯盟約章的內容錄後。

第一條：本約章依共信互助之原則，共存互勉之決心，圖三省之安全，鞏固三省之軍事、政治、經濟最大利益，而謀最後之進步，以貫徹抗日剿共，實現本黨三民主義為宗旨。

第二條：本約章因聯盟人所在地域關係，定名廣東廣西福建三省聯盟約章。

第三條：本約章以聯盟省內之每一省為單位，而以後列之簽名人為盟約人。各該省之盟約人，全權代表各該盟省。

第四條：盟約人有絕對遵守約章之責任。

第五條：盟約省有絕對互相協助互相救護之責任。

第六條：盟約人互相平等公誠親愛待遇。

第七條：本約章之權力效用，以三省盟約人軍事、政治、經濟所及之處為限。

第八條：關於三省共同利害之事，由盟約人全體共同依約章而處理之。

第九條：聯盟省中有一省受外患侵害時，其餘二盟省必須實行協助救護之責任。

第十條：凡盟省共同有利之進行，己得二盟省盟約人全數負責承認，則其他之一盟省必須加入協同動作。

第十一條：盟約人本心誠之態度，對本盟省自身之處理，認為有關他盟省者，得請他盟省參加意見，或他盟省進行有

關本盟省之事，則本盟省盟約人得商之該他盟省貢獻意見。

第十二條：如有宗旨相同的省份，由盟約人全體承認後，得隨時請其加入。

第十三條：如外患侵略急迫時，為應付環境計，得由盟約人全體共同組織最高軍事統率機關。

第十四條：本盟約自全體盟約人簽名後實行有效。

第十五條：本約章非經全體盟約人承認不得解約。

五、閩變與盟約背道而馳

盟約訂後不到十個月，閩變爆發，但所鬧出來的是所謂「人民革命」，和盟約所訂「實現本黨三民主義為宗旨」已背道而馳，粵桂自不能與其一致行動，實閩省自棄盟約所召致。

閩變為陳銘樞所主動，陳於民廿二年秋間已積極準備。是年十月底廣州已遍傳「福建似有借日款聯共圖粵」的謠言。十一月五日李宗仁、白崇禧電致香港李濟深、陳銘樞、蔣光鼐和福州蔡廷鍇，勸其不可勾日聯共及樹立「人民政府」。同時又電致胡漢民、蕭佛成、唐紹儀、鄧澤如、鄒魯、陳濟棠諸氏，且提出建議云：任潮、真如等被逼，憤而出此，不如合閩粵桂組織革命政府，使其有路可行，或不至鋌而走險而樹立「人民政府」。但此議未為陳濟棠總司令所採納。十一月二十日福州公然宣布「中華共和國人民政府」成立，更定年號為「中華共和國元年」。胡漢民、蕭佛成、鄧澤如、陳濟棠、李宗仁、白崇禧、鄒魯等廿一日即聯名電致福州陳真如、李任潮、蔣憬然、蔡賢初，責其背叛主義，招致外寇，煽揚赤燄，為患無窮，此等謬舉，何能得內外的同情？望幡然改圖，使西南團結。福建所謂「人民政立後，各方全無響應，福州使者徐景唐、李民欣曾先後到南寧請援。到了民廿三年一月八曰張文從福州來電說，延平已放棄，盼廣西發動，得為聲援。但他們立場如此，廣西怎敢聲援呢？廣東當然也不為助，且在等待第十九路軍敗後設法去收編。

當閩變期間，廣東對廣西也不免有懷疑和誤會，陳濟棠總司令曾兩度遣使到邕，以期了解。廣西卻以容忍至最大限度對之，勿使發生破裂。粵桂間良好關係，一直維持到民廿五年夏六一運動失敗，才告結束，但這與三省聯盟卻完全無關矣。

附錄一　一九五一年初旅東瀛雜憶

我在少時常聞吾鄉留日學生談論日本明治維新以至富強，後來學陸軍又直接受過日本軍事學教官教授，但對日本情形所知極淺。「九一八」事變以來，到蘆溝橋引起全面抗戰，心目中只視日本為仇敵，不計其他。抗戰勝利後，國內變化太大，無暇留心日本情事。直至民國三十八年冬間，辭職離鄉，流寓香港，閒居歲餘，一事無成，乃動遊日之念。初入異國，聞見多新，現在回想，已成陳跡，只敗餘景象，足資鑑賞耳。

——庚戌重陽記於九龍

一、乘輪啟程得遂東遊之願

一九五一年六月間，我決意往日本一行，因遣人向港府移民局查問赴日手續。但局方答說，須在港出生的才能申請獲准。這就令我為難了！旋得東京友人來信說，可用商號與日商接洽投資為理由，向香港移民局申請來日。然而我沒有商號，只好請充任某商行經理的舊友張君派我赴日；並得友人介紹向其知好在工商管理處任職的某君領取申請書；將申請書填好後，由張君蓋□□行經理圖章，再送到工商管理處寄請盟軍總司令部核示。時為六月廿一日。到八月十三日才接工商管理處通知：赴日申請書已得盟軍總司令部核准。即再填表一份，連同工商管理處的書持向移民局申請回港證。移民局給表一張，令自請律師，由律師就表列「姓名、出生年月日、出生地點、往何處、何月前往、前往期間、眼之色、髮之色、性別」各項，逐項向本人問明，逐項填寫表上，本人簽名表上後，在律師面前宣誓云：「清心發誓，誓章所載，一概實在。」律師再簽字表上；然後持表向移民局領取回港證。張君辦妥將赴日護照及回港入口證送來，已是八月卅一日。計自申請至領得共費時七十日之多。處、局、律師三方共費四十八元，不算大。

照證到手後尚有小問題。九月五日張君使人來通知：「港政治部來查：以黃某的地位，何以屈身為行員？我們答：他確有股份在行，想去一趟日本看有沒有生意可做而已。」九月十九日張君又來報：政治部又來查問黃某是否已赴日一次而又回來？並說黃某居港未滿三年（意指不合請領回港證規定條件）。英政府討好中共，香港當局不許民主人士活動及離港；我領護照別用一名，政治部疑有政治活動，故兩次偵查，但未為阻礙。

十月五日定購太古公司安順輪赴日船票。十月九日啟行，下午二時出鯉魚門，天朗氣清。十日起即天陰。十四日下午三時到橫濱，颱風警報已發，開往避風處拋錨。十六日晨風息，船回泊橫濱，海關人員由一美國人率領上船查驗客貨。九時開往東京，十一時到。船泊浮泡，海關人員乘電船來查，均係日人，我將護照證件交驗，關員在護照上記到達東京日期並簽字，但未作何詢問。下午一時搭海關電船到海關，領「入出國者携帶物件申告書」，填明國籍、姓名、由何船來、護照號數、携帶品名及件數、開行篋查過後，即携離去，尚無麻煩。桂省府舊同事葉為任和幾位朋友來接。寄寓東京駿河台「八重洲」旅館。

我東遊的願望總算達到了。

二、遷入新居過日本式生活

我此來並無定居打算，然亦無須急作歸計，常住旅館自不相宜，初到時即以告葉為任君託其為賃居室。他也是初次來日，但日語已可應付日常生活，我邀其同住，好為我嚮導。旬日以來，他曾看了數處房子都未合意。十月三十日，房產賣買經紀人「三田商事不動產部株式會社」介紹東京都　谷區櫻丘町九十六番地野本伊太郎的房子，我們看了覺尚適宜。但房東卻多方詰問，要知我們是何等人：因過去朝鮮人、台灣人有過走私不法行為，美兵有過調戲婦女情事，使其深懷警惕。好在葉君偕其友人日本外務省研修所指導官清水董三氏在場商談，承清水氏為作保證人，簽字於租約上；介紹人也在租約上蓋章，才得定約。野本氏為商業經濟教授，一家七口同住。我們分賃其兩室：一室八帖，我住；一室四帖半，葉君住。客廳卻與房東共用。月租日幣一萬元，瓦斯、電、水、電話共三千元。房東太太允為代炊，膳食另計。介紹費八千元。十一月二日，大雨淋漓，我和葉君兩人，行李四件，的士一輛，離八重洲旅館行半小時，遷入新居。

我們既和日本人同起居，很快便習慣了日本式的生活。衣是袖口十分寬大、無鈕扣、以帶束腰的和服，我們在屋中也穿起來。食是米飯、清蘿蔔和魚為最普通。日本料理特點有生魚和牛肉鍋。住是入大門後即須脫去皮鞋，換上拖鞋，才可進內。睡無床，寢室內敷地席，即「他他美」；所有枕、墊、被、褥以及衣物，悉放置寢室壁櫥內，臨睡前才取出敷設於地席上。行的方面，東京交通很為方便，火車、電車、公共汽車、計程汽車莫不具備。初時我恐出門方向失錯，買份東京都地圖看明白各種路線，並在暇時每條電車路線乘搭來回一次，從此單獨出門不至迷途。問路時我日語不夠用我可寫中國字。日本人很有禮貌，對問路的肯耐心詳細指點，有些且畫圖說明或親自導往。洗澡須到鄰近的公共澡堂，自攜浴巾、洋梘、面盤、內衣前往；男女雖同一處，但更衣室和浴池仍然男女分開，中有隔壁的。只國中各處名勝溫泉，男女同浴。凡此種種異鄉風味，雖屬初嘗，並無不適，倒感有趣。

三、盟軍總部不願多管閒事

盟軍總司令部為日本的最高統治機構，對日和約尚未生效，日本政府一切措施均須秉承盟總意旨而行。盟軍總司令麥克阿瑟已去職返美，由李奇威中將繼任。盟總這個機構撤銷已有期，但也許因韓戰而延長。部內未設研究中國問題的組織，故對我國實情頗為隔膜。雖然多方搜集關於中國的情報，似偏重於軍事有關的；我到東京未及旬日，已有盟總高級情報職員兩起來訪，探詢大陸方面軍事近情。

香港一般民主人士搞反共活動受當地政府禁阻不能展開，很多人期望盟總能日本給予他們以進行的方便。但在這方面盟總所表現的只有兩點：一、由港赴日的民主人士，按照普通旅客申請入境的，予以核准。用偷渡方法入境的，如果未有其他違法事件，被發覺後仍准居留。二、有些祕密反共小團體，默許其存在，但不願公開扶植反共力量。因其機構本身存在已為日無多，且與美國國務院間亦存在歧見，似更不願多管此類閒事。

四、當時日本苦無中心思想

日本人雖然是戰敗投降，一般看來，他們精神上並不見怎樣失望頹喪。對被美國管制，他們以為自己設身處地，也做不到如此的寬大。對日本政府一切須遵照盟軍總司令部的命令，也認為這是戰敗國家應守的本分。但對一切都須仿照美國，卻大起反感，認為不合實際。美國官兵對戰敗國人民的舉動，也難免偶有過分的；尤以為女人事件，曾發生人民擊殺官兵案件多起。對日美安全條約，日方雜誌多著文評論，其深刻的，且將從前日韓條約逐條排列比對，在結論稱，請看今日的韓國如何？以警告美人。

和約生效日本自主之後，現行制度當有變更，但經濟及軍事仍必續受美國的控制。美要日建軍，日向美講價，有人私下談論云：「日本出命，美國出錢，中國出禮物。」我們中國人當時聽到不勝感慨，心想：「回首雅爾達，此事正難言。」

日本首相當時是吉田茂，他與原任鳩山一郎有約，應行交還；但鳩山患腦充血，非旦夕可癒；且吉田柄政之後，羽翼已豐；此外逐鹿尚有人在；故首任自主內閣屬於何人，一時尚難確測。在此過渡期間，日本當局對中國問題自不欲即表示態度。其他穩健者流，知中共不易與，對台灣又心存歧視，期望中國將來有一他們認為較好的攻府，與日本共度和平的生活。

由於盟軍總司令部澈底整肅軍閥、提倡自由民主，日本各政黨得以出現，共產黨也得公開。自由黨為大資本家、實業家，有錢有勢。民主黨為中小資產階級及鄉下人，智識較高。社會黨左派和共產黨相近；右派為公務員、郵務人員、工人，長於工人運動和組織，較左派為實際而不為共產黨的陰謀空論所欺。共產黨一九五一年行動過於猖狂，盟總乃下令逮捕其領袖多人，但未宣布共產黨為非法，故日共活動並未受阻。日本著名學者安岡正篤氏曾告我云：「日人反共者一，同情共產者二，不識不知者七。」其時日本一般公務人員、工人、教授、學生，多歌頌中共，與民國三十七、八年中國的情形極為相似，他們以為日本現受美國控制，必須自求解放。但日本遠見人士卻認共產思想蔓延為莫大危險，天皇神聖的思想又不應恢復，而在此以外尚無可資信守的，極以中心思想無法建立為憂。

五、中國代表團與留日學生

一九五一年在日華僑的確實數目無法得悉，但知比抗日戰爭前為少，少數屬台灣人。

在抗戰期間，在日華僑逼於當時環境，非依附汪政府即難以生存；留日學生也多是汪政府時代送來，或為當地華僑的子弟。其後，中國代表團來日，既未能原情加以安撫，且從而加以壓抑，因此，商人和留學生多起反感。商人本性就怕談政治，對大陸近年慘狀也未明瞭。學生及青年，多與日本學生同一興味，趨向左傾。汪系人物反共者多，但因牌號屬於「漢」字號，自已不易招徠，常思擇人依附。中國代表團內部互相鬥爭，受外國人輕視，為華僑所憎恨；惟和約已訂，代表團撤銷已為期不遠。

六、戰後日本人的心理一斑

我因朋友介紹曾與幾位有地位的日本人接觸，由他們對我的談話，可見日本人在戰後思想的一班，摘記如下：

一、安岡正篤係一學者。自言研究《四書》、《五經》以至《史記》、王陽明之學，從前曾每年訪問中國一次，他主張日本從反共以求出路及與中國和平合作。他批評美國以錢助人不得其法，反為受者所不滿，實不懂人情及太過崇拜物質而忽略精神所致。

二、藤山愛一郎係一經濟家。我問他以今後日本經濟發展的方向及中國的關係如何？他說：日本經濟將向英鎊區域發展，取彼原料，銷我商品；其次，始及美元區域。日本甚願對中國大陸貿易，但我們所要的他不肯賣，我們所賣的他不肯要，故很難成功。至對台灣，因其人口不多，貿易不大，關係自小。很望大陸政治情形將來改變，能作貿易云。

三、重光葵，他於民國廿一年在上海被朝鮮志士投彈炸斷右腳，只餘一足。和我漫談中國近情，他望將來能與大陸和平相處。他仍是數十年前原料（農業也）中國、工業日本那一套思想。

此外有兩位朋友都是台灣人，均極熟悉日本內情，所談也有可記，附錄如次：

一、謝南光云：琉球群島現有人口六十萬，其散在菲律賓、東沙、西沙群島各處的漁民及南美、北美的僑民約有四十萬。在本島的，漢化遺留漸歸泯滅，皆用日語。琉球人倡獨立，其內容實欲擺脫美國人的統治而仍歸日本。

二、陳輝川，他居日本已廿餘年，現任大阪國際新聞東京支局長。據談：日本在戰後對中國，最初為悔恨，覺得對中國不起；嗣見中國有兩個政府，遂輕視之；現因美國強迫其一面倒，對中國人又稍好。至對國民政府訂雙邊條約問題，日本仍取拖延觀望態度，因美國在韓戰發生前原準備承認中共，今英又逼美與中共妥協，故日本觀望不決云。

附錄二　東遊見聞再記

我一九五一年初遊日本所得的印象，近經記以短文。遊踪先寓東京，繼移住橫濱，流連忘返，不覺間已寒暑八易。接觸各種的事物，影子時復隱現於腦中，將其巨細播陳，現在無此必要。特撿拾其中與我國直接間接有關的，得十餘事，有現代軼史，有政海秘聞，有大至國交，有小如偷竊，信手彙記，彷彿雜碎，拌為一盤，以待嗜者隨自己的口味而下箸焉。

——庚戌霜降節記於九龍

一、日本恢復獨立時情景

日本在第二次世界大戰敗北投降，與勝利各國簽訂和約後，一九五二年才恢復獨立。那年的日本現象，有幾點可記：

甲、一九五二年為日本昭和二十七年，元旦恢復掛日本國旗，這是日本投降後的首次，但和約尚未生效。

乙、各國對日和約，於一九五二年四月二十八日生效，日人以恢復獨立，一般情緒非常興奮。日本與國民政府談判和約，也於是日簽字。因中國戰後演變分為大陸和台灣，日本仍抱原料仰給於中國、貨物以中國為銷場的打算，一心希望和大陸簽訂和約，所以談判拖延時日；但情勢不如其所期，最後終於和國民政府簽約。

丙、和約生效後第四天，五月一日，東京的學生、工人、機關低級職員聯合舉行大遊行，反對日本再軍備。在皇官前廣場和五千警察起衝突，死傷一千四百餘人，警方佔其大半數。燒毀美國人的汽車多輛。此次慘案為共產黨所策動。美國報紙評論，認為美國管制日本失敗。英國也批評美國對日本過於寬大。

丁、五月三十日，東京再發生一次群眾和警察大衝突事件，表現日本政府對付共產黨的手段實不高明，憂其終或歸於失敗。

戊、日本首相吉田茂於八月廿九日乘各黨各派的競選準備尚未充分，突然提前宣布解散國會，並於十月一日投票選舉眾議院議員。高臨渡氏（陝西人，任《大公報》駐日本記者，該報投共後遂與脫離）九月廿五日過我。據談：「此次日本國會改選，美國駐日大使馬飛助各右傾政黨費用不下美金一千萬元，以免國會勢力落在左派之手而妨礙再軍備的進行。因此，各政黨自己準備的錢，可用於組織政府時拉攏黨內中間分子之用。又競選國會議員所用的錢，以給縣議會的議長和議員為最多，其次為村長和校長；村長再分給選民，有少至數元的，且尚可用威嚇云。」

二、天皇的偶像作用尚存

一九五三年新年，日本皇宮於一月二日開放給日本民眾向天皇瞻賀，外國人士入去參觀並不限制。規定由二重橋進入，在內設布棚，置簽名冊任人簽名，但簽否聽便。往北至宮內廳前。

日皇裕仁偕皇后在午前十時至午後三時之間，數次出立於宮內廳二樓陽台上，受民眾歡呼數分鐘及返入內。民眾由坂下門出。是日天晴，入宮瞻賀的數十萬人，可見偶像的作用仍在。

三、日人懷念侵略的光榮

僑友傅克軍氏與筆者時相往還，一九五三年四月一日枉談：「日本人對過去侵略的光榮，因現政府不能使人滿意而更加深其懷念。去冬眾議院議員的選舉，被解除整肅者有七十餘人參加競選，而獲選的達到六十餘人之多。近來舊軍人的團體組織紛紛成立，居然有貼『收復東北』『收復台灣』的標語的。倘第三次世界大戰不能避免，此輩更為美國人所急需，其復起將更速。東北人將來如果只求還鄉，不擇手段，重做漢奸，我們絕不能同其臭味。」

我對傅氏的卓見及警覺性深致佩仰。

四、韓戰和談解決與世局

曾錫珪氏（湖北人，美國西點軍校畢業）由香港到日本比我稍後，在盟軍總司令部工作，被派往漢城擔任訊問俘虜。一九五三年九月間他由漢城休假回東京，二十日特到橫濱訪我，據談韓戰情形撮要如下：

一、美在軍事上即使打過三十八度線，亦無最後勝利希望。因美兵不願打仗，只有愈拖愈深，不能自拔，適中中共和蘇聯的下懷。故不論杜魯門或艾森豪威爾，都是採取和談解決韓戰的辦法。

二、中共以美國用海軍為台灣保鑣，因隔海峽，奈何不得，故介入韓戰，企圖打垮美國，台灣即無問題。現在和談成功，一可離間英美，二可離間美韓，倘能因此而加入聯合國，則國民政府當然不能並存。

三、各國與美國關係的情形：英國說，我要中國大陸市場來食飯，不問其為何種政權。法國說，前兩次你都等我們敗了而出來挽救，真是英雄；但如今我們不想再打，願意與人家稍事妥協，使仗打不起來，不願意再建軍，你英雄你去打罷。日本說，我不能再走過去建軍侵略中國的失敗路線，要防共，你自己來吧。李承晚說，如果和談不能統一朝鮮，我單獨也要打；美人說：你莫打，我多給你錢便是。

四、美國人民怕打仗，而共方正在和談上得利，故第三次世界大戰短期內不易打起來。

五、美決無陸軍助台灣攻大陸。如台灣獨力登陸，將被共方的人海戰術所淹沒而不敢做。

六、美決不放棄台灣，亦可使國民政府與之訂約租借台灣作基地。香港係滿清割讓給英國的，中共不能不承認也。

七、大陸上國民政府的舊公務員，除技術人員外，多已被殺。其倖存的，則入勞動營改造後，發往邊地開荒。地主及富農亦同此命運。貧農及傭農分得土地後頗為感恩，儘管要當兵和負擔重稅，而且美帝屈服求和的宣傳正在當令，故反共的宣傳不容易。

八、不願遣返大陸的中共戰俘，以前屬國軍或父母被共方殺害的為多。有一俘虜係南寧人，問其廣西情形現在好抑從前好？答覆是從前李宗仁、白崇禧、黃旭初時代好，能夠自由。

五、胡漢民曾謀中日合作

十河信二氏一九五三年時已七十高齡，任日本經濟復興協會會長，日本外務省亞細亞局第二課課長乍根木長之助介紹我在東京初晤，又訪之於國府津其家中。他曾對我述一故事，深自慨歎。他說：「胡漢民先生在廣州西南政務委員會期間，曾親擬『中日合作安定東亞意見書』，自己簽名後，交我（當時十河信二在北平任興中公司社長）携歸日本報告當局。其時岡田首相甚表贊同，而藏相高橋是清則表反對。其理由為：若借款五千萬日元與中國，幫助華北與西南，一恐引起英國的不快，二恐款難得歸還，事遂不成，中日乃有今日的慘境。我所有財產在中國，欲老死於彼，今已一掃而光。因日本過去的錯誤，累到先生來此，甚以為歉。日本東為美，西為華，必須與此兩國和平共處，乃有前途，甚願彼此協力研討今後中日如何合作的方法。」

他於一九五五年任日本國有鐵道總裁。兩年後，有兩位中國朋友以閒居無事，邀我同辦一華文小報，十河翁聞之極表贊助，我們遂進行。兩友均甚熟悉日本情形，小報即取名《日本通》旬刊，內容以對香港、南洋各處華僑報導日本情形為主要。十河翁熱心為此小報招宴各大會社要角請登廣告以相助。惜我們因為資本太微薄，組織欠健全，推銷遇困難，辦到第七期我自覺不支而造退，辜負了十河翁一番相助美意，殊為歉然。

六、七七事變事前無計劃

夏文運氏原籍遼寧大連，日本帝國大學畢業，十河信二主持興中公司時聘其為私人秘書，故對北平內幕情事有知人所未知者。一九五三年九月廿一日夏氏訪我於橫濱時，他說一故事云：「蘆溝橋事變，當時日人並非事前有計劃發動，實宋哲元無能及張自忠爭權所演成。後來抗戰，張兵敗不肯逃而殉職，實為其良心發現，自言『過去對不住國家民族，對不起長官，決心一死。』後之修史者，恐難得存其真相也。」

七、須磨揄揚齊白石成名

須磨彌吉郎曩昔曾任日本駐廣州總領事，到過廣西訪問，因此相識。我此次來日，得與再晤，他當時為國會議員。一九五四年四月廿九日在東京銀座一個午餐會上相遇，須磨對我說：「昔在北平，齊白石第一次開畫展，無人買其畫，我全部買過來，齊氏受到那次的鼓勵，畫益精進。我又為齊氏揄揚於各使館間，其名遂著。一次，我使日本名畫家竹內棲鳳和齊白石相互批評；於是竹內評齊畫蝦不工，齊評竹內的畫不費多時即可學得。因齊畫妙處全在精神，而竹內僅求形似，高下自判。今齊氏已成為現代世界三大畫家之一，而日本無與焉。」

八、山縣初男談身歷故事

山縣初男翁一九五四年已八十餘歲，馬崇六氏介紹相晤。翁曾任雲南督軍唐繼堯的顧問，謂赴昆明時曾經過廣西柳州的長安。一次，翁宴馬氏和我於東京銀座孔官堂，據談關於日本的掌故數事如次：

一、顧品珍驅逐唐繼堯當時，我（翁自稱，下同）的住所和雲南帥府隔一圍牆，唐洞一穴將重要文籍悉移入我處而後出走。次日為元旦，顧的參謀長某臨穴查問。適芋和我為素識，我答以有掘此穴以逃走的，現在正把它堵塞。某去後，我趕急將唐的文籍移入日本領事館。

二、袁祖銘派人刺何應欽不死，我護送何入法國醫院。袁電唐繼堯索叛徒何應欽，唐問我應該怎辦？我說不宜答應。唐說我正是此意。遂資助何赴粵，到粵後，蔣中正校長任何為黃埔軍官學校教育長。

三、何應欽率師北伐時，我在上海，何請介紹一參謀，我薦曾在貴州軍校任教的能村修，也是何氏所表素識的，能村助何頗為得力。

四、李宗仁總司令一九三六年四月曾託我介紹閩籍學生黃達平、陳玉堂二人進入日本士官學校，結果皆獲入學。

五、中日戰爭末期，我以日方情勢危極，曾向首相小磯國昭建議謀和，我邀得繆斌到日談妥條件後，請開御前會議討論，為軍方及外相重光葵所反對而罷，終於投降。當時繆斌要求條件商定四點：一、取消滿洲國；二、日軍撤退；三、在渝方未到來接收前，組織維持會暫維地方秩序；四、渝寧兩方紙幣，暫同時流通。

九、追憶越南好友黃南雄

黃南雄氏越南人，早年奔走革命，與武鴻卿等流亡中國，廣西曾予招待。一九四九年冬國軍在桂戰敗避入越境後，我方時有使者由港赴越聯絡，我曾函請黃氏照拂，承其一九五三年一月廿八日由河內函覆答允。一九五五年一月二十二日，黃氏忽然到橫濱訪我，談悉近況：他於一九五二年參加越南內閣任招撫部長，因有一子一女參加越盟，以此得到民眾十五萬七千人由越盟方面來歸，然也因此為法方所嫉忌，遂請辭職，招撫部亦告撤銷。從此專做民間團體反共活動，還打算在南越成立桂、滇、粵人的部隊各一千人，使入越籍，教以越語，如果將來反攻大陸，以此為其家鄉工作。當時他由西貢赴台灣，代表越南人民出席亞洲人民反共聯盟會議。該會議上一年在韓國鎮海集會時，南韓總統李承晚不許日本派代表出席，經由台方特請黃氏向日韓疏解，希望能得日本參加，經黃氏居間奔走說項，頗為順利，據云李承晚總統已被說服，允許日本參加亞洲反共同盟。

十、東京竟出現台獨組織

一九五六年二月二十八日東京各報發表一令華僑注目的新聞：「台灣共和國臨時政府今日在東京成立」。綜合其情形概略如下（文字語氣係照當年日文報紙直譯）：「自稱為『台灣共和國臨時政府』的『總統』廖文毅、『副總統』高金南，今日在東京麻布公共禮堂宣布就職。彼等以今日為台灣國民浴血反抗國民黨政府的第九周年紀念。該新組織聲稱，彼代表台灣本土人士。並主張台灣應由台灣人統治，不應由中國國方或中共統治。今日到場觀禮的統一百五十人。日本外務省亞細亞局局長中川在眾議院外務委員會受質問，據稱，中國國方對此事曾數次提出口頭抗議，如果日本准許該典禮集會舉行，則恐將被指為對國方採取不友好態度。但日本政府通知東京中國大使館謂，日本無法禁止該政府在日本成立，除非該政府擾亂公共治安。中共人民日報今日著論稱：美國不特佔據台灣，且在東京建立流亡的台灣政府；美國不特支持蔣介石，而且支持蔣氏的台灣敵人。……」

此事當然使國民黨政府面子下不去，中國駐日大使董顯光因此去職。但一般華僑即使是不滿意國民政府的，卻並不附和台灣獨立。

十一、東京陶陶亭晤蔡廷鍇

日本人念念不忘想和中共做大大小小的生意，而時時派遣代表團往大陸，中共卻為政治的企圖也有數次代表團來日本。一九五七年八月中旬，蔡廷鍇率一代表團到東京，十四日幾個團體設晚宴歡迎，日友古閑二夫氏知我和蔡廷鍇有舊誼，特邀參加。是夜八時，我到陶陶亭酒家時客已就席。主方為中山會、國際善鄰俱樂部、中日技術協力委員會，客方為參加第三屆禁止原子彈氫彈及爭取世界裁軍大會中國代表團蔡廷鍇、趙樸初、鄭森禹、朱洪元、陳用文、吳學文等。由宮崎龍介（孫中山先生友人宮崎滔天之子）致詞歡迎。古閑排我座位和蔡同席，席間只能互問近況。蔡說：「李任潮一班老友常掛念你，何不回去一行？如不欲留，亦可復出。」我答：「在此尚有私事，一時未能如願；希代向各老友致候。」我參加晚宴，初意欲伺隙私問蔡以各友近況及大陸真相，但終不可得。古閑彼時即將訪問太陸，請我當面介紹於蔡，乞為照拂。蔡極口應承。

十二、陳中孚談孫總理舊事

陳中孚氏追隨孫中山先生為秘書，抗日戰爭結束後復來日本。據云：昔年孫先生在此，日人頭山滿僅招待其在家住宿，有時零星借用頭山氏的款，也一概隨時歸還。至於日本政府方面，並未相助分文。直至民國二年，二次革命討袁，秋山定輔為孫先生革命需款，前後用去兩三百萬元。在此以前的革命用款均為南洋及美洲華工所捐助。黃克強先生捐不到款，因華工中間傳說黃在上海置有房屋之故」云云。

陳氏彼時在日本生活殊潦倒，一九五八年五月二十四日在東京病故，曹若山氏為其向友好集賻以葬，我曾往參加其葬儀。

十三、國共在日偷旗小鬥爭

一九五八年五月十日為橫濱開港（與外國訂約通商）百年紀念，市面慶祝頗為熱鬧。橫濱山下町華僑的三江公所裝飾陸地行舟參加遊行行列，在出發前，懸掛舟上的萬國旗中的中華民國國旗被人偷去撕裂，眾人疑係中共方面華僑所為。因上月下旬，有日本人在長崎開中共郵票展覽會，會場上懸掛的中共國旗曾被人偷下，中共即藉此題目猛烈攻擊。這也算得國共一場小鬥爭。

十四、日人一樣崇敬孔夫子

中國聖人孔夫子在日本一樣受人崇敬，或更有過之。一九五七年四月二十八日我在東京參加一個訂婚宴，席間，曲劍秋氏說：「今日為孔子誕辰，東京本鄉町有孔子聖堂，今早舉行紀念祭，文部大臣和數百人參加，內有中國人、外國人廿餘名。有簫、笛等中國樂器，但樂工著日本白色禮服。相傳堂中孔子小銅像為朱舜水由中國帶去的，曾被小偷竊去而不識為何神，因以問人。人說，這是聖人。小偷大驚恐，悄悄將像放置公園之中，並附一字條述其緣由，不敢自行送還，望有人能代送堂中。後有人代送，小偷因在報上聲謝」云。

Do人物45　PC0491

黃旭初回憶錄
──從辛亥到抗戰

原　　著／黃旭初
主　　編／蔡登山
責任編輯／辛秉學
圖文排版／楊家齊
封面設計／王嵩賀

出版策劃／獨立作家
發 行 人／宋政坤
法律顧問／毛國樑　律師
製作發行／秀威資訊科技股份有限公司
地址：114 台北市內湖區瑞光路76巷65號1樓
電話：+886-2-2796-3638　傳真：+886-2-2796-1377
服務信箱：service@showwe.com.tw
展售門市／國家書店【松江門市】
地址：104 台北市中山區松江路209號1樓
電話：+886-2-2518-0207　傳真：+886-2-2518-0778
網路訂購／秀威網路書店：https://store.showwe.tw
國家網路書店：https://www.govbooks.com.tw

出版日期／2015年10月　BOD一版　**定價**／350元

|獨立|作家|
Independent Author
寫自己的故事，唱自己的歌

黃旭初回憶錄：從辛亥到抗戰 / 黃旭初原著；
蔡登山主編. -- 一版. -- 臺北市：獨立作家,
2015.10
面； 公分. -- (Do人物；45)
BOD版
ISBN 978-986-92127-6-2(平裝)

1. 民國史

628 104017546

國家圖書館出版品預行編目

讀者回函卡

感謝您購買本書，為提升服務品質，請填妥以下資料，將讀者回函卡直接寄回或傳真本公司，收到您的寶貴意見後，我們會收藏記錄及檢討，謝謝！如您需要了解本公司最新出版書目、購書優惠或企劃活動，歡迎您上網查詢或下載相關資料：http:// www.showwe.com.tw

您購買的書名：______________________________

出生日期：_________年_________月_________日

學歷：□高中(含)以下　□大專　□研究所(含)以上

職業：□製造業　□金融業　□資訊業　□軍警　□傳播業　□自由業

□服務業　□公務員　□教職　□學生　□家管　□其它_____

購書地點：□網路書店　□實體書店　□書展　□郵購　□贈閱　□其他

您從何得知本書的消息？

□網路書店　□實體書店　□網路搜尋　□電子報　□書訊　□雜誌

□傳播媒體　□親友推薦　□網站推薦　□部落格　□其他__________

您對本書的評價：(請填代號　1.非常滿意　2.滿意　3.尚可　4.再改進)

封面設計____　版面編排____　內容____　文／譯筆____　價格____

讀完書後您覺得：

□很有收穫　□有收穫　□收穫不多　□沒收穫

對我們的建議：______________________________

____

____

____

請貼
郵票

11466
台北市內湖區瑞光路 76 巷 65 號 1 樓
獨立作家讀者服務部 收

（請沿線對折寄回，謝謝！）

姓　　名：＿＿＿＿＿＿＿＿　年齡：＿＿＿＿　性別：□女　□男

郵遞區號：□□□□□

地　　址：＿＿＿＿＿＿＿＿＿＿＿＿＿＿＿＿

聯絡電話：(日) ＿＿＿＿＿＿＿＿ (夜) ＿＿＿＿＿＿＿＿

E-mail：＿＿＿＿＿＿＿＿＿＿＿＿＿＿＿＿